GUIDE-CHAIX

BIBLIOTHÈQUE DU VOYAGEUR

Nouveau Guide

A PARIS

ET DANS SES ENVIRONS

ORNÉ D'UN PLAN COLORIÉ ET DE JOLIES GRAVURES

PARIS

IMPRIMERIE ET LIBRAIRIE CENTRALES DES CHEMINS DE FER

DE NAPOLÉON CHAIX ET Cⁱᵉ

Rue Bergère, 20.

GUIDE-CHAIX

BIBLIOTHÈQUE DU VOYAGEUR

Nouveau Guide

A PARIS

ET DANS SES ENVIRONS

AVEC

UN PLAN COLORIÉ ET DE JOLIES GRAVURES

PARIS

IMPRIMERIE ET LIBRAIRIE CENTRALES DES CHEMINS DE FER

DE NAPOLÉON CHAIX ET Cie,

Rue Bergère, 20.

PRÉFACE.

———

Les grandes lignes de chemins de fer qui doivent sillonner la France du nord au midi, et de l'est à l'ouest, sont à peine ouvertes, et déjà près de 20 millions de voyageurs circulent tous les ans dans leurs wagons.

Pour nous associer à ce grand mouvement d'une population qui sort de ses foyers pour connaître et pour voir, nous publions, sous le titre de *Bibliothèque du Voyageur*, une collection de *Nouveaux Guides* sur chaque ligne de chemin de fer, et de *Petits Atlas composés de Cartes chorographiques* qui en sont le complément.

Nos *Guides*, ornés de plans et de jolies gravures,

disent les légendes, racontent l'histoire des pays parcourus, décrivent leurs monuments et leurs ruines, indiquent leur industrie et leurs richesses.

Nos *Petits Atlas*, à l'aide de leurs Cartes coloriées avec soin, font embrasser d'un seul coup d'œil l'ensemble du pays, et rendent plus saisissante la description topographique des lieux. Ils marquent les sinuosités des fleuves et des rivières — les bois et les forêts — le tracé officiel de chaque ligne, avec les courbes qu'il décrit — les stations — les embranchements des chemins de fer — les parcours des voitures desservant les correspondances, etc.

Notre *Bibliothèque du Voyageur* fait suite à d'autres publications importantes sur les chemins de fer, notamment au *Livret-Chaix*, publié le 1er de chaque mois, et à l'*Indicateur des Chemins de fer*, paraissant tous les dimanches, et qui est le seul journal officiel.

Ces publications, faites sous le contrôle et avec le concours des Compagnies, et dont l'initiative nous appartient, sont connues et appréciées de toutes les personnes qui voyagent sur les chemins de fer de l'Europe, et sur les bateaux à vapeur.

Pour rendre plus populaire notre nouvelle édition

du *Guide à Paris,* nous l'avons fait entrer dans la collection des *Guides* à 1 fr. **50 c.**

Cette nouvelle édition ne raconte que ce qui mérite d'être vu et connu, d'une façon nette, précise, et classé avec méthode.

L'histoire du vieux Paris y a sa place. Les monuments anciens, qui ont disparu, y sont rappelés. Ceux dont les ruines se tiennent encore debout sont plus particulièrement signalés, pour que le visiteur puisse voir ce qu'il en reste et en connaître l'origine.

Une plus large place est réservée naturellement à l'histoire de Paris moderne, de ses palais, de ses monuments nationaux, de ses édifices religieux, de ses théâtres, de ses musées, de ses arcs de triomphe, et de toutes les merveilles enfin que la métropole de la civilisation, des beaux-arts, des plaisirs et du bon goût, a réunies dans son enceinte.

Notre *Nouveau Guide* ne se borne pas à servir de *cicerone* au voyageur dans Paris seulement ; il lui fait franchir les barrières ; il le conduit à Versailles, Saint-Cloud, Rambouillet, Saint-Germain, Fontainebleau, etc., résidences royales dont il lui raconte dans leurs particularités les plus importantes l'histoire privée, si intimement liée à l'histoire de la nationalité française.

Il le promène ensuite dans les environs de Paris, si gracieux, si pittoresques, si animés, et qui sont peuplés de tant de souvenirs !

En un mot, notre *Guide* est écrit et conçu de façon à être indispensable aussi bien au touriste qui sait, mais qui oublie, qu'à l'homme d'affaires dont les heures sont comptées et qui n'a que le temps de voir et de passer.

Il offre en outre une lecture intéressante à celui qui, ne pouvant venir à Paris, peut s'en faire une idée à l'aide du plan colorié et des jolies gravures dont il est orné.

NAPOLÉON CHAIX et Cie.

1RE TABLE

PAR ORDRE DES MATIÈRES.

—

2ᴹᴱ TABLE DES MATIÈRES

PAR ORDRE ALPHABÉTIQUE.

GUIDE - CHAIX

Nouveau Guide

A PARIS

ET DANS SES ENVIRONS

PARIS ANCIEN

Lutèce, ou Paris, existait avant l'invasion des Romains, qui pénétrèrent dans les Gaules sous la conduite de Jules César (1).

Cette ville, si belle aujourd'hui, est sortie des marais de la Cité et a pris son essor jusqu'à n'avoir d'autre limite que le lointain horizon qui se développait sous les regards de ses habitants primitifs.

(1) Voy. *Commentaires de César*. Il appelle Lutèce, *Villa Parisiorum*.

Ainsi, les premières limites de Lutèce furent l'île même sur laquelle les Parisiens l'avaient bâtie.

Julien avait choisi pour sa résidence le *palais des Thermes*, dont nous parlerons plus loin.

Valentinien et Gratien y séjournèrent, et c'est à peu de distance de Paris que le dernier perdit contre Maxime la bataille qui lui coûta l'empire (383). Quand Attila ravagea la Gaule, il sembla menacer Paris (451) ; mais sainte Geneviève réussit par ses prières à détourner le conquérant barbare. En mémoire de ce service, sainte Geneviève devint patronne de Paris.

Clovis entra dans cette ville sans coup férir, après la bataille de Soissons (486) ; vingt ans plus tard, il l'environna de murs et en fit sa capitale. A sa mort (511) Paris donna son nom à l'un des quatre royaumes francs, qui se formèrent de l'héritage de Clovis : ce royaume échut à Childebert Ier, l'aîné de ses fils. Les quatre royaumes qui avaient été réunis, en 558, par Clotaire Ier, s'étant reformés à sa mort, en 561, Paris sembla assez important pour que, dans le partage, on stipulât qu'il appartiendrait en commun aux quatre frères.

Dès 567, pourtant, sitôt que le roi de Paris, Caribert Ier, eut cessé de vivre, Chilpéric s'empara de la ville par surprise.

Sous les derniers Mérovingiens, elle devint la capitale de la Neustrie ; sous Charlemagne, qui avait transporté le siége de son empire à Aix-la Chapelle, Paris ne fut que le chef-lieu d'un comté ; sous Charles le Chauve, le comté de Paris devint partie intégrante et principale du duché de France : les ancêtres de Hugues Capet furent à la fois, depuis Eudes, ducs de France et comtes de Paris.

Au ixe siècle, Paris fut souvent menacé et ravagé par les Normands (845, 855, 861); il subit de leur part un siége de treize mois, en 885; mais l'évêque Goslin et le comte Eudes le défendirent vaillamment.

Vers le même temps, d'horribles famines décimèrent la population (surtout en 850, 855, 868, 873, 896, 940). Sous Philippe Ier fut instituée la prévôté; sous Louis VI, les écoles commencèrent à devenir célèbres; sous Louis VII, la ville s'accrut considérablement; Philippe-Auguste fit commencer le pavage, bâtit la Halle, le vieux Louvre, et fit enclore la ville de murs.

Dès 1200, fut fondée l'Université de Paris.

En 1302, sous Philippe le Bel, le Parlement fut établi dans cette capitale et la même année y vit réunir les États-Généraux. Après les États-Généraux de 1355, et pendant la captivité du roi Jean, Marcel, prévôt des marchands, allait livrer Paris à Charles le Mauvais, quand il fut assassiné par Maillard; en 1381 éclata la sédition des Maillotins, qui fut punie cruellement par les ordres de Charles VI (1383). Pendant la guerre civile des Armagnacs et des Bourguignons, Paris fut déchiré par ces deux factions (1411-1418), jusqu'à ce qu'il tombât aux mains du roi d'Angleterre (1420), que le traité de Troyes venait de déclarer héritier présomptif du trône de France.

La ville ne fut reconquise sur les Anglais qu'en 1436; elle jouit ensuite de cent ans de tranquillité.

Arrêtons-nous un instant sur l'administration intérieure de cette ville, telle qu'elle était organisée au xvie siècle, c'est-à-dire à l'époque où cette administration commence à devenir régulière, où la répression des délits et des crimes préoccupe sérieusement les fonctionnaires chargés d'établir l'ordre et d'appliquer la loi.

PARIS AU XVIe SIÈCLE.

Paris, au xvie siècle, était bien loin d'offrir à la curiosité des étrangers le magnifique spectacle que leur présente le Paris de nos jours : ce n'était qu'un amas confus de maisons dont l'irrégulier assemblage, joint à l'insuffisance de la police, favorisait singulièrement les expéditions nocturnes des malfaiteurs dont regorgeait à cette époque la capitale de la France. Aussi les voleurs s'y organisaient-ils par grandes compagnies : celles des *Plumets*, des *Rougets*, des *Grisons*, des *Tirelaines*, pauvres diables détroussant les bourgeois ; des *Tiresoies*, voleurs de bonne famille, n'attaquant que les gens de qualité. On distinguait encore la compagnie des *Darbuts*, malfaiteurs éhontés qui empruntaient les habits des divers états pour s'introduire dans les maisons ; celle de la *Malle ;* enfin celle des *Meurtriers (mauvais garçons)*, qui se louaient publiquement pour assassiner la personne désignée à leurs coups, et promenaient impunément leurs brigandages dans Paris. A tous ces *coupeurs de bourses*, à tous ces *affronteurs*, comme ils s'appelaient énergiquement, se joignaient, pour jeter sans cesse la perturbation dans la ville, les indociles et remuants écoliers de l'Université, les compagnons ouvriers, les laquais de bonne maison, qui se livraient, presque tous les jours, des combats sanglants au milieu de la rue ; et enfin la jeune noblesse de cette époque, qui tenait à honneur de charger tous les soirs le guet et de le mettre en fuite, en guise de passe-temps.

Voici maintenant les précautions que prenaient alors les magistrats pour assurer la tranquillité de la ville.

Il n'était permis à personne d'avoir plus d'une porte à sa maison, et de la laisser inhabitée ; le magistrat imposait un gardien aux domiciles où les propriétaires absents n'en avaient pas laissé ; les habitants de toutes les maisons faisaient tour à tour la police de la rue, en veillant pendant la nuit derrière une fenêtre d'où ils regard ient et écoutaient attentivement tout ce qui se passait dans le quartier ; et au premier cri, au premier bruit qui frappait leurs oreilles, ces sentinelles nocturnes ouvraient leurs fenêtres et sonnaient leur clochette jusqu'à ce que celles des maisons voisines leur eussent répondu : bientôt, comme un tocsin d'alarme, toutes les clochettes de Paris retentissaient à la fois, les fenêtres s'illuminaient, tout le monde sortait en armes, on fermait toutes les issues, de sorte que les malfaiteurs, bloqués de toutes parts, reconnus, arrêtés, tombaient presque toujours entre les mains de la justice.

A cette époque aussi, on ne sortait pendant la nuit qu'avec une lanterne à la main, et même, pendant certains mois de l'année, il était enjoint à tout propriétaire de suspendre à la porte de sa maison une lanterne allumée.

La milice du guet se composait de la *garde soldée* et de la *garde non soldée :* la première ne comptait guère que trois cents hommes d'armes, cent vingt archers, soixante arbalétriers de Charles VI, et cent arquebusiers de Charles IX. Les *corps des métiers* formaient la garde non soldée; mais ce qu'il y avait de singulier, c'est que les *corps* dispensés du service du guet se trouvaient plus nombreux que ceux qui y étaient assujettis.

Après cent ans de calme (1420 à 1534), Paris fut de nouveau le centre des troubles et des guerres qui ont déchiré le royaume.

Les supplices des calvinistes en 1534 et années suivantes, puis la Saint-Barthélemy en 1572, et, peu après, les troubles de la Ligue, rouvrirent la carrière des désastres. C'est à Paris qu'eut lieu la journée des Barricades, qui devait ôter la couronne à Henri III (1588). Deux fois Paris fut assiégé par Henri IV (1589 et 1593); et la ville lui ouvrit ses portes après sa conversion. Pendant la minorité de Louis XIV, Paris prit une part violente dans les troubles de la Fronde, et vit livrer bataille dans ses faubourgs. Louis XIV transféra à Versailles le siége de la cour et du gouvernement, qui ne fut rétabli à Paris qu'en 1789 (6 octobre). Pendant la révolution, Paris fut encore le théâtre de discordes civiles. Après la prise de la Bastille (14 juillet 1789), vinrent les journées des 5 et 6 octobre, la fédération au Champ-de-Mars (14 juillet 1790), les journées des 20 juin, 10 août, 21 janvier, 31 mai, 13 vendémiaire an IV, 18 fructidor an V,

Sous l'Empire, un calme profond règne à Paris jusqu'en 1812, époque de la conspiration de Mallet. En 1814, après la courageuse bataille de Paris (30 mars), cette ville tombe aux mains des puissances coalisées. Napoléon y rentre en triomphe le 20 mars 1815; mais cent jours après, la défaite de Waterloo y ramène les alliés et

Louis XVIII (3 juillet 1815). Enfin, c'est à Paris qu'éclate, en 1830, la révolution qui renversa en trois jours le trône des Bourbons pour y placer la dynastie d'Orléans.

En 1832, le choléra répandit la désolation et la mort dans Paris.

De 1830 à 1848, le gouvernement eut à comprimer plusieurs émeutes; mais le 24 février il fut renversé par l'insurrection qui proclama le gouvernement républicain, modifié par la Constitution de 1852 qui confie le pouvoir, pour dix ans, au prince *Louis-Napoléon Bonaparte*.

NOTICE SUR QUELQUES MONUMENTS ET ANTIQUITÉS DE PARIS.

PALAIS DES THERMES ET HOTEL DE CLUNY.

L'histoire du *palais des Thermes* et celle de l'*hôtel de Cluny* sont tellement liées l'une à l'autre, que nous avons cru nécessaire de réunir dans un seul article les détails historiques qui les concernent.

Le *palais des Thermes*, dont quelques restes subsistent encore, occupait, il y a près de quatorze siècles, tout l'espace compris, d'un côté, entre la rue du Foin et la place de la Sorbonne, et de l'autre, entre les rues de la Harpe et Saint-Jacques. Ses vastes jardins s'étendaient depuis le mont Leucotitius (*montagne Sainte-Geneviève*) jusqu'au *temple d'Isis* (*Saint-Germain-des-Prés*), et descendaient jusque sur les bords de la Seine. Il ne reste plus aujourd'hui de cet immense édifice qu'une grande salle d'une structure solide et majestueuse, mais qui ne présente que peu d'ornements. La voûte de cette salle était encore couverte, il y a quelques années, d'une épaisse couche de terre où des plantes apportées, sans doute en germe, par les vents, avaient poussé de profondes racines, et formaient naturellement une espèce de jardin suspendu, qui ajoutait à l'effet pittoresque de ces ruines ; mais ce jardin a disparu pour faire place à une toiture protectrice destinée à défendre cet antique débris contre l'intempérie des saisons et les ravages du temps.

Si ce palais, dans l'état de délabrement où il se trouve, ne présente, sous le rapport architectural, rien de bien remarquable, en revanche il est peu de monuments qui rappellent des souvenirs plus intéressants.

Quelques auteurs en attribuent la construction à Julien, qui partagea avec Dioclétien la puissance impériale ; d'autres, et cette opinion est la plus probable, pensent qu'il fut bâti vers le commencement du ive siècle par Constance Chlore, qui gouverna les Gaules pendant quatorze ans. Ce qu'il y a de certain, c'est qu'en 365 il était achevé, puisque les empereurs Valentinien et Valence y séjournèrent pendant l'hiver de cette année-là. Ce palais fut également habité par Gratien, par Maxime et par plusieurs Césars, préfets du prétoire et gouverneurs romains. Il devint ensuite la résidence des rois de France qui, sous la première race, en préférèrent le séjour à celui du palais de la Cité.

Chrotechilde ou Clotilde y demeurait avec ses petits-fils, lorsque les rois Childebert et Clotaire enlevèrent ses enfants, leurs neveux, et les firent égorger pour s'emparer de leurs biens.

Les Normands, qui, remontant la Seine, étaient venus assiéger Paris, ruinèrent le magnifique palais des Thermes ; et vers la fin de la deuxième race de nos rois, ses jardins et appartements inhabités ne servaient plus d'asile qu'au brigandage des voleurs ou au libertinage. En 1218, Simon de Poissy était en possession de ce vieux palais.

Philippe-Auguste le donna, pour 12 deniers parisis, à Henri, son chambellan, qui en était le gardien, en considération de ses services. Les bâtiments morcelés passèrent depuis en diverses mains. Sous Philippe de Valois, vers l'an 1334, Pierre de Chaslus, abbé de Cluny, en acheta une partie à laquelle il donna le nom de *maison* ou *hôtel de Cluny*. Plus tard, Jean de Bourbon, abbé du même ordre, évêque du Puy et fils naturel de Jean, duc de Bourbon, entreprit de rebâtir cet hôtel ; mais il mourut avant d'avoir accompli son dessein. Après lui, Jacques d'Amboise, aussi abbé de Cluny, le reprit et le termina en 1490, ou, selon quelques-uns, en 1504, sous Louis XII.

Sous le règne de Henri III, des comédiens s'établirent à l'hôtel de Cluny, et leurs représentations, dont le prix était fixé à *quatre sols*, attiraient une si grande affluence que, s'il faut en croire l'Estoile, *les quatre meilleurs prédicateurs de Paris n'avoient pas tous ensemble autant d'auditeurs quand ils preschoient.* Ces comédiens furent chassés en 1584, et l'hôtel passa au cardinal Charles de Lorraine.

Quarante ans après, le 28 mai 1625, sous Louis XIII, l'abbesse de Port-Royal, Jacqueline-Marie-Angélique Arnaud, sœur du grand Arnaud, acheta l'hôtel de Cluny et s'y établit avec ses religieuses. Plus tard, il passa en d'autres mains, et, depuis, aucun événement important ne mérite d'être signalé.

Quant à l'architecture, cet hôtel offre l'assemblage du style gothique et de la Renaissance, comme la plupart des monuments du XVIe siècle. Quelques parties de l'église se font remarquer par la légèreté, la coquetterie de la sculpture de cette époque.

Les fenêtres sont ornées de dessins différents, chacun d'un travail précieux. La tourelle qui est au milieu de la première cour est d'un style élégant et pittoresque. Autrefois il régnait au-dessus du premier étage une galerie de pierre sculptée à jour : elle se dégradait; on fut obligé de boucher les évidements, ce qui retira à l'édifice une partie de son caractère. La chapelle située sur le jardin est un chef-d'œuvre de délicatesse et de légèreté. Peu de monuments sont aussi bien conservés. L'État a acheté cet hôtel de M. Dussommerard, célèbre antiquaire, qui en avait fait un véritable musée du moyen âge.

LA TOUR DE NESLE.

La Tour de Nesle, en latin *Nigella*, faisait partie d'un hôtel du même nom, qu'il ne faut pas confondre avec un autre hôtel de Nesle, situé autrefois près de la rue Coquillière : celui dont il est question ici s'élevait sur l'emplacement occupé aujourd'hui par l'Institut et l'hôtel des Monnaies. Ses bâtiments étaient à peu près circonscrits par les rues Mazarine, de Nevers et le *quai Conti*, alors appelé *quai de Nesle*.

Sous le règne de Philippe-Auguste, cette tour portait le nom de *Tournelle de Philippe Hamelin*. C'était le point où commençait, du côté de l'ouest, l'enceinte méridionale de Paris, et cette tour servait de fortification. Elle était ronde, très-élevée, et accouplée à une autre d'un diamètre plus étroit, dans laquelle était pratiqué un escalier à vis.

Sur la rive opposée de la Seine s'élevait, à peu de distance du château du Louvre et à l'angle de la muraille de Paris, une tour correspondante qu'on nommait la *Tour qui fait le coin.*

A cette époque de guerres et de dissensions, une énorme chaîne de fer, supportée de loin en loin par des bateaux, traversait la rivière, et venait s'attacher d'un côté à la *Tour qui fait le coin*, et de l'autre à la *Tour de Nesle.* Cette chaîne fermait ainsi de ce côté l'entrée de Paris, et protégeait la ville contre le danger d'une invasion ou d'un coup de main.

Plus tard on construisit, au sud de la Tour de Nesle, la *Porte*, espèce de bastille qui se composait d'un édifice flanqué de deux tours, entre lesquelles était la porte de la ville : on y arrivait en traversant un fossé très-large, sur un pont formé de quatre arches.

Près de là, un nommé Amauri de Nesle possédait un vaste hôtel auquel il donna son nom ; et, dans la suite, ce fut aussi de ce nom qu'on appela la *Porte* et la *Tour de Philippe Hamelin.*

En 1308, cet édifice fut vendu par Amauri à Philippe le Bel pour la somme de 500 livres ; puis il passa à Jeanne de Bourgogne, épouse de Philippe le Long. Cette princesse le rendit célèbre par ses crimes.

En 1385, le duc de Berri, devenu propriétaire de l'hôtel de Nesle, fit agrandir les bâtiments et ajouta aux jardins sept arpents de terre situés au delà du fossé de la ville, sur lequel il fît construire un pont. Les nouveaux jardins s'appelaient le *Petit-Séjour de Nesle*.

Le 24 mai 1446, Charles VII donna cette propriété à François Ier, duc de Bretagne ; mais comme ce duc mourut sans laisser d'enfants mâles, elle revint à la couronne. Un siècle après, Henri II la vendit à différents particuliers, qui élevèrent sur son emplacement plusieurs constructions.

Quant à la Tour et à la Porte de Nesle, elles subsistèrent beaucoup plus longtemps, mais elles ne furent le théâtre d'aucun événement historique digne de remarque. On rapporte seulement que, lorsque Henri IV vint mettre le siége devant Paris en 1589, Sully, le duc d'Aumont et quelques gentilshommes de son armée, chargés d'attaquer la ville du côté du faubourg Saint-Germain, entrèrent par la Porte de Nesle, au nombre de quinze ou vingt, et pénétrèrent jusqu'au Pont-Neuf ; mais que là toute leur bravoure échoua contre la plus vive des résistances, et qu'accablés par le nombre, ils furent repoussés, obligés de faire retraite et d'abandonner pied à pied le terrain qu'ils avaient conquis.

En 1669, Louis XIV vendit les terres vagues de l'ancien fossé de la Tour de Nesle ; et c'est sur ce terrain que fut élevé en 1661 le *collége Mazarin*, aujourd'hui le *palais de l'Institut*.

HOTEL SAINT-PAUL.

L'hôtel Saint-Paul occupait, avec ses jardins, tout le terrain compris entre la rue Saint-Antoine et la Seine, depuis la paroisse Saint-Paul jusqu'aux fossés de l'Arsenal et de la Bastille. Ce fut le dauphin Charles, régent de

France, qui, pendant la captivité du roi Jean, en Angleterre, acheta plusieurs hôtels, maisons et jardins, et en composa un ensemble qui fut appelé *hôtel Saint-Paul*, du nom d'une église voisine. Le prix de ces diverses acquisitions fut acquitté par les Parisiens, sur lesquels ce prince établit une taille particulière. En 1364, Charles, devenu roi, déclara cet hôtel réuni au domaine de la couronne, et le désigna dans son édit sous le titre d'*Hôtel solennel des grands esbattements*. Bientôt après il l'agrandit des hôtels de Sens, de Saint-Maur et du Puteymuce.

L'usage d'*armorier* les habits s'introduisit sous ce règne. Les femmes nobles portaient sur leurs robes, à droite l'écu de leur mari, et à gauche le leur : cette mode dura cent ans.

Charles V ne résidait pas seulement à l'hôtel Saint-Paul ; il logeait alternativement dans plusieurs autres palais, tels que le palais de la Cité, le Louvre, le château de Vincennes, et le château de Beauté, où il mourut.

Lorsque l'empereur d'Allemagne vint à Paris, en 1373, Charles V le reçut et le fêta au palais de la Cité, puis au Louvre ; la reine lui donna à dîner à l'hôtel Saint-Paul.

LA TOUR DE SAINT-JACQUES-DE-LA-BOUCHERIE.

La tour de Saint-Jacques-de-la-Boucherie est le seul reste d'une église paroissiale du même nom, située autrefois dans la rue des Arcis. On ne saurait préciser l'époque de son origine : ce qu'on sait seulement, c'est qu'elle existait déjà au XIIe siècle. Le curé de cette paroisse était alors un des treize *prêtres-cardinaux* de la cathédrale de Paris. Plus tard, l'église de Saint-Jacques devint la propriété de plusieurs laïques puissants, dont l'un, Ponce Archambert, en fit donation au monastère de Saint-Martin-des-Champs, ce qui engendra nombre de divisions et de procès entre ce monastère et les curés de Saint-Jacques, désireux de recouvrer leur indépendance.

Bâtie d'abord avec irrégularité et dans des proportions étroites, cette église s'agrandit peu à peu dans le cours des xiv⁰ et xv⁰ siècles : aussi ne forma-t-elle jamais un ensemble uniforme et homogène d'architecture. Il en fut de ce monument comme de tant d'autres, construits vers le même temps ; et l'on peut dire de Saint-Jacques ce que M. Victor Hugo dit de Notre-Dame : « L'art nouveau » prend le monument où il le trouve, s'y incruste, se » l'assimile, le développe à sa fantaisie, et l'achève s'il » peut. La chose s'accomplit sans trouble, sans effort, » sans réaction, suivant une loi naturelle. C'est une » greffe qui survient, une séve qui circule, une végéta-» tation qui reprend. »

La construction de cette paroisse n'était pas achevée lorsque, le 24 mars 1414, Gérard de Montaigu, évêque de Turin, vint en faire la consécration ; et l'historien de Saint-Jacques-de-la-Boucherie rapporte qu'à l'occasion de cette solennité, les paroissiens invitèrent ce prélat à un dîner qui ne coûta que soixante-dix sous parisis.

Ce ne fut que sous le règne de François 1ᵉʳ que cette église fut achevée. Les indulgences accordées à ceux qui fournissaient des fonds pour payer les travaux, et les libéralités de quelques paroissiens, contribuèrent à son achèvement. Parmi les bienfaiteurs de Saint-Jacques, on cite Nicolas Flamel, qui fit bâtir à ses frais le petit portail du côté de la rue des Écrivains. Cet homme obtint pendant sa vie et après sa mort une célébrité extraordinaire, tant par la rapidité de sa fortune que par ses fondations pieuses, et surtout par les prétendues merveilles que l'ignorance lui attribuait.

Nicolas Flamel mourut le 14 mars 1417, et fut enterré dans l'église.

Saint-Jacques-de-la-Boucherie avait droit d'asile, et l'on eut soin, en 1405, d'y construire une chambre spéciale pour ceux qui venaient *s'y mettre en franchise.*

Cette église fut abattue pendant la Terreur (1793) ; mais la vieille tour reste encore debout. C'est un des plus anciens souvenirs de l'art gothique.

LE PONT-NEUF ET LA SAMARITAINE.

Les travaux de ce pont furent confiés à Jacques Androuet (ou André) Du Cerceau, célèbre architecte, qui les dirigea avec autant d'activité que de talent.

Les événements politiques de ce temps interrompirent les travaux, qui ne furent repris qu'en 1602, sous la direction de Charles Marchand.

En 1604, on pouvait y passer sans danger ; mais la route ne fut achevée qu'en 1607.

L'établissement de ce pont nécessita d'importants travaux dans la partie occidentale de la Cité, qu'on réunit à une petite île située à peu près à l'endroit où s'élève aujourd'hui la statue de Henri IV, et nommée l'*île du Passeur-aux-Vaches.* C'est dans cette île que, sous le règne de Philippe IV, dit le Bel, furent brûlés vifs (le 11 mars 1314), Jacques Molay, grand-maître de l'ordre des Templiers, et Guy, commandeur de la Normandie.

Le Pont-Neuf est orné, sur deux faces, d'une corniche

très-saillante, qui règne dans toute sa longueur, et qui est supportée par des consoles en forme de masques de satyres, de sylvains et de dryades. Quelques-unes de ces sculptures, d'un beau caractère, sont attribuées à Germain Pilon. La longueur de la route est de 236 mètres et la largeur de 23 mètres environ. En 1775, on fit à ce pont de grandes réparations : les trottoirs furent abaissés et rétrécis, et des boutiques en pierre de taille furent construites sur les demi-lunes qui s'élevaient à l'aplomb des piles, et laissaient un espace vague où l'on jetait ordinairement des immondices.

De nos jours, tout cela a disparu. Le pont, reconstruit à *neuf*, a été considérablement élargi et embelli. Ces travaux de réparation ont coûté plus de 2 millions.

Il nous reste à donner à nos lecteurs quelques détails sur la *Samaritaine* et la *statue équestre de Henri IV*, deux monuments dont l'histoire se trouve liée à celle du Pont-Neuf.

Vers la fin du xvie siècle, les eaux fournies par les aqueducs de Belleville et des Prés-Saint-Gervais ne pouvant suffire aux besoins toujours croissants du quartier du Louvre, on chercha un moyen d'y faire arriver l'eau de la Seine. A cet effet, un Flamand, nommé Jean Sintlaer, fut chargé par Henri IV de construire sur pilotis une pompe, au-dessous de la seconde arche du Pont-Neuf, du côté du quai de l'École ; les travaux furent commencés en 1603 et achevés en 1608. Le bâtiment, supporté par des charpentes semblables à celles qui soutiennent l'édifice situé au milieu du pont Notre-Dame, était du reste d'une construction assez simple, si ce n'est du côté du Pont-Neuf, où la façade offrait une décoration curieuse :

on y voyait un groupe de figures en bronze doré, représentant Jésus-Christ et la Samaritaine auprès du puits de Jacob.

Au-dessus de la même façade, décorée aussi par un large cadran, était placé, dans une espèce de clocher, un carillon qui faisait entendre différents airs à chaque heure du jour. Sous Louis XIV, ce carillon n'indiquait déjà plus les heures; vers les derniers temps, on ne le sonnait guère que les jours de fête.

La pompe de la *Samaritaine* (à laquelle on donnait aussi le nom de *Gouvernement*), subit, en 1712, 1714 et 1715, plusieurs réparations. Elle fonctionnait assez mal et se dérangeait assez souvent : on la construisit deux fois, d'abord au commencement du XVIII siècle, puis vers 1772, époque à laquelle le groupe des figures fut entièrement redoré. Enfin, en 1813, elle fut complétement démolie.

Quant à la statue équestre d'Henri IV, en voici l'historique succinct :

Jean de Boulogne, élève de Michel-Ange, fut chargé par Ferdinand, grand-duc de Toscane, de couler en bronze un cheval colossal, sur lequel devait être placée la statue de ce duc; mais Ferdinand étant mort, le cheval resta sans cavalier, et fut offert par Cosme II, son successeur, à Marie de Médicis, régente de France. On équipa pour le transporter un vaisseau qui, après avoir traversé la Méditerranée, le détroit de Gibraltar et l'Océan, vint échouer sur les côtes de la Normandie. Le cheval de bronze resta pendant une année entière au fond de la mer; il en fut retiré à grands frais et arriva dans le port du Havre au commencement de mai 1614. De là on lui fit remonter la Seine jusqu'à Paris.

Le 2 juin de la même année, le roi Louis XIII posa en grande cérémonie la première pierre du piédestal, sur le môle situé à l'ouest et au milieu du Pont-Neuf. Le piédestal achevé, on y éleva le cheval, en attendant le cavalier qui devait le monter. De là vient que le peuple, accoutumé à voir le cheval seul, prit l'habitude, même lorsqu'il fut surmonté par la figure de Henri IV, de nommer l'ensemble du monument : *le Cheval de bronze.*

Ce piédestal, élevé sur les dessins de Civoli, fut orné de quatre bas-reliefs de la composition de Francheville, représentant les Batailles d'Arques et d'Ivry ; l'Entrée de Henri IV à Paris, la Prise d'Amiens et celle de Montmélian.

La figure de Henri IV fut exécutée par Dupé.

En 1788, pendant les divisions qui agitaient la cour et les parlements, la tête de Henri IV fut couronnée de rubans et de fleurs ; en 1789, on lui plaça sur l'oreille la cocarde nationale. Enfin en 1792, lorsque le métal manquait pour construire des canons et que l'armée du roi de Prusse s'avançait sur Paris, on renversa toutes les statues : celle de Henri IV ne fut pas épargnée.

En 1818, une nouvelle statue fut coulée dans les ateliers de M. Lemot. Un singulier incident signala la cérémonie du transport de cette statue au Pont-Neuf. Des bœufs et des chevaux avaient été attelés pour l'y conduire ; mais ils renoncèrent à la peine : alors une foule prodigieuse de passants accourut pour aider au transport de la statue de ce roi qui avait promis que le peuple aurait la *poule au pot*, et elle put arriver ainsi à sa destination ; ce qui ne se fit pas sans de graves accidents : plusieurs personnes furent blessées, d'autres même y perdirent la vie.

LE TEMPLE.

Le Temple, édifice situé dans la rue du même nom, fût d'abord la demeure du grand-prieur des Templiers. Au xiiie siècle, il s'accrut et s'embellit de monuments magnifiques pour le temps. Henri III d'Angleterre préféra ce séjour à celui d'un palais que lui offrait saint Louis, en 1254.

En 1313, lorsque les chevaliers de Saint-Jean-de-Jérusalem héritèrent des biens des Templiers, ils firent du Temple la maison provinciale du grand – prieuré de France.

L'enclos était entouré de murailles crénelées fort élevées, et flanquées de tours qui furent presque entièrement démoliès en 1802. On y construisit alors la Rotonde, ou boutiques du Temple; et en 1809, la Halle au vieux linge.

L'église, assez belle et dédiée à la sainte Vierge, était, selon la tradition, construite sur le modèle de Saint-Jean-de-Jérusalem. Mais parmi les bâtiments du Temple, le plus beau, le plus curieux, était la fameuse tour bâtie au commencement du xiiie siècle, selon les uns par frère Hubert, trésorier des Templiers, selon d'autres par le commandeur de l'ordre, Jean le Turc, qui fut brûlé comme hérétique.

Cet édifice considérable était composé d'une grosse tour carrée, haute de 150 mètres, sans les combles, flanquée de quatre tourelles rondes, et accouplée, au nord, d'un massif surmonté de deux autres tourelles beaucoup plus basses. Il se divisait en quatre étages, à chacun desquels se trouvait une pièce de 10 mètres carrés, et trois autres plus petites, pratiquées dans trois tourelles. La quatrième renfermait un bel escalier. Les murs avaient, dans leur moyenne proportionnelle, 3 mètres d'épaisseur, et tout l'édifice était en pierre de taille.

C'est dans cette tour que les rois de France déposèrent longtemps leurs trésors. Là étaient les archives des Templiers et celles du grand-prieuré de l'ordre de Malte, qui leur succéda. Elle a servi à plusieurs reprises de magasin d'armes et de prison d'État. Elle sera à jamais célèbre par la captivité de Louis XVI, qui y entra le 11 août 1792, et en sortit le 21 janvier 1793 pour monter sur l'échafaud. L'appartement de Louis XVI fut occupé par l'ex-directeur Barthélemy, le député Lafon de Labedat, et les autres personnages compromis dans l'affaire du 18 fructidor an V (4 septembre 1797). Ils en partirent deux jours après pour être déportés à la Guyane.

L'amiral anglais Sidney Smith, pris en 1796, au moment où il venait de capturer un corsaire français dans la rade du Havre, fut renfermé au Temple, d'où il s'échappa par la ruse de l'ingénieur Phélippeaux, que Napoléon retrouva plus tard en Égypte, associé à Sidney Smith pour défendre Saint-Jean-d'Acre contre les Français.

La tour du Temple fut démolie en 1811 ; vers le même temps, les autres bâtiments furent embellis et disposés pour servir au ministère des cultes. Les événements de 1814 changèrent cette destination, et le Temple devint la résidence d'une communauté religieuse de femmes, sous la direction de Mme la princesse de Condé, ancienne abbesse de Remiremont.

PARIS MODERNE.

ARRIVÉE ET SÉJOUR DU VOYAGEUR A PARIS.

A peine descendu des wagons, le voyageur se préoccupe de son logement, de sa nourriture et de ses plaisirs, non moins que de ses affaires ; et, suivant ses ressources, il trouvera aisément toutes les satisfactions désirables.

Avant d'arriver à Paris, presque tous les voyageurs ont dû avoir la précaution de se munir du *Livret-Chaix* ou de l *Indicateur officiel des Chemins de fer*, qui donnent exactement les renseignements les plus complets sur les divers services des chemins de fer ; et ils trouveront dans le *Livret* les adresses des principaux hôtels, restaurants, cafés et magasins qui se recommandent à leur préférence.

LOGEMENT. — Lorsque l'étranger se sera décidé sur le quartier qui est le plus à sa convenance, il y choisira un des hôtels qui lui sont indiqués. Il en est qui sont tenus avec beaucoup de luxe ; mais le plus grand nombre convient aux habitudes des familles. Les appartements et les chambres se louent au jour, à la quinzaine ou au mois, et les propriétaires ont le droit d'exiger d'avance le paiement du premier mois ou de la première quinzaine. L'avertissement du congé doit être donné quinze jours avant l'expiration du mois, si la location est au mois ; et huit jours avant l'expiration de la quinzaine, si le loyer est à la quinzaine.

Dans presque **tous les hôtels garnis**, il y a des tables d'hôte servies dans des conditions de prix et de confortable différentes, suivant la situation pécuniaire des voyageurs. On peut aussi se faire servir dans son appartement ; mais alors la dépense augmente dans une notable proportion.

RESTAURANTS. — L'usage est généralement de manger chez le restaurateur ; il y a des restaurants de tous les prix, soit à la carte, soit à prix fixe, depuis les plus luxueux établissements du Palais-Royal et des Boulevarts jusqu'aux tables à 80 centimes le dîner.

TRAITEURS. — Outre les restaurants, il y a encore les traiteurs, les marchands de vin, les rôtisseurs, les charcutiers, et surtout les marchands de comestibles, qui provoquent l'appétit des passants par l'étalage des mets les plus exquis et des fruits les plus rares. Tous ces fournisseurs portent en ville les commandes qui leur sont faites.

PATISSIERS. — Les boutiques des pâtissiers sont très-fréquentées, et il n'y a pas que les enfants seulement dont l'appétit soit excité par leurs friandises ; les amateurs les assaisonnent d'un verre de vin fin ou de liqueur.

CAFÉS. — Les occasions de satisfaire son plus léger appétit, ou seulement sa fantaisie, se présentent à tout moment dans ces nombreux cafés où le luxe extérieur le dispute à la somptuosité du service. On y sert, à toute heure, les liqueurs chaudes et froides les plus propres à contenter les goûts délicats. Les cafés ne se bornent pas à cette spécialité : ils sont, pour la plupart, de magnifiques restaurants où l'on déjeune et dîne à volonté, et où l'on trouve, préparé par d'habiles cuisiniers, tout ce que peut désirer le gourmet le plus difficile.

Les cafés-estaminets sont réservés aux fumeurs.

BAINS. — Les exigences sanitaires ne se bornent pas seulement à une bonne nourriture ; les bains sont nécessaires pour délasser des fatigues du voyage ou des longues courses qu'on est obligé de faire dans la capitale. Aussi de nombreux établissements de bains se trouvent dans tous les quartiers ; suivant le désir de chacun, les eaux naturelles de la Seine ou des eaux minérales jaillissent comme par enchantement dans ces jolis cabinets qui attirent toutes les classes de la société.

VOITURES. — Pour franchir les distances qui séparent les divers quartiers de la capitale, de nombreuses voitures stationnant dans les rues, sur les places, les boulevarts, ou rangées tout attelées sous remise, s'offrent à l'étranger, lui évitent des courses fatigantes et lui permettent d'être exact à ses rendez-vous. On trouvera plus loin le tableau et le tarif de toutes ces voitures, ainsi que les règlements de police qui les régissent. Ces documents officiels sont du plus grand intérêt pour le voyageur, qui y puisera des notions exactes *sur les devoirs imposés aux cochers et les droits qui appartiennent au public.*

Outre ces voitures, dites de place ou de remise, les rues de Paris sont constamment sillonnées par les omnibus à 30 centimes, qui conduisent dans toutes les directions par des correspondances établies entre les Compagnies.

CHAPITRE Ier.

MONUMENTS PUBLICS.

ADMINISTRATION CENTRALE, POLITIQUE, CIVILE ET JUDICIAIRE.

SOMMAIRE. — Château des Tuileries. — Palais du Corps législatif. — Elysée. — Luxembourg (palais du Sénat); Petit-Luxembourg. — Ministères. — Palais du quai d'Orsay. — Palais-de-Justice. — Archives nationales.

CHATEAU DES TUILERIES.

A la place actuelle du château des Tuileries il existait, du temps de Charles VI (1476), une *tuilerie* qui avait fourni aux approvisionnements de la ville de Paris pendant quatre siècles.

En 1518, François Ier fit acquisition pour sa mère, Louise de Savoie, d'une maison que des Essarts et de Villeroi avaient bâtie sur ce même terrain.

Louise de Savoie en fit présent, en 1525, à Jean Tiercelin, maître d'hôtel du dauphin. Plus tard elle passa dans les mains de Catherine de Médicis, qui fit commencer, en 1564, l'édifice sur le plan actuel. Philibert Delorme et Jean Bullant en furent les architectes, et ils élevèrent le

pavillon du centre, les deux ailes adjacentes et les petits pavillons qui les flanquent de chaque côté.

A ce moment, Catherine fit cesser les travaux ; elle alla habiter l'hôtel de Soissons, effrayée qu'elle fut d'une prédiction astrologique qui lui conseilla de se défier de *Saint-Germain :* le château se trouvait être de la paroisse de Saint-Germain-l'Auxerrois...

Du Cerceau et Duperac ajoutèrent, sous le règne de Henri IV, les deux corps de bâtiments qui viennent immédiatement après, et les deux énormes pavillons élevés à chaque bout. Ces lourds bâtiments, d'ordonnance corinthienne, forment un contraste frappant avec les ordres délicats et légers employés par les premiers architectes.

Le roi Henri commença également la longue galerie qui joint le Louvre au palais. Sa mort interrompit les travaux ; ils furent continués et terminés sous Louis XIII, qui y fixa sa résidence. Louis XIV donna ordre à Leveau et à d'Arbay de mettre de l'harmonie dans l'ensemble, qui en manquait entièrement. Ces architectes y ajoutèrent un grenier et firent abattre un escalier en spirale qui était à l'intérieur, dans le centre, tout en le reconnaissant pour un chef-d'œuvre.

Louis XIV habita les Tuileries jusqu'à l'achèvement de Versailles ; puis toute la cour abandonna Paris.

Le régent, duc d'Orléans, habita les Tuileries pendant la minorité de Louis XV. Depuis cette époque jusqu'au retour forcé de Louis XVI, ce palais fut occupé par les officiers de la maison royale.

Nous ne parlerons pas ici en détail des souvenirs historiques attachés à ce palais, du temps de la révolution de 89. Il suffira de mentionner l'attaque par le peuple

(20 juin 1792), et le massacre des Suisses (10 août de la même année).

Les Tuileries devinrent le palais officiel du premier consul ; et, dans la suite, la résidence impériale. En 1808, Napoléon fit commencer la galerie que le prince Louis-Napoléon Bonaparte fait continuer en ce moment et, qui doit servir de communication avec le Louvre. Après la restauration, les Tuileries redevinrent la résidence habituelle de la familleroyale.

Louis-Philippe, quand il eut été proclamé roi des Français, quitta le Palais-Royal, et vint habiter les Tuileries avec sa famille, depuis 1830 jusqu'à sa chute.

Aux termes d'un décret du Gouvernement provisoire, du 25 février 1848, on devait convertir les Tuileries en un asile pour les *Invalides civils*. Ce décret ne fut jamais mis à exécution. Pendant la déplorable insurrection de juin 1848, le château servit d'hôpital pour les blessés. — Ce magnifique palais est aujourd'hui la demeure officielle du prince Louis-Napoléon, président de la République ; le ministère d'État occupe le pavillon Marsan.

La longueur de la façade de ce palais est de 336 mètres et la largeur de 36. Le style général de l'architecture ne peut être déterminé d'une manière précise. Les parties les plus anciennes sont du style italien du xe siècle ; d'autres parties, du style Henri IV : ce sont les plus beaux souvenirs que Paris ait de l'architecture du règne de ce roi. Le visiteur ferait bien, pour se former une juste idée du style de l'architecture de cette époque, de comparer l'église Saint-Eustache et les parties des Tuileries qui furent construites sous le règne de Henri IV.

Les colonnes de l'étage inférieur sont du style ionique,

celles du second sont du style corinthien, enfin celles du troisième sont du style composite. Au reste, on a tâché de faire concorder tous ces styles différents : les colonnes ioniques sont ornées de bandes et d'autres ornements qui remontent à la même époque. De chaque côté du pavillon de l'Horloge étaient originairement, au sud, une longue galerie, et au nord, un grand escalier remplaçant une galerie semblable du temps de Louis XIV.

Vers le jardin, au rez-de-chaussée, des arcades voûtées partent du pavillon central, devant les galeries, pour rejoindre ensuite les deux du milieu ; le haut de ces arcades sert de terrasse. Il n'en reste aujourd'hui qu'une seule, celle du midi ; l'autre a été remplacée par un escalier. Les pavillons des extrémités du palais sont remarquables par leurs fenêtres élevées, ainsi que par leurs cheminées et leurs toits. Le pavillon du côté de la Seine est appelé *pavillon de Flore ;* celui du côté opposé, *pavillon Marsan.*

INTÉRIEUR DU PALAIS. — On entre par le *pavillon de Flore* dans les appartements privés qui étaient destinés aux rois de France. Ils sont situés au rez-de-chaussée de l'aile du sud, et furent occupés par Marie-Antoinette. L'*antichambre* et la *salle des aides de camp* conduisent au *grand cabinet* où Louis-Philippe accordait des audiences particulières. C'est là qu'il consentit à signer son abdication. Le *cabinet d'étude*, qui suit, est meublé simplement ; le *cabinet de toilette* est tendu en damas bleu : on y voit un tableau des trois Grâces, par Blondel.

L'escalier du *pavillon de Flore* conduit aux grands appartements. Ceux que l'on parcourt les premiers font face au jardin, et sont placés à la suite l'un de l'autre ;

ainsi : la salle de Mars, ancienne salle des gardes sous Charles X ; une chambre ordinaire ; la salle du conseil, tapissée en soie rouge, et dans laquelle se trouvent des tableaux d'Isabey, de Granet, de Mercey, d'Ouvrié, de Sebron. La *table du conseil* est placée au milieu de la salle. Puis le *salon bleu*, où Napoléon recevait ; la bibliothèque privée qui servit de cabinet de travail à l'Empereur, et où furent signées, par Charles X, les ordonnances de juillet 1830 ; enfin, le *cabinet des dames* et la *salle de bain*. Ces appartements avaient, du temps de Louis-Philippe, les mêmes destinations que sous ses prédécesseuas.

La *salle de billard* servait autrefois à loger les officiers de service. Une porte ouvre de cette salle sur la terrasse qui mène au pavillon de l'Horloge. Derrière ces appartements, du côté de la cour du palais, est la *galerie de Diane*, longue de 58 mètres environ et large de 10. Le plafond et les panneaux sont richement dorés et ornés de peintures d'après l'école italienne. Le *salon de Louis XVI* vient ensuite, orné de dorures superbes et de deux tableaux : l'un reproduit la scène historique où Louis XIV présente son petit-fils Philippe aux grands d'Espagne. Louis XIV est dans sa soixante-dixième année, et frappant de ressemblance. L'autre représente Anne d'Autriche, accompagnée par Louis XIV et le duc d'Orléans, tous deux enfants ; ce tableau est de Mignard. De là, on entre dans la *salle du Trône*, qui avait tant de splendeur autrefois.

Le *salon d'Apollon* et le *salon d'attente* conduisent vers la galerie du centre. Dans le premier se trouve le magnifique tableau de Mignard, Apollon et les Muses. Le pavillon de l'Horloge forme une vaste salle appelée *salle des*

Maréchaux. Les murs de cette salle sont ornés des portraits des maréchaux et amiraux de France.

Il s'y trouve aussi plusieurs bustes de généraux.

De la salle des Maréchaux une porte communique, du côté du jardin, avec un petit appartement fort élégant, conduisant à un corridor qui entoure l'escalier d'honneur. Les balustrades de cet escalier sont en bronze et acier poli, et les sculptures, en pierre, sont très-belles.

La *galerie Louis-Philippe*, nommée aujourd'hui *Galerie-Neuve*, sert de salle de bal ; elle a 420 mètres de long sur 105 de large. D'un côté se trouvent des fenêtres ; de l'autre, d'immenses glaces. Au midi de cette salle on voit la statue de la Paix, présentée à Napoléon par la ville de Paris, après la paix d'Amiens ; cette statue est encadrée à droite et à gauche par deux colonnes de marbre qui soutiennent des bustes antiques. A l'autre bout de la salle, on voit deux belles statues des chanceliers de l'Hôpital et d'Aguesseau.

Ensuite vient l'antichambre d'honneur, dont on remarque le plafond, à cause de son travail et de son antiquité ; on l'a apporté de Valenciennes, où il ornait la chambre à coucher de la reine Blanche : cette antichambre conduit au salon de la chapelle.

De ce salon on passe au théâtre, salle élégante, composée d'un parterre, de deux rangs de loges, et d'un rang de petites loges tout près du plafond, le tout pouvant contenir six cents spectateurs.

Tous les appartements du côté de la cour se suivent, de façon à former un coup d'œil magnifique pour le visiteur qui se place à l'une des extrémités.

JARDIN. — Le célèbre le Nôtre fut chargé par Louis XIV de dessiner le jardin. On y remarque deux terrasses : l'une, au nord, appelée la *Terrasse des Feuillans*, à cause du couvent qui y était avant la révolution de 1789 ; l'autre au sud, la *Terrasse du bord de l'eau*, sous laquelle est un passage souterrain. Une grande partie du jardin est du style Louis XIV. Il est orné de parterres, de quatre bassins et de statues.

Il y a plusieurs chefs-d'œuvre dans le jardin, entre autres deux groupes par Coysevox, l'un de Mercure, l'autre de la renommée sur des chevaux ailés. Autour du bassin octogone, on remarque des groupes superbes : le Tibre par Bourdot, la Loire et le Loiret par Vanclève, la Seine et la Marne par Coustou, le Nil par Bourdot ; plus loin, deux statues de Bacchus, une Vestale par Legras, les quatre saisons, Annibal par Sloedtz, et Scipion l'Africain par Coustou. Sous les arbres, au nord, un Centaure subjugué par Cupidon ; puis un groupe de Castor et Pollux. En face, dans l'autre quinconce, le Sanglier célèbre dont l'original grec est conservé dans la galerie de Florence. Plus près du château, au rond-point du parterre, on remarque deux statues de Lepautre, Énée emportant son père Anchise qui tient la main du jeune Ascagne, la Mort de Lucrèce ; puis l'Enlèvement de Cybèle par Saturne, la statue de bronze en Vénus accroupie, et le groupe de Laocoon.

PALAIS DU CORPS LÉGISLATIF.

C'est en 1722, sur les dessins de l'architecte italien Girardini, que fut commencé le Palais-Bourbon, ainsi nommé parce qu'il appartenait à Louise-Françoise, duchesse douairière de Bourbon ; puis il fut continué par Mansard. Le prince de Condé y dépensa plus de vingt millions ; mais ce palais ne fut achevé qu'en 1789, à l'époque où la révolution éclata.

En 1795, il fut choisi pour servir de local au *Conseil des Cinq-Cents.* C'était dans le bâtiment placé vis-à-vis du pont que le Conseil tenait ses séances : le reste de l'édifice était occupé par le président. Le *Corps législatif* en prit plus tard possession.

Lors du retour des Bourbons, en 1814, le prince de Condé rentra dans son palais ; mais, en 1829, une loi fut adoptée, qui ordonna l'acquisition d'une partie du palais, destinée à la Chambre des députés, moyennant la somme de 5,500,000 fr. Après la mort du duc de Bourbon, la partie des bâtiments occupés par le duc fut donnée en legs au duc d'Aumale, qui la loua au gouvernement, et cet édifice servit de domicile au président de la Chambre des députés. En 1848, la totalité revint à l'État, qui fit élever d'un étage et terminer le palais destiné pour l'habitation du président de l'Assemblée.

EXTÉRIEUR DE L'ÉDIFICE. — En face du pont de la Concorde, une grille de fer est placée au bas d'un immense escalier qui conduit à l'édifice. La façade, bâtie par Poyet en 1804, consiste en douze colonnes de l'ordre corinthien.

Un bas-relief de Cortot en couronne le sommet. Il représente la France appuyée sur une tribune et portant la Constitution dans la main droite ; à ses côtés sont la Force et la Justice ; à gauche, est un groupe de figures représentant la Navigation, l'Armée, l'Industrie, la Paix et l'Éloquence ; à droite, le Commerce, l'Agriculture, les Arts, et les deux rivières la Seine et la Marne.

Au pied de l'escalier, on remarque sur des piédestaux de 6 mètres d'élévation, les statues colossales de la Justice et de la Prudence ; et sur le premier plan, les statues de Sully, Colbert, l'Hôpital et d'Aguesseau.

Sur la place de Bourgogne, s'ouvre l'entrée d'honneur de la cour intérieure du Palais, conduisant aux tribunes, à la questure et aux salles d'attente.

Les visiteurs devront examiner particulièrement :

La *salle de la Paix*, où se trouvent un Laocoon, un Virginius, une Minerve en bronze, et un plafond peint par Horace Vernet ;

La *salle Casimir Périer*, ancien *péristyle du roi*, où l'on voit la statue de la République par Barre, celles de Casimir Périer par Duret, de Bailly et de Mirabeau par Jaley, de Foy par Despretz, et des bas-reliefs de Triquetti ;

La *salle des Conférences*, où sont un grand nombre de tableaux historiques dus à nos meilleurs peintres.

ÉLYSÉE NATIONAL.

(Résidence particulière du Président de la République. — Rue du Faubourg-Saint-Honoré.)

Construit en 1718, sur les dessins de Mollet, pour le comte d'Évreux, ce beau palais devint l'habitation de Mme de Pompadour, maîtresse de Louis XV. Elle en fit agrandir le jardin et le fit saillir en demi-lune sur les Champs-Elysées, en disposant des terrains qui étaient la propriété de la ville de Paris. Après sa mort, Louis XV fit de ce palais la résidence des ambassadeurs extraordinaires. Plus tard, le financier Beaujon l'acquit et y dépensa en embellissements des sommes considérables. La duchesse de Bourbon, épouse du fils du prince de Condé, l'acheta à l'époque de sa séparation d'avec son mari et lui donna le nom d'Élysée-Bourbon. Devenu propriété nationale en 1792, l'Élysée fut loué à divers entrepreneurs de jeux et de fêtes publiques. Murat en fut acquéreur en 1804, et il l'habita jusqu'à son départ pour Naples. Sous le nom d'Élysée-Napoléon, il fut alors la résidence favorite de l'Empereur. En 1814 et 1815, ce palais reçut Alexandre, empereur de Russie, et le duc de Wellington ; en 1816, Louis XVIII en fit présent au duc de Berry, qui fut assassiné par Louvel ; en 1830, l'Élysée devint une dépendance de la liste civile ; et en octobre 1848, l'Assemblée nationale en fit la résidence du président de la République française.

On peut y voir différents objets précieux, et plusieurs chambres remarquables par leurs souvenirs historiques : le *salon de réception* servait de chambre du conseil à l'Empereur ; c'est dans le *salon de travail*, sa chambre favorite, qu'il signa sa dernière abdication, au retour de Waterloo, et sa lettre au prince régent d'Angleterre.

PALAIS-ROYAL.

(Rue Saint-Honoré, 204.)

Bâti de 1629 à 1639 pour le cardinal de Richelieu, par Jacques Lemercier, cet édifice fut d'abord nommé *Palais-Richelieu*, puis *Palais-Cardinal*. Louis XIII le reçut en présent de son premier ministre. Anne d'Autriche, reine de France et régente du royaume, l'habita en 1643 avec ses deux fils. C'est de ce temps que date son nom de *Palais Royal*. Cédé par Louis XIV à son frère Philippe de France, il devint, en 1692, la propriété et la résidence de Philippe d'Orléans, son neveu. Il a pris tour à tour les noms de *Palais-Égalité*, de *Palais du Tribunat*, et de *Palais-National*. Aujourd'hui il a repris le nom de *Palais-Royal*.

La façade sur la place, bâtie par Moreau, présente deux pavillons à colonnes doriques et ioniques, avec un fronton orné de figures par Pajou. Un portique à trois arcades garnies de portes d'une dimension imposante réunit ces pavillons. Ce même ordre se reproduit aux deux ailes, couronnées de frontons triangulaires à figures sculptées. Le grand escalier est cité pour sa magnifique ordonnance. La première cour est la cour d'honneur ; la seconde, où l'on a bâti une vaste salle *provisoire* pour l'exposition annuelle de peinture et de sculpture, est flanquée des deux côtés d'arcades que surmontent deux étages de bâtiments. Vis-à-vis du palais est une galerie vitrée élevée par l'architecte Fontaine : elle est spacieuse, fort riche, et bordée d'élégants magasins. Le jardin, qui vient après, est encadré d'une part par la galerie vitrée ; de l'autre par trois superbes corps de bâtiments construits sur un plan uniforme par l'architecte Louis, et sous lesquels circulent de vastes galeries à arcades, dont les brillantes et nombreuses boutiques forment un bazar sans rival au monde. C'est là que l'on rencontre à chaque pas les plus luxueux magasins de joaillerie, d'orfévrerie, etc., et les restaurants ou cafés en vogue, tels que Véry, Véfour, les Frères-Provençaux ; les cafés de Foy, Lemblin et de la Rotonde. La suppression des jeux publics, qui y occupaient quatre locaux, a eu pour effet de *moraliser* le séjour du Palais - National. Il est surtout fréquenté par les nombreux étrangers qu'attire la splendide réputation dont il jouit dans l'univers entier.

Parmi les appartements du palais, on remarque la *salle des aides de camp*, les *salles de réception*, et *de société*, le *salon bleu* la *galerie dorée* et la *salle* dite *du trône*, dans les premiers temps du règne de Louis-Philippe qui habitait alors ce palais. Il y avait aussi une belle collection de tableaux ; malheureusement, quelques-unes de ces merveilles ont été détruites ou détériorées en février 1848, et ensuite par le séjour de la garde marine mobile, dont l'état-major était installé dans le palais et ses dépendances.

Le jardin, complétement replanté de chaque côté, de quatre allées de tilleuls, forme un parallélogramme de 230 mètres sur 100. Au milieu sont deux parterres séparés par un bassin circulaire à jet d'eau en gerbe. On y voit deux copies de Diane et de l'Apollon du Belvédère ; un Enfant jouant avec un bouc, par Lemoine ; un Baigneur, par d'Espécieux ; Ulysse, par Bro ; une Nymphe blessée par un serpent, de Nanteuil. Près de cette dernière statue est un canon fort connu, dont l'explosion au moment du passage du soleil au méridien sert de régulateur au public et aux horlogers d'alentour.

PALAIS DU LUXEMBOURG OU DU SÉNAT.

Vers la moitié du xvᵉ siècle, Robert de Harlay de Sancy avait élevé un vaste édifice dans les jardins qu'on appelle aujourd'hui le jardin du Luxembourg.

En 1583, cette résidence fut achevée et bientôt augmentée par le duc d'Épinay-Luxembourg, puis vendue à Marie de Médicis, en 1612, pour 20,000 livres.

Alors Jacques Desbrosses fut chargé de construire sur cet emplacement un palais semblable au palais Pitti, de Florence, la résidence princière des ducs de Toscane.

Gaston d'Orléans l'ayant reçu en legs, on le nomma *palais d'Orléans*. La duchesse de Montpensier, Anne-Marie-Louise d'Orléans, l'acheta 50,000 livres. En 1672, il devint la propriété d'Élisabeth d'Orléans, duchesse de Guise et d'Alençon, qui le vendit à Louis XIV en 1694. Ensuite, ses habitants furent la duchesse de Brunswick, Madame d'Orléans, reine douairière d'Espagne ; et après sa mort, le comte de Provence (Louis XVIII), à qui Louis XVI l'avait donné et qui y resta jusqu'en 1791.

Dans les premières années de la révolution, ce palais fut converti en prison. En 1795, le Directoire l'occupa ; puis Bonaparte en fit le *palais du Consulat*, qui devint peu de temps après *palais du Sénat conservateur*. Enfin, en 1814, la Chambre des pairs y tint ses séances jusqu'en 1848 ; aujourd'hui, le Sénat en a repris possession.

La cour a 120 mètres de long sur 100 de large. On remarque dans les différentes salles du palais des statues d'Aristide, de Cincinnatus, Cicéron, Léonidas, Solon, Périclès ; des tableaux, notamment dans la *salle des Messagers* :

Palais du Luxembourg

Charles IX recevant les clefs de Paris, par Caminade;
Saint Louis, par Flandrin; le duc de Guise, par Vinchon; et
dans la *salle des Conférences*, des tapisseries des Gobelins.

La *bibliothèque*, la *chapelle* de Marie de Médicis, et la
galerie de tableaux, méritent toute l'attention du visiteur.

Le jardin a été planté par Desbrosses. En 1792, on coupa
des arbres de toute beauté pour construire des cafés. On
a mis un soin particulier, depuis quelques années, pour
embellir le jardin du Luxembourg d'un grand nombre de
parterres. A l'est, on a établi le jardin botanique de
l'École de médecine, et à l'ouest une nouvelle pépinière
très-riche. Une magnifique serre a été construite auprès
du Petit-Luxembourg. C'est là que la *Société des conférences horticoles* tient ses séances. La longueur du jardin,
du nord au sud, est de 919 mètres; sa largeur, de 750; sa
superficie est de 241,064 mètres carrés. C'est aujourd'hui
une des plus charmantes promenades de Paris.

LE PETIT-LUXEMBOURG. — Cet hôtel, qui est une dépendance du grand palais, a été commencé vers l'année 1729, par ordre du cardinal Richelieu, qui y demeura.
Quand il le quitta, il en fit hommage à sa nièce, la duchesse d'Aiguillon. Henri-Jules Bourbon de Condé le reçut
en héritage; et après sa mort, Anne, princesse palatine
de Bavière, en hérita et le répara. Sous le Directoire,
quatre des directeurs y demeurèrent; le cinquième habitait le grand palais. Bonaparte y séjourna six mois avant
d'aller aux Tuileries. Enfin, le Petit-Luxembourg devint
la résidence du chancelier de France, président de la
Chambre des pairs.

Le président et le grand-référendaire du Sénat l'habitent pendant la session.

MINISTÈRES.

MINISTÈRE DE L'INTÉRIEUR, DE L'AGRICULTURE ET DU COMMERCE.

(Rue de Grenelle-Saint-Germain, 101. — Les bureaux, 103, et rue Belle-Chasse, 66.)

Le ministre donne des audiences particulières sur demande écrite (indiquer l'objet de la demande . Les chefs de division reçoivent les mardis, jeudis et samedis, de 2 à 4 heures. — On retire les lettres d'avis de paiement les lundis et jeudis, de midi à 3 heures. —Le bureau d'enregistrement du secrétariat général donne des renseignements sur les affaires transmises au ministère, les mardis et jeudis de 2 à 4 heures.

ARCHIVES NATIONALES, rue du Chaume, 12, hôtel Soubise. — L'entrée principale, rue du Paradis, quartier du Mont-de-Piété , est décorée de colonnes d'ordre corinthien et de trophées surmontés des figures d'Hercule et de Pallas, par Coustou jeune et Bourdis ; la balustrade du côté de la cour, fermée par une galerie à colonnes d'ordre composite, est ornée des statues de la Prudence et de la Renommée. Sur la façade, d'ordre composite et corinthien, s'élèvent des groupes sculptés, et les Saisons, par le Lorrain.

Vers la fin du XIVe siècle, le connétable de Clisson, que

sa cruauté proverviable a fait surnommer *le Boucher*, fit construire cet hôtel, qui appartint ensuite aux Guise. Après une émeute populaire, en 1392, cet hôtel porta quelque temps le nom d'*Hôtel des grâces*, parce que le roi y fit assembler les principaux bourgeois de Paris, e t leur *fit grâce*. Il passa en 1697 à François de Rohan, prince de Soubise, chef de cette célèbre famille dont la noble fierté se dépeint par sa devise : *Roi ne puis, duc ne daigne, Rohan je suis.*

Les peintures et les ornements de cet hôtel sont très-remarquables. Le principal salon des *grands apparte-ments* est un modèle dans le genre du XVIIIe siècle. Dans les *petits appartements* est une fenêtre ouvrant sur la rue du Chaume, faisant partie du boudoir de la duchesse de Guise, et par laquelle, dit-on, se précipita son amant à l'approche du duc.

C'est là qu'en 1793 les citoyens allaient faire leur déclaration pour l'emprunt forcé.

Après la révolution, et d'après l'ordre de Napoléon, quelques anciennes familles y trouvèrent asile ; ce fut encore par les ordres de l'empereur, en 1809, que cet hôtel fut consacré au dépôt des *Archives nationales*.

La collection se compose de cinq sections :

1° La *section législative*, formant plus de 7,000 cartons et contenant tous les actes de la législature française ;

2° La *section administrative*, comprenant les actes émanés des autorités publiques, parmi lesquels sont les arrêts du conseil de 1593 à 1791, en 40 cartons;

3° La *section historique* formée du trésor des chartes depuis le XIIe siècle jusqu'en 1789, et dont le nombre des cartons s'élève à 5,436;

4° La *section des domaines*, 21,000 cartons ;

5° La *section judiciaire*, se composant de tous les arrêts, actes, remontrances du Parlement et autres Cours du
royaume, n'a pas moins de 60,000 cartons.

Il s'y trouve aussi une bibliothèque de 14,000 volumes.

On remarque, dans ce précieux dépôt, les rapports des
commissions anglaises, l'armoire de fer, le *livre d'or* des
bulles du pape, les clefs de la Bastille, les clefs d'argent
de Namur présentées à Louis XIV, le fameux *livre rouge*
trouvé à Versailles, le testament de Louis XVI et de Marie-Antoinette et le serment de Louis XVI, la minute des
Droits de l'Homme, la planche des assignats, des médailles
de l'Empire, des lettres autographes de Napoléon, et, entre autres, la seule qu'il ait écrite à Louis XVIII.

MINISTÈRE D'ÉTAT.

(Palais des Tuileries, pavillon Marsan. — Place du Carrousel.)

Audiences particulières du ministre sur demande motivée.

GARDE-MEUBLE. — Sous l'ancienne monarchie les richesses en diamants, joyaux, meubles, etc., qui apparte-
naient aux rois de France formaient une collection qui
avait été primitivement placée auprès du Louvre, dans
un lieu que l'on désignait sous le nom de *garde-meuble de
la couronne*. En 1760, deux édifices furent construits pour
cette destination sur la place actuellement nommée
place de la Concorde, et dans l'un desquels ont été établis
en 1806 les bureaux du ministère de la marine. Alors le
mobilier de la couronne fut transporté rue des Champs-
Élysées, n° 6 ; puis enfin rue du Faubourg-Poissonnière,

où il est maintenant. La dénomination de *Mobilier national* a été donnée à cette collection après la révolution de 1848. Il est très-difficile, pour ne pas dire impossible, d'être admis à le visiter.

MINISTÈRE DES FINANCES.

(Rue de Rivoli, au coin de la rue Castiglione et de la rue Mont-Thabor.)

Magnifique édifice quadrilatère, commencé par Napoléon, achevé en 1825. L'ancien hôtel du ministère des finances occupait le terrain sur lequel est aujourd'hui bâti le théâtre Ventadour. C'est au ministère des finances que sont établis les bureaux et la caisse du Trésor, où s'opèrent le paiement des rentes et généralement tous les paiements en espèces au compte de l'État.

PALAIS DE LA BOURSE. — Ce palais, commencé en 1808 sur les dessins de Brongniart, est un des plus magnifiques monuments de Paris et de l'Europe. Élevé sur l'emplacement du couvent des Filles-Saint-Thomas, il est borné au nord par le côté pair de la place de la Bourse; à l'est par la rue Notre-Dame-des-Victoires; au sud, par celle des Filles-Saint-Thomas; à l'ouest, par la rue Vivienne. A droite et à gauche s'étendent deux allées d'arbres. Cet édifice occupe un terrain parallélogramme de 42 mètres de large sur 71 de long. Un soubassement de 3 mètres de haut supporte 70 colonnes d'ordre corinthien de 1 mètre de diamètre et de 10 d'élévation, séparées par 4 mètres de distance. Elles sont surmontées d'un entablement et d'un attique, et forment une vaste galerie. L'ensemble du monument, auquel on arrive de deux côtés par un perron de seize marches, est d'un effet majestueux. A l'intérieur, la salle de la Bourse mesure 38 mètres sur 25 ; à l'extrémité est a été réservée une place circulaire enclose d'une balustrade où se tiennent, de 1 heure à 3 heures, les agents de change : c'est ce qu'on nomme *la Corb ille*. Cette salle immense est chauffée en hiver par des calorifères. A l'extrémité de la spacieuse galerie qui règne au premier étage, se trouvent le tribunal de commerce et la salle des faillites, et à l'étage supérieur, les greffes. Le dôme, à jour et garni d'un beau vitrage, est décoré d'admirables grisailles de Meynier et d'Abel de Pujol, qui jouent à s'y méprendre le bas-relief. Originairement la Bourse, dont les opérations furent importées en France vers 1690 par Law, financier écossais, se tenait rue Quincampoix. En 1784 seulement, on régla l'agiotage par un décret, et la Bourse, appelée place de change, fut transportée au Palais-Mazarin, de là aux Petits-Pères, au Palais-National, puis dans une espèce de hangar voisin de la rue des Filles-Saint-Thomas, et enfin, en 1826, dans l'édifice actuel. La Bourse est ouverte tous les jours, excepté les dimanches et fêtes, de 1 heure à 5 heures, et le tribunal de commerce de 10 heures à 5 heures. On y négocie, par ministère d'agents de change, depuis 1 heure jusqu'à 3 heures, les rentes françaises et étrangères, actions de banque, actions industrielles, et généralement toutes les valeurs cotées au parquet. Les femmes ne peuvent entrer dans la salle des opérations, mais elles sont admises dans les galeries et dans les autres parties du palais que le public peut visiter.

BANQUE DE FRANCE, rue de la Vrillière. — Ancien hôtel

du comte de Toulouse, remanié sur les dessins de Mansard, en 1720, pour le duc de la Vrillière. Il occupe l'espace compris entre les rues de la Vrillière, Neuve-des-Bons-Enfants et Croix-des-Petits-Champs. — Fondée en 1803, sur le crédit seul des principales maisons de banque de Paris, sans aucune intervention du gouvernement, la Banque de France a, par les lois du 24 germinal an II, du 22 avril 1806 et du 30 juin 1840, le privilége d'émettre des billets de banque jusqu'au 31 décembre 1867. Son capital était originairement de 90 millions de francs : il s'est élevé de moitié par la fusion de toutes les banques départementales, opérée en vertu d'un décret du Gouvernement provisoire, en 1848. Ses opérations consistent à escompter les effets de commerce à trois signatures, à faire des avances sur effets publics, sur lingots et monnaies (l'intérêt de ces derniers prêts, qui ne sauraient être de moins de 10,000 francs, est de 5/8 0/0 pour 45 jours) ; à émettre des billets à vue et à ordre, à recevoir des titres, effets publics, diamants et objets précieux, moyennant un droit d'un 8ᵉ 0/0 de la valeur pour six mois. On est admis à l'escompte à l'aide d'un certificat de trois notables commerçants. La Banque ne reçoit pas d'opposition sur les sommes en compte courant. Les actions peuvent être immobilisées et remobilisées, en vertu de la loi du 17 mai 1834. La Banque escompte tous les jours non fériés; le taux est déterminé par le conseil général de la Banque. Le chiffre maximum de la circulation avait été fixé à 452 millions par un décret du Gouvernement provisoire en 1848.

Un décret du 20 décembre 1849 l'a élevé à 525 millions. On calcule que la moyenne de sa circulation actuelle est de 490 millions. Les coupures adoptées depuis 1848 sont de 1,000, 500, 200 et 100 francs.

Le gouvernement de la Banque se compose d'un gouverneur, de deux sous-gouverneurs, quinze régents, trois censeurs, et d'un conseil de douze membres qui examine les comptes.

Dans une assemblée annuelle où sont appelés les deux cents plus forts actionnaires, le gouverneur lit un rapport sur les opérations de la Banque.

Naguère, chaque semaine, on publiait un relevé exact de son actif et de son passif; mais, à présent, la Banque ne fait connaître sa situation que tous les mois.

CAISSE D'AMORTISSEMENT, CAISSE DES DÉPOTS ET CONSIGNATIONS, rue de l'Oratoire, n° 1, près du Louvre. — Ces deux établissements, bien que dans l'ordre administratif ils aient trait aux finances de l'État et des particuliers, ne font pas partie du ministère des finances, et sont dirigés par une commission de surveillance nommée par le Gouvernement tous les trois ans, et dans laquelle sont admis le président de la Cour des comptes, le gouverneur de la Banque de France et le président de la Chambre de commerce de Paris.

La *Caisse d'amortissement* a pour objet toutes les opérations relatives à la réduction de la dette publique.

La *Caisse des dépôts et consignations* reçoit les sommes destinées à apurer des comptes en litige, sous forme d'*offres réelles*, de cautionnements, ou bien à titre de simple dépôt, par des fonctionnaires publics ou des particuliers. — Si les sommes versées ne sont pas retirées dans le délai de soixante jours, elles portent intérêt à 3 0/0 l'an.

Ces caisses sont administrées par un directeur général, un directeur et un trésorier.

ENTREPOT DES DOUANES, place des Marais. — Ce vaste édifice est destiné à recevoir les marchandises arrivant à Paris et devant être frappées d'un droit. Elles sont expédiées des villes et ports de la frontière à la destination de Paris, pour être là examinées et taxées.

Les voyageurs qui ont visité Londres peuvent retrouver en miniature, dans l'Entrepôt des douanes de Paris, ces vastes établissements appelés *Docks*, où entrent les navires de toutes les nations, et où sont déposées les marchandises expédiées à Londres de tous les points du globe.

Une partie de l'édifice de l'Entrepôt des douanes appartenait jadis au *Grand-Orient* de Paris, avant les constructions immenses qui y ont été faites. Les tenues de la franc-maçonnerie avaient lieu dans l'élégante salle où s'assemblent, de nos jours, le conseil des prud'hommes.

ADMINISTRATION DES POSTES, rue J.-J. Rousseau. — Cet établissement dépend de l'ancien hôtel du financier Bullion, bâti sur l'emplacement du théâtre où jouaient autrefois les *Confrères de la Passion*.

RÈGLES GÉNÉRALES DU SERVICE.

Le départ de Paris pour tous les bureaux, et l'arrivée de ces mêmes bureaux à Paris, sont journaliers.

Le bureau des affranchissements et chargements pour

les départements et l'étranger est ouvert depuis 8 heures du matin jusqu'à 6 heures du soir ; le dimanche il est fermé à 3 heures.

Les lettres qui y sont affranchies jusqu'à 2 heures pour l'étranger, et jusqu'à 4 pour les départements, partent le jour même.

On ne reçoit point d'or ni d'argent dans les lettres. Il y a un bureau des envois d'argent, dans lequel on reçoit les pièces d'or et d'argent, en payant 5 centimes par franc de leur valeur ; le bureau est ouvert tous les jours, les dimanches exceptés, de 9 heures du matin à 3 heures du soir. L'Administration ne répond que des envois faits de cette manière.

Les dimanches, fêtes, etc., jours où la Bourse est fermée, ainsi que les Ministères et Administrations, les lettres sont levées de la boîte de l'hôtel des Postes à 2 heures précises, au lieu de 5.

Les affranchissements et chargements ne seront reçus que jusqu'à midi pour l'étranger, et jusqu'à 2 heures pour les départements.

Le bureau des feuilles périodiques est fermé à midi.

SERVICE DE PARIS.

Tableau des Heures de levées des Boîtes et des Distributions dans Paris.

HEURES	HEURES
DE LEVÉES DES BOITES.	DES DISTRIBUTIONS DANS PARIS.
1re { à 7 h. 1/2 aux boîtes. à 8 heures aux bureaux.	à 7 h. } Pour les lettres de Paris.
2e { à 10 heures aux boîtes. à 10 h. 1/2 aux bureaux.	à 9 h 1/2 } Paris et les chemins de fer de Rouen
3e { à midi aux boîtes. à midi 1/2 aux bureaux.	à midi. } et d'Orléans.
4e { à 2 heures aux boîtes. à 2 h. 1/2 aux bureaux.	à 2 h. } Pour les lettres de Paris, des départements et de l'étranger.
5e { à 3 h. 1/2 aux boîtes. à 4 h. aux bureaux. à 5 heures à l'hôtel des Postes (et à la boîte de la Bourse -	à 4 h. }
6e { à 4 h. 1/2 aux boîtes. à 5 heures aux bureaux.	à 6 h. } Paris et les chemins de fer de Rouen et d'Orléans.
7e { à 8 heures aux boîtes. à 8 h. 1/2 aux bureaux.	

Les lettres provenant de la septième levée sont mises en réserve pour la première distribution du lendemain, à 7 heures du matin.

BUREAUX D'ARRONDISSEMENTS DANS PARIS.

(On y reçoit les lettres chargées.)

Bureau **A**. Rue Saint-Honoré, 12. — **B**. Boulevart Beaumarchais, 29. — **C**. Rue du Grand-Chantier, 5, au Marais. — **D**. Rue de l'Échiquier, 23. — **E**. Rue Desèze, 24. — **F**. Rue de Beaune, 61. — **G**. Rue Saint-André-des-Arts, 12.

— **H**. Rue des Fossés-Saint-Victor, 135. — **J**. Place de la Bourse, 4. — **K**. Rue de Rivoli, 10 *bis*. — **L**. Rue de Vaugirard, 19. — **M**. Corps législatif.

Bureaux annexes : Hôtel-de-Ville ; — Faubourg Saint-Antoine, 196 ; — rue Folie-Méricourt, 17 ; — faubourg Saint-Martin, 196 ; — place Lafayette, 5 ; — rue de Ponthieu, 59 ; — rue de Londres, 33 ; rue du Bac, ; — rue de la Sainte-Chapelle, 15 ; Salpêtrière, boulevart de l'Hôpital ; — rue Bourdaloue, 5 ; — rue Bergère, 16

La réception et le paiement des articles d'argent ont lieu tous les jours (fêtes et dimanches exceptés), à l'hôtel des Postes et dans les bureaux d'arrondissement, de 9 à 3 heures.

TIMBRE NATIONAL. — L'établissement du *Timbre national*, situé *rue de la Paix* sera bientôt transféré *rue de la Banque*, en face de l'ancien couvent des Petits-Pères. Cet édifice a déjà coûté 1,298,000 fr. Il consiste en deux corps de bâtiments. Sur la façade on lit cette inscription : *République Française. 1848.* — La République y est sculptée sur un bas-relief : elle s'appuie sur deux lions couchés. Au-dessous sont deux médaillons représentant la Loi et la Sûreté, et entre ces médaillons est l'inscription suivante : *Timbre national. 1850.* — La *Direction des Domaines* occupera les bâtiments du sud ; la *Direction de l'Enregistrement*, ceux du nord.

HOTEL DES MONNAIES, quai Conti, 11. — Cet établissement, consacré à frapper monnaie par le Gouvernement, remonte, en France, au temps des rois de la seconde race. C'était dans l'île de la Cité qu'on l'avait primitivement érigé.

En 1768, l'hôtel de la Cité tombant en ruine, l'abbé Terray fut chargé de transporter les Monnaies à l'*hôtel Conti;* et après avoir approuvé les plans dressés par l'architecte Jacques (Denis-Antoine), il en posa la première pierre en 1771.

La façade principale, de près de 120 mètres de long sur 24 de haut, est composée de deux ailes qui s'appuient sur un avant-corps soutenu par six colonnes d'ordre ionique élevées sur cinq arcades et supportant un large entablement. Six statues la décorent: la Prudence, la Force, le Commerce, l'Abondance, la Loi et la Paix, par Lecomte, Pigale et Mouchi. Sur l'autre façade, dans la rue Guénégaud, s'élèvent les quatre Éléments. L'intérieur de l'hôtel est divisé en trois grandes cours et plusieurs autres moins vastes, encadrées de bâtiments. La plus spacieuse est entourée d'une galerie de 40 mètres de longueur. Le vestibule du principal corps de logis est orné de vingt-quatre colonnes doriques cannelées. A droite est l'escalier qui conduit aux salles de service; dont une est soutennue par vingt colonnes d'ordre corinthien, en stuc. Les salles les plus curieuses sont celles de la *fonderie*, des *laminoirs*, du *recuit*, des *ajusteurs*, de l'*impression*, et celle qui renferme le *musée monétaire*, collection unique dans toute l'Europe.

Il nous serait impossible d'énumérer ici les richesses de cette collection; citons-en néanmoins quelques-unes. On y voit deux médailles du temps de Childebert Ier (511-568); et toutes celles des rois et gouvernements jusqu'à l'époque actuelle; la série des médailles sous Louis XIV est la plus remarquable; on y trouve les portraits de ce roi depuis son enfance jusqu'à son âge le plus avancé. Toutes les nations du monde y sont représentées; tous les faits historiques de la France y sont consacrés.

MINISTÈRE DE LA JUSTICE.

(Place Vendôme, 13, et rue de Luxembourg, 22.)

Audiences particulières du ministre sur demande motivée. -- Le public est reçu dans les bureaux et par les directeurs, le vendredi de 3 à 5 h. -- Le bureau des légalisations est ouvert tous les jours, de midi à 2 heures excepté les dimanches et fêtes.

IMPRIMERIE NATIONALE, rue Vieille-du-Temple, 89. -- Cet établissement portait autrefois le nom de *Palais-Cardinal*. François Ier avait fondé l'*Imprimerie royale* en employant d'abord Guramond, célèbre graveur qui avait été chargé par lui de g aver, d'après les manuscrits d'Anjuverges, les beaux caractères grecs connus sous le nom de *grecs du roi*.

Le cardinal de Richelieu avait placé cette imprimerie au Louvre; plus tard, on la transporta à l'*hôtel de Toulouse* aujourd'hui Banque de France'; enfin, en 1809, Napoléon la fit établir au Palais-Cardinal, où elle est encore.

C'est dans ce palais, dont le cardinal de Rohan était possesseur, que se passèrent les scènes d'intrigues dont Mme Campan parle dans ses *Mémoires*.

Cet établissement relève du ministère de la justice, et a pour objet l'impression du *Bulletin des lois*, d'ouvrages scientifiques, de livres étrangers, et de tous les imprimés nécessaires aux divers services des ministères et des administrations publiques. Ces nombreux travaux consomment par an 100,000 rames environ de papier et occupent 750 ouvriers. L'Imprimerie nationale n'a pas toujours suivi les progrès de la typographie française, sous le rapport des types; mais sous celui de la quantité des caractères pour toutes les langues (on y compte, entre autres, 56 corps pour celles orientales, 46 types romains et 126,000 groupes chinois), et sous le rapport de son immense matériel, elle n'a pas de rivale en Europe.

PALAIS-DE-JUSTICE. — La *Cour de cassation*, les chambres de la *Cour d'appel*, les chambres du *Tribunal de première instance* et de *simlpe police* se tiennent dans ce palais.

C'est un des plus anciens édifices de Paris ; on ne peut préciser la date de sa fondation : toutefois, on l'attribue à Eudes, comte de Paris, qui l'aurait construit pour en faire un séjour à l'abri de l'invasion des Normands. Ce *palais de la Cité* était le *Grand-Palais* du temps de saint Louis. Mathïeu Pâris dit que Henri III, roi d'Angleterre, fut reçu, l'an 1254 « dans le plus beau palais du roi de » France, lequel est situé au milieu de la cité pari- » sienne. »

Saint Louis en fit son habitation et y construisit la Sainte-Chapelle, nouvellement restaurée ; ce fut aussi ce roi qui éleva la grand'chambre, autrefois siége du Parlement.

En 1383, Philippe le Bel fit reconstruire entièrement ce palais.

Jusqu'en 1431, il servit de demeure aux rois de France, et à cette époque, Charles VII l'abandonna au Parlement dé Pâris. Depuis lors, la grande salle de ce palais servit à nos rois pour recevoir les ambassadeurs, donner de somptueux repas, et célébrer les noces des enfants de France. Deux incendies, l'un en 1618, l'autre en 1776, ont consumé en majeure partie le Palais-de-Justice, que beaucoup d'architectes ont successivement réparé et agrandi. La façade principale s'élève sur la cour d'honneur, dite *Cour de Mai*. On y arrive par un escalier de 20 mètres de large; elle est ornée de quatre colonnes doriques couronnées d'un dôme quadrangulaire. Dans l'aile droite se trouve un vaste escalier qui conduit à la grande salle du palais La cour est fermée par une belle grille de fer, richement dorée et ornée des attributs de la Justice. Il faut surtout visiter une galerie, dans le style de la Renaissance, où sont exposés les portraits des principaux légistes français, et la *salle des Pas-Perdus*, construite par J. Desbrosses : sa longueur est de 74 mètres, et sa largeur de 28 ; elle est soutenue par des piliers, et renferme un monument à la mémoire de Malesherbes, défenseur de Louis XVI, par Bosio et Cortot. Une des galeries de ce palais était garnie des deux côtés de boutiques, de librairie principalement, qui lui avaient valu anciennement le nom de *Palais-Marchand*.

C'est dans la grand'chambre qu'occupait le Parlement que, pendant dix-huit mois, le tribunal révolutionnaire a rendu ses arrêts de mort.

La galerie qui mène à la Cour de cassation a été restaurée récemment et richement ornementée.

La Cour de cassation tient ses audiences dans l'enceinte de l'ancienne grand'chambre du Parlement.

PALAIS DU QUAI D'ORSAY. — C'est dans ce palais que se tiennent la *Cour des comptes* et le *Conseil d'État.*

L'Empereur avait chargé M. de Champagny, duc de Cadore, de faire construire cet édifice pour en faire le ministère des affaires étrangères. Il ne fut pas achevé. Au commencement de 1830, Charles X voulut le destiner à un palais de l'Exposition de l'industrie ; mais ce projet ne put être mis à exécution. M. Lacornée, architecte, fut enfin chargé par le roi Louis-Philippe de la construction définitive de ce palais, qui est d'une grande beauté.

La façade, qui se trouve en regard de la rivière, est formée d'un grand nombre de fenêtres séparées par dix-neuf arches, lesquelles sont encadrées, en bas, par des colonnes de l'ordre toscan, au-dessus desquelles sont des colonnes d'ordre ionique ; le tout couronné par un attique corinthien. Une plate-forme et des balustrades situées au-dessus d'un petit jardin séparent l'édifice d'une grille qui règne dans toute sa longueur.

L'entrée principale est située rue de Lille. Deux autres entrées se trouvent rue de Poitiers et rue Belle-Chasse. Une vaste cour entourée de quatre bâtiments est placée du côté de la rue de Lille.

On peut remarquer, entre autres, les salles du *Trône,* du *Comité du commerce,* du *Comité de l'intérieur,* des *Séances administratives,* où sont groupés les portraits de Turgot, Richelieu, Colbert, d'Aguesseau, Suger, Cambacérès, Sully, l'Hôpital, Portalis et Vauban.

Dans la *salle de l'Intérieur* est un magnifique portrait de Napoléon, d'après Flandrin.

Les dépenses de cet édifice se sont élevées à plus de douze millions.

MINISTÈRE DE LA POLICE GÉNÉRALE.

(Rue de Varennes.)

Audiences particulières du ministre sur demande motivée.

MINISTÈRE DES AFFAIRES ÉTRANGERES.

(Boulevart des Capucines et rue Neuve-des-Capucines, 8 et 10.)

Le bureau de la chancellerie est ouvert tous les jours de midi à 2 heures, pour les passeports et légalisations.— Renseignements les mardis et vendredis de midi à 4 heures, (entrée rue Neuve-des-Capucines, 10).

MINISTÈRE DE LA GUERRE.

(Rue Saint-Dominique, 86, 88, 90.)

Le ministre donne des audiences particulières sur lettres de demandes motivées. Le public est admis le mercredi et le vendredi de 2 à 5 heures, à la section de l'enregistrement et des renseignements.

DÉPOT DE LA GUERRE, rue de l'Université, 61. — Ce dépôt est une véritable richesse nationale ; et c'est surtout lorsque le principal travail qui y est élaboré, la carte de France, sera complétement terminé par départements, que les résultats en pourront être appréciés par les savants et les voyageurs.

Cette carte est dressée par ordre du Gouvernement, à l'effet de déterminer d'une manière précise la position topographique de toutes les localités, des établissements de stratégie, des routes, chemins, ponts, etc.. etc., par ordre de zones militaires.

Le dépôt contient quatre sections :

1° Celle de la carte de France. Il n'y a pas moins de 98 employés occupés à cette œuvre immense ; 83 d'entre eux sont dessinateurs et graveurs;

2° La section des opérations topographiques ;

3° La section des travaux historiques, qui comprend la classification des archives, le service de la bibliothèque et la collection des chartes et manuscrits;

4° Enfin, la section de la statistique militaire et des affaires qui concernent les régiments.

Ce dépôt mérite une attention et une visite particulières. On y retrouve des autographes précieux, depuis Louis XIII jusqu'à nos jours ; des lettres des maréchaux de l'Empire, des manuscrits de Vauban, une série de cartes dressées lors des campagnes de Napoléon.

Un livre intitulé *Mémorial du dépôt de la Guerre* contient à cet égard des documents précieux.

PALAIS DE LA LÉGION-D'HONNEUR, rue de Lille. — En 1786, le prince de Salm fit bâtir, sur les dessins de l'architecte Rousseau, un hôtel situé à l'angle de la rue de Lille et de la rue Belle-Chasse, jusqu'au quai d'Orsay. En 1792, ce prince fut décapité, son hôtel mis en loterie, et ce fut un coiffeur qui eut le numéro gagnant. Cet hôtel fut acheté par l'État en 1803 et approprié à la résidence du grand-chancelier de l'ordre de la Légion-d'Honneur, institué par l'empereur Napoléon en 1802.

Au-dessus de la porte d'entrée, du côté de la rue de

Lille, est dressé un arc de triomphe, décoré de colonnes d'ordre ionique avec péristyles de même ordre, sur les côtés, conduisant à deux pavillons en avant-corps sur la rue, et dont l'attique est relevé de deux bas-reliefs exécutés par le sculpteur Roland.

La cour est vaste. Le perron conduit à un vestibule élégant, éclairé par le haut. On voit pour ornement un rinceau arabesque sculpté dans la frise. Sur le frontispice est la devise de l'ordre : *Honneur et patrie.*

HOTEL DES INVALIDES. — Ce fut au *bon roi Henri*, à sa sollicitude pour ses vieux compagnons d'armes, que vint pour la première fois l'idée de leur assurer un asile pour leurs vieux jours, un hospice où ils fissent panser et guérir leurs glorieuses blessures. En 1597 et 1604, par deux édits, il leur assigna l'hôpital de Lourcine ou *d la Charité chrétienne.* En 1634, Louis XIII voulut continuer cette bonne œuvre ; il plaça les invalides militaires à Bicêtre, qu'il fonda en commanderie de Saint-Louis.

L'hôtel actuel, fondé par Louis XIV, sur les plans de Libéral Bruant, fut terminé en huit années, et occupe une superficie de 33,000 mètres, C'est là que les défenseurs de la patrie trouvent un refuge tranquille, lorsque l'âge ou les blessures les éloignent de la carrière militaire. Le fameux dôme doré est le chef-d'œuvre de Mansard; la pointe de l'aiguille qui le surmonte est à 108 mètres du sol. Ce dôme a trois coupoles, dont l'une, peinte par Lafosse, représente *la Gloire des bienheureux,* et occupe une étendue de 17 mètres de diamètre. Le grand corps de bâtiment, élevé de trois étages, est précédé par une large esplanade bordée d'allées d'arbres et de gazons. La cour, garnie de canons de tous calibres, du côté de la rivière, est environnée de fossés et fermée par une grille magnifique. La cour d'honneur, ceinte d'arcades superposées, a 130 mètres de long sur 64 mètres de large. Deux corps de bâtiments en forment les longs côtés, et au fond s'élève une chapelle d'une remarquable architecture.

Voici les détails les plus intéressants sur cet hôtel :

Lors de la révolution de 1789, il prit le nom de *Temple de l'Humanité*, et fut toujours respecté. Sous Napoléon, il fut appelé le *Temple de Mars*; et le nombre des invalides fut considérablement augmenté. A la Restauration, il reprit son nom primitif.

L'hôtel peut contenir 5.000 hommes; il a quatre étages et trois pavillons; celui du milieu est décoré de piliers d'ordre ionique qui supportent un arc sur lequel est un haut-relief de Coustou, représentant Louis XIV à cheval, accompagné de la Justice et de la Prudence. Ce haut-relief fut restauré en 1816 par Cartelier.

L'entrée est décorée des statues de Mars et de Minerve, en bronze, sculptées par Coustou; aux deux pavillons extrêmes sont des trophées militaires reposant sur des attiques. Sur le haut sont des terrasses carrées entourées de balustrades. Les quatre statues, de 4 mètres de haut, par Desjardins, qui entouraient celle de Louis XIV sur la place des Victoires, et représentant des Nations vaincues, furent transportées aux Invalides, en 1800, pour orner les angles de ces pavillons.

Les fenêtres (en espèce de lucarnes) sont formées par des trophées militaires en pierre. Chacune d'elles consiste en une cuirasse dans laquelle s'encadre la fenêtre, et est surmontée d'un casque et d'un manteau.

Dans la cour dite *de l'Amitié* se retrouvent les ornements que nous venons de décrire. La façade principale, de 204 mètres, a trois portes latérales : celle du milieu conduit à la *cour d'honneur*, qui a 100 mètres de long sur 64 de large ; elle est précédée d'un élégant vestibule orné de colonnes ioniques. Cette cour est entourée de bâtiments carrés dont les quatre ailes sont proéminentes sur le milieu, et se terminent aux angles par deux petits pavillons. Chaque édifice est décoré de deux rangées d'arcades couronnées par un entablement et par des fenêtres en lucarne ornées de trophées militaires. A chaque angle est un groupe de chevaux qui piétinent sur des instruments guerriers. Les arcades enveloppent des galeries spacieuses : celle du haut est ornée de balustrades. La projection centrale du côté du midi forme le portique de l'église, sur le devant de laquelle s'élève une statue de Napoléon. Quatre couples de colonnes ioniques en supportent un même nombre, d'ordre corinthien, surmontées d'un fronton dans lequel est une horloge soutenue par les statues du *Temps* et de *l'Étude*, et couronnée par un campanille terminé par une croix. L'horloge, qui est de Leupate, a été placée en 1781.

L'église a 22 mètres de haut sur 70 de long. Les piles des arcades présentent dans leur ensemble une façade corinthienne supportant un bel entablement au-dessus duquel se développe une rangée de fenêtres par lesquelles arrive une vive lumière qui se reflète sur les nombreuses bannières dont les deux côtés de la nef sont ornés. Ces bannières proviennent principalement des dépouilles faites sur les champs de bataille d'Afrique.

Sous l'Empire, un grand nombre de drapeaux, conquis

sur les ennemis, étaient déployés dans cette église ; mais, la veille de l'entrée des armées des alliés à Paris, le 31 mars 1814, le duc de Feltre, alors ministre de la guerre, les fit brûler par ordre de Joseph Bonaparte, et fit briser l'épée de Frédéric le Grand qui y était conservée. Cet ordre fut donné par trois fois avant d'être exécuté. Plusieurs piliers de la nef sont ornés d'inscriptions sur marbre. On y remarque les noms du comte de Guibert, gouverneur des Invalides, qui mourut en 1786 ; du duc de Coigny (1821), du maréchal Jourdan (1838), du maréchal Moncey (1842), du maréchal Lobau (1838), du maréchal Oudinot, duc de Reggio (1847).

Plusieurs noms illustres sont gravés sur deux tablettes de bronze, parmi lesquels sont ceux du maréchal Mortier, tué en 1835 par la machine infernale de *Fieschi*, et du maréchal Damrémont, qui mourut sous les murs de Constantine en 1837.

Les gouverneurs qui meurent pendant l'exercice de leurs fonctions sont seuls admis à la sépulture sous la nef et à l'honneur des inscriptions dans l'église.

C'est dans la chapelle Saint-Jérôme que fut déposé le corps de Napoléon, rapporté de Sainte-Hélène en 1840 et enterré dans l'église le 15 décembre suivant, avec une pompe dont on n'a pas d'exemple dans l'histoire des temps modernes. Par-dessus le sarcophage furent déposés l'épée léguée par l'empereur au général Bertrand et le chapeau que Napoléon portait à Eylau ; l'empereur l'avait donné au baron Gros.

ARSENAL, boulevart Bourdon. — L'administration de la ville de Paris construisit, en 1396, sur l'emplacement occupé de nos jours par l'Arsenal, un dépôt d'artillerie et de munitions de guerre qui, plus tard, passa entre les mains de l'État. En 1563, la foudre tomba sur cet édifice et le fit sauter. Charles IX en ordonna la reconstruction.

Henri IV en augmenta la contenance, y ajouta un jardin magnifique, et créa la place de *grand-m î re d'artillerie*, dont il dota Sully. Louis XIV jugea qu'il valait mieux porter dans les villes frontières la confection des poudres, salpêtres, canons et fusils, et en conséquence les travaux de l'Arsenal furent suspendus. Cependant, ce fut à l'Arsenal que l'on fondit les statues destinées aux jardins de Marly et de Versailles.

En 1718, sous le régent, les anciens édifices furent démolis et firent place à des constructions nouvelles destinées à la résidence du grand maître de l'artillerie. C'est là qu'est établie actuellement la précieuse bibliothèque dont la direction fut confiée pendant plusieurs années à Charles Nodier, le bibliophile le plus savant des temps modernes.

MINISTÈRE DE LA MARINE ET DES COLONIES.

(Rue Royale-Saint-Honoré, 2.)

Audiences particulières du ministre sur demande motivée. — Bureaux ouverts au public le jeudi de 2 à 4 heures.

MINISTÈRE DES TRAVAUX PUBLICS.

(Rue Saint-Dominique, 58 et 60.)

Le ministre et le secrétaire général donnent des audiences particulières sur demande spéciale ; les bureaux sont ouverts au public les mardis et vendredis de 2 à 4 heures. — L'Administration centrale des chemins de fer, est au n. 60.

MINISTÈRE DE L'INSTRUCTION PUBLIQUE ET DES CULTES.

(Rue de Grenelle-Saint-Germain, 110.)

Audiences particulières du ministre sur demande motivée. — Bureaux ouverts le jeudi *seulement* de midi à 3 heures.

CHAPITRE II.

ÉTABLISSEMENTS DE SCIENCES ET D'ARTS.

INSTITUT DE FRANCE.

(Quai Conti, 22.)

Le *Palais de l'Institut de France* était autrefois le *Collége des Quatre-Nations*. Le cardinal Mazarin avait ordonné, par son testament (6 mars 1664), qu'il serait fondé un collége sous le titre de *Mazarini*, destiné à soixante gentilshommes ou principaux bourgeois de Pignerol et de son territoire, d'Alsace, de Flandre et du Roussillon, pays alors nouvellement conquis ou réunis à la couronne. Comme il fallait être originaire de l'une de ces quatre nations pour être admis dans cet établissement, on le nomma *Collége des Quatre-Nations*. Ces soixante jeunes gens y devaient être logés, nourris, instruits dans la religion des belleslettres. On devait leur apprendre en outre l'escrime, l'équitation et la danse. Pour subvenir aux frais de cette éducation, Mazarin laissa une somme de 2 millions ajoutée à sa riche bibliothèque. Par lettres patentes du mois de juin 1665, Louis XIV ordonna l'exécution de ce testament, et voulut que ce collége fût réputé de fondation royale.

Les exécuteurs testamentaires, ayant acheté une partie des bâtiments de l'*hôtel et séjour de Nesle*, ainsi que plusieurs maisons voisines, firent jeter les fondations de l'édifice destiné à ce collége, qui fut élevé sur les dessins de Leveau.

La façade est située sur le quai Conti et forme un segment terminé, à l'une et à l'autre extrémité, par un pavillon. Au centre est le portail de l'église faisant avant-corps, composé d'une ordonnance corinthienne et couronné d'un fronton. Au-dessus s'élève un dôme dont une lanterne forme l'amortissement. Dans l'intérieur du dôme sont pratiqués des escaliers à vis, conduisant à des tribunes.

Cette église est décorée de statues et de tableaux remarquables. A droite du sanctuaire était placé le tombeau du cardinal fondateur. Sur un sarcophage de marbre noir, orné de supports en bronze doré, on voyait la figure de Mazarin, en marbre blanc : il était représenté les mains jointes et dans l'attitude d'un homme en prières. Le monument s'élevait sur deux marches, aussi de marbre blanc : trois figures allégoriques en bronze, la Prudence, l'Abondance et la Fidélité, reposaient sur ses marches. Ce tombeau, l'un des plus beaux ouvrages de Coysevox, fut transféré, lors de la suppression de l'église, au Musée des monuments français, rue des Petits-Augustins.

La bibliothèque du *Collége des Quatre-Nations* avait été composée par le savant Gabriel Naudé. Située d'abord au palais Mazarin, elle fut dispersée, pillée ou vendue, pendant la Fronde. On la recomposa dans ce collége. On y compte 195,000 volumes, dont 3,437 manuscrits, disposés dans les trois étages de ses galeries. Dès l'an 1688 elle fut ouverte au public.

Outre cette bibliothèque, il en existe une autre dans ce même édifice : c'est celle de l'Institut, placée au-dessous du local de la première. Quoique moins nombreuse, elle est précieuse, surtout à cause des ouvrages modernes qu'elle renferme.

En 1806, les bâtiments du collége furent destinés aux séances de l'Institut, et reçurent le titre de *Palais des Beaux-Arts.* On transforma, à cette époque, l'église en une salle destinée aux séances publiques. Plusieurs autres parties de l'édifice durent recevoir des changements qu'il serait inutile de détailler ici.

Deux fontaines sont établies aux deux côtés de l'avant-corps placé au centre de la façade ; chacune est composée de deux lions en fer fondu et de grandeur colossale, qui jettent de l'eau dans un même bassin. Il est à remarquer que le plan du Louvre est en harmonie parfaite avec l'Institut, et que l'axe de l'ancienne église des Quatre-Nations est le même que celui qui traverse les parties latérales du Louvre. Cette correspondance n'est point l'effet du hasard : elle a été combinée; on a voulu donner à ces deux édifices, séparés par le cours de la Seine, une perspective agréable; et en effet, ils se prêtent un mutuel secours. Du reste, cette correspondance a été d'autant plus facile à établir, que les deux monuments ont été commencés en même temps et sur les dessins du même architecte (Leveau).

LOUVRE.

Ce magnifique palais remonte à une époque dont l'origine est inconnue. Ce que l'on en sait de plus certain, c'est que, en 1355, c'était pour les rois de France un rendez-vous de chasse nommé *Louveterie*, étymologie présumable du nom qu'il porte actuellement. En dehors de Paris, le mur était ceint de murailles, de fossés, de tours, de tourelles, et servait à la fois de forteresse, de prison d'État et d'habitation royale. Ferdinand, comte de Flandre, Jean de Bretagne, Coucy, Marigny, Charles II, et nombre d'autres personnages de marque, y furent détenus tour à tour. Charles V en fit le dépôt de son trésor et de sa bibliothèque, composée de 900 volumes. Sous Louis XIII, on y transféra *l'auditoire* et la prison du Châtelet qui tombait en ruine. En 1539, François 1er fit restaurer le Louvre pour y recevoir Charles-Quint. En 1528, Pierre Lescaut bâtit, par ses ordres, un corps de bâtiment contigu, qui fut terminé sous Henri II en 1548 : Jean Goujon en sculpta l'ornementation. Le Louvre fut la résidence de Charles IX, et la chronique prétend que c'est d'un balcon dominant le quai, et situé à l'extrémité de la galerie d'Apollon, qu'il donna le signal de la Saint-Barthélemy, et tira, à l'aide d'une arquebuse, sur les fuyards qui essayaient de traverser la Seine.

Charles IX commença l'immense galerie de 448 mètres de long qui va rejoindre les Tuileries, laquelle fut achevée par Henri IV. Toutes ces constructions composent aujourd'hui le vieux Louvre, dont le péristyle, bâti sous Louis XIII, est l'œuvre de Lemercier.

Le nouveau Louvre date de Louis XIV. Colbert y employa les architectes Louis Leveau et François d'Orbay. La magnifique colonnade qui fait face à Saint-Germain-l'Auxerrois a pour auteur un médecin, Claude Perrault, dont elle immortalisa la mémoire ; elle est d'ordre corinthien et d'une perfection qui ne laisse pas de prise à la critique. La façade a 167 mètres sur 28; la cymaise du fronton se compose de deux pierres uniques de 18 mètres de long sur 2ᵐ,50 de large ; le bas-relief du fronton contient quatorze figures de 3 mètres de proportion, représentant Minerve, la Victoire et les Muses rendant hommage à Louis XIV. Au-dessus de la porte principale, on remarque un bas-relief de Cartelier : il figure une Renommée placée sur un char, et distribuant des couronnes. L'intérieur du vaste bâtiment du Louvre forme un carré parfait décoré de trois ordres d'architecture superposés, et enrichi de superbes sculptures de Sarrazin, Jean Goujon, Germain Pilon, Houdon, Bouchardon, Bridau, Coustou, Clodion, etc. La façade du côté de la rivière se distingue par une noble simplicité d'un fort bel effet ; celle sur la rue du Coq est sévère; quant à celle qui donne sur le Carrousel, elle pèche par le pêle-mêle et la divergence de plusieurs styles d'architecture.

Napoléon fit achever le Louvre, par Percier et Fontaine. Il fit commencer la galerie latérale, qui bientôt rejoindra les Tuileries.

MUSÉES.

MUSÉES DU LOUVRE. — MUSÉE DE SCULPTURE MODERNE. (Rez-de-chaussée.) — Situé dans la partie nord du vieux Louvre; l'entrée, par le vestibule de l'ouest. Les sculptures, dues aux plus célèbres artistes modernes, soit de la France, soit de l'étranger, tels que Jean Goujon, Coysevox, Puget, Michel-Ange, Canova, etc., sont disposées dans cinq salles, décorées de marbres précieux et richement ornementées.

MUSÉE DE NINIVE. — Placé dans la cour à droite; entrée par le portail du midi. Cette exposition, récemment ouverte, se compose de statues, monuments et inscriptions découvertes dans les fouilles opérées sur l'emplacement de l'ancienne Ninive.

MUSÉE DES TABLEAUX. (Salle du premier étage.) — Il occupe toute l'étendue de la galerie du Louvre bâtie sous Henri II et Charles IX. Le plafond du vestibule est orné de deux peintures de Pujol et de Menier. Vingt-deux colonnes d'ordre dorique, de marbre flamand, décorent l'escalier. La première salle, dite le Salon-Carré, à laquelle on parvient maintenant en traversant la nouvelle galerie d'Apollon, contient des toiles admirables. Chaque école y est représentée par un chef-d'œuvre. Dans une salle attenante au Salon-Carré, et qui lui servait autrefois d'entrée, sont placés les bijoux et les émaux précieux du moyen-âge et de la renaissance. Puis, faisant suite au Salon-Carré, vient la galerie proprement dite, divisée par

6

écoles : l'école byzantine, l'école allemande, l'école italienne, l'école flamande, l'école hollandaise et l'ancienne école française. Cette division rationnelle a permis de réunir l'œuvre complet de chaque maître, et de suivre les diverses transformations que sa manière a subies.

MUSÉE DES DESSINS. — Établi dans le vieux Louvre ; renferme 1,298 dessins des plus grands maîtres des trois écoles célèbres dans les arts. Les salles qui les contiennent sont ornées de peintures remarquables.

MUSÉE ESPAGNOL. — Il occupe la salie du côté de l'est, et renferme 450 tableaux, la plupart des grands maîtres de la péninsule espagnole. Ouvert en janvier 1837.

MUSÉE DES ANTIQUES. — Réuni dans les anciens appartements d'Anne d'Autriche en 1660. Ouvert en 1803, sous le nom de Musée-Napoléon. On y remarque une statue célèbre de Diane, des Cariatides de Jean Goujon, un bas-relief de Cellini, et deux bassins de porphyre connus pour leur singulière propriété d'acoustique : il existe un écho qui correspond de l'un à l'autre, bien qu'ils soient séparés par un assez long espace.

MUSÉE GREC ET ÉGYPTIEN. (Situé à l'aile méridionale du Louvre.) — Il se compose de plusieurs salons d'une grande beauté, revêtus de stuc et ornés de pilastres ioniques à chapiteaux dorés. Les plafonds sont peints par Ingres, Picot et autres contemporains illustres. Ce musée est formé d'une quantité de momies, de manuscrits, d'instruments, de vases, de statues et statuettes, de fragments d'armes, etc., etc., recueillis en Egypte, en Italie et en Grèce. Il renferme aussi quelques armes et meubles du moyen âge et des siècles postérieurs.

MUSÉE MARITIME. (Installé au côté nord de la cour.) — Il contient, entre autres curiosités, la collection des débris du vaisseau de la Peyrouse, retrouvés par le capitaine Dillon. On y voit les modèles réduits des vaisseaux de la marine française, les plans de nos grands ports de mer et de nos arsenaux, et une galerie fort curieuse d'objets recueillis parmi les sauvages de la mer du Sud.

Ces divers Musées sont ouverts les dimanches, de 10 à 4 heures, et aux étrangers munis de passeports, tous les jours de la semaine sauf les lundis. On obtient, en s'adressant au directeur des Musées, des cartes d'admission particulière.

Des catalogues, que vendent les gardiens de chaque Musée, donnent des renseignements très-détaillés sur les objets dont ils se composent.

Jusqu'en ces dernières années, les galeries du Louvre avaient été affectées aux expositions annuelles de peinture et de sculpture ; mais, outre l'inconvénient de masquer pendant six mois de l'année les toiles des anciens maîtres, elle avait celui d'occasionner des détériorations regrettables par suite de l'établissement des échafaudages. En attendant un édifice spécial, elles ont lieu maintenant au Palais-Royal.

MUSÉE DU LUXEMBOURG, au Luxembourg. — De création récente. Consacré à l'exposition des peintures et des sculptures des artistes vivants. A leur mort, ces ouvrages, qui sont la propriété de l'État, sont transportés au Musée du Louvre. On remarque, dans la galerie, les plafonds de Jordaens et de Collet, représentant les Signes du zodiaque et le Lever de l'Aurore. Atalante, du célèbre et regrettable Pradier, décore la rotonde.

Il est ouvert au public le dimanche, de 10 à 4 heures. Les artistes et les étrangers sont admis tous les jours, sauf le lundi, moyennant une demande adressée au directeur des Musées, au Louvre.

MUSÉE D'HISTOIRE NATURELLE. — Ce musée, placé dans les bâtiments du Jardin-des-Plantes (1) comprend les galeries de zoologie, de minéralogie et de géologie, de botanique, d'anatomie comparée, le jardin botanique et la ménagerie.

La *galerie de zoologie*, une des plus riches du monde, contient les collections suivantes : 1° de mammifères, 1,500 individus, plus de 500 espèces ; 2° des oiseaux, 6,000 individus, plus de 2,300 de différentes espèces ; 3° des poissons, 5,000 individus, plus de 2,500 espèces ; 4° des animaux articulés avec vertèbres, 25,000 espèces au moins. Elle se divise en 5 classes : les crustacés, les arachnides, les insectes, les annélides et les chenilles ; 5° des animaux non articulés, avec vertèbres ; cette classe comprend les coquillages et les polypes.

Cabinet de minéralogie et de géologie. — Cette splendide collection a été tout récemment disposée dans un nouveau bâtiment construit exprès le long de la rue de Buffon,

----

(1) Voir PROMENADES PUBLIQUES, page 181.

à la partie est du jardin. Cette galerie a de 100 à 120 mètres de long. L'architecture de cet édifice n'a, quant à l'extérieur, rien de remarquable. Il est divisé en trois compartiments par deux portiques d'ordre dorique, qui forment avant-corps.

La galerie de minéralogie, bâtie en pierre de taille, moellons, chaux et plâtre, est fort bien appropriée à sa destination ; mais sous le rapport de l'art, elle laisse beaucoup à désirer. Au centre de la galerie est une statue de marbre de l'illustre Cuvier, avec la meilleure des inscriptions : les titres de ses immortels ouvrages. Nous n'entreprendrons point de détailler toutes les richesses de cette magnifique collection ; le voyageur pourra consulter un ouvrage spécial publié sous le titre de *Promenade au Jardin-des-Plantes*.

Galerie botanique. — La galerie de botanique comprend plus de 50,000 espèces de plantes ; elle fut fondée par Vaillant et successivement augmentée par Commerson, Dambey, Macé, Leschenault, etc. On y trouve des plantes de la Nouvelle-Hollande, de Cayenne, des Antilles, de l'Égypte, etc., enfin de toutes les parties du monde.

Le *Cabinet d'anatomie comparée* est certainement la plus magnifique collection de ce genre ; les sujets qu'il renferme ont été classés par le baron Cuvier.

Les galeries de zoologie et de minéralogie sont ouvertes aux étrangers, munis de billets, les lundis, jeudis et samedis, de 11 à 5 heures, et au public les mardis et vendredis, de 2 à 3 heures.

La galerie de botanique est ouverte, aux personnes munies de billets, de 2 à 4 heures.

On entre dans la galerie d'anatomie comparée, avec des billets, les lundis et samedis de 11 à 2 heures.

L'école de botanique est ouverte les lundis, jeudis et samedis, de 3 à 5 heures.

La ménagerie est ouverte quotidiennement, de 11 à 6 heures en été, et de 11 à 3 heures en hiver. Pour obtenir des billets, il faut s'adresser à l'administration en exhibant son passeport.

Nous devons donner ici quelques détails sur une des parties les plus curieuses du Jardin-des-Plantes.

Ménagerie et Vallée suisse. — La ménagerie de Versailles fut transportée dans ce jardin en 1794. Sa surface est plane du côté de l'amphithéâtre, variée dans l'intérieur par des enfoncements et des élévations; elle se termine en terrasse sur le quai, et communique avec le jardin par trois entrées. Les animaux paisibles y sont répartis dans quatorze enceintes, six à l'ouest du bâtiment appelé la Rotonde, et huit à l'est, vers la Seine ; chacune est subdivisée en autant de compartiments que l'établissement possède d'espèces diverses. Rien de plus pittoresque que ce site : mouvement de terrain sans cesse varié, diversité dans les cabanes où sont logés les animaux d'une manière analogue à leur instinct, différence même dans l'enlacement des treillages de châtaigniers qui forment les enclos divisés en cinq compartiments. Dans le premier compartiment est un vaste bassin, sur lequel se promène une multitude d'oiseaux aquatiques ; au milieu d'eux sont des tortues. Les quatre autres compartiments sont occupés par des gallinacées et les oiseaux vivant sur le bord des eaux; le dernier l'est par des autruches. Le parc voisin renferme diverses espèces d'animaux et un bassin pour les oiseaux aquatiques. D'autres espaces sont occupés par différentes espèces de bêtes. Entre la ménagerie des animaux paisibles et le jardin sont les fossés aux ours. La Rotonde placée dans le milieu de la ménagerie renferme l'éléphant d'Asie, celui d'Afrique, présent du pacha d'Égypte ; le bison, espèce de bœuf sauvage du nord de l'Amérique ; le bœuf et les vaches de l'Inde ; deux petits chevaux du cap de Bonne-Espérance. Vis-à-vis l'on voit une magnifique faisanderie contenant des faisans de tous les pays, même de la Chine. Près d'eux sont les oiseaux de proie, parmi lesquels on remarque le vautour-papa, donné au Muséum par le duc d'Orléans ; auprès de lui le condor, le vautour sans queue du Sénégal ; puis la famille criarde des perroquets, et la belle cage des singes.

Vers le bord de la Seine on a construit, en 1821, une ménagerie à vingt-trois loges qui renferme les animaux féroces.

MUSÉE DUPUYTREN, rue de l'École-de-Médecine. — Créé par l'Académie de médecine de Paris, au moyen de l'acquisition du cabinet de ce chirurgien célèbre. Collection de pièces anatomiques, et imitations en cire de toutes sortes de parties affectées de maladies rares et particulièrement d'affections cutanées. — Ouvert au public le jeudi, de 11 à 3 heures.

CABINET D'ANATOMIE, à l'École de médecine. — Vaste et curieuse collection d'imitations en cire, et de portions du corps humain conservées par divers procédés. — Ouvert au public le jeudi, de 11 à 3 heures.

MUSÉE D'ARTILLERIE, place Saint-Thomas-d'Aquin. — Établi primitivement au couvent des Feuillants, puis au couvent des Jacobins. Admirable collection d'armes anciennes, modernes et historiques. On y voit les premiers canons qui aient été fondus, et les armes de François Ier, de la Pucelle, d'Anne de Montmorency, de Mayenne, de Henri IV, de Condé, de Turenne. — Admission les jeudis et samedis.

CABINET D'ARCHITECTURE, au palais de l'Institut. — Créé en 1800, et ouvert de 10 à 3 heures, excepté les dimanches. On y voit la reproduction des monuments les plus fameux de l'antiquité.

MUSÉE MONÉTAIRE, quai Conti. — Collection de médailles anciennes et modernes; monnaies françaises et étrangères, etc. — Public les mardis et les vendredis.

L'OBSERVATOIRE, au bout de l'avenue du jardin du Luxembourg. — Il fut construit en 1667, sur les dessins de Perrault, par ordre du ministre Colbert et achevé en 1672. Sa forme est rectangulaire, et il n'entre ni bois ni fer dans sa construction. Sa plate-forme, à 27 mètres du sol, sert aux expériences astronomiques. Trois cent soixante marches conduisent aux caves, qui sont appropriées à diverses expériences de physique.

BIBLIOTHEQUES.

BIBLIOTHÈQUE NATIONALE, rue Richelieu, 58. — Fondée par le roi Jean, et considérablement augmentée par Charles V, la bibliothèque nationale occupa originairement la tour du Louvre. La plupart des ouvrages dont elle se composait étaient des livres d'église et d'astrologie. Achetée et transportée à Londres par Bedfort, sous Charles VI, on la vit renaître sous Louis XI. Enrichie par Charles VIII et Louis XII et portée à 20,000 volumes, elle dut un rapide accroissement à François Ier, ce prince ami des lettres, qui commença la collection numismatique devenue si célèbre. Tour à tour transportée au palais de Fontainebleau, au collége de Clermont, plus tard à celui de Louis-le-Grand, au couvent des Cordeliers, dans une maison de la rue de la Harpe, la Bibliothèque fut établie par Colbert, rue Vivienne, dans un bâtiment voisin de son hôtel. C'est alors seulement qu'elle devint publique. En 1722, le régent l'installa au ci-devant hôtel du cardinal Mazarin. A la mort de Louis XIV, elle renfermait 70,000 volumes ou manuscrits. Elle en contenait 100,000 à la mort de Louis XV. La révolution doubla ce nombre en réunissant à la Bibliothèque *royale*, devenue nationale, les bibliothèques de tous les couvents supprimés. Elle possède à l'heure qu'il est plus d'un million de volumes imprimés.

Le bâtiment mesure 180 mètres sur 44. Le mur extérieur, presque complétement dépourvu de fenêtres, est d'un aspect triste et lugubre. La cour intérieure a 100 mètres de long sur 30 de large ; elle se termine par un jardin orné d'une statue de Charles V, généralement considéré comme le véritable fondateur de cet établissement bibliographique. Un large escalier de pierre, orné de pierres frustes et d'inscriptions antiques scellées dans la muraille, conduit à la salle de lecture et au cabinet des médailles.

La Bibliothèque se divise en quatre départements : les *livres imprimés*, les *manuscrits*, les *médailles* et les *estampes*, qui comprennent aussi les cartes et les plans.

Les imprimés, placés dans des casiers revêtus de grillages, sont rangés en cinq catégories : *théologie, jurisprudence, histoire, philosophie, belles-lettres*.

La salle carrée, dite le *Salon*, renferme la statue en bronze de Louis XVIII. Le *Parnasse français*, pareillement en bronze, donné par Titon du Tillet, groupe assez estimé, représentant l'image réduite de nos grands écrivains assis sur le mont sacré, à la place que leur assigne l'opinion publique, occupe la galerie transversale. On voit dans cette même galerie l'imitation réduite des Pyramides de Djizzeh, les bustes de Jérôme et de Paul Dubignon, anciens bibliothécaires ; le bassin de porphyre où fut baptisé Clovis ; dans la galerie voisine, une statue en plâtre de Voltaire, par Houdon ; une représentation du système de l'univers, par Rouy, et les globes du jésuite Coronelli, de 4 pieds de diamètre.

Parmi les livres curieux que possède la Bibliothèque, on cite un Psautier imprimé à Mayence, en 1456, le plus ancien de tous les imprimés datés, et la Bible de *Mazarin*, portant le même millésime.

Les manuscrits sont au nombre de 80,000. Une partie est placée dans la salle dite de *Romanelli*, peinte à fresque par ce grand artiste. On cite, entre autres manuscrits curieux, divers papyrus, les *tablettes de cire*, état de dépenses sous Philippe le Bel, le *Télémaque* écrit de la main de Fénelon, un Koran, l'original des *Pensées* de Pascal, sur lequel M. Cousin a publié son édition, fort différente des précédentes ; et la liste des victimes de

Robespierre : ce manuscrit contient 300 pages. Les plus anciens volumes sont des Bibles et des Missels, enrichis la plupart de magnifiques enluminures. Il y en a qui remontent aux ve et vi^e siècles. On compte aussi nombre de manuscrits étrangers et des autographes de presque tous les personnages célèbres. — Le cabinet des Médailles occupe une partie de la galerie du premier étage. Il était, il y a vingt ans, beaucoup plus riche qu'aujourd'hui ; en 1831, dans la nuit du 5 au 6 décembre, des voleurs dérobèrent près de 100 kilogrammes d'objets plus ou moins précieux. La police parvint à retrouver à peu près la moitié en nature, la moitié en lingots, pesant plus de 100,000 fr. Ils avaient fondu, entre autres, une série de médailles romaines unique et inestimable. La révolution avait respecté ce dépôt, nonobstant les grands besoins d'argent qui se faisaient sentir dans les finances. Le cabinet des Médailles renferme beaucoup d'antiquités curieuses, telles que le vase de Ptolémée, le fauteuil de Dagobert, le sceau de Chilpéric, le glaive de l'ordre de Malte, etc.

On remarque au rez-de-chaussée la pierre connue sous le nom de *Zodiaque de Denderah*.

La Bibliothèque comprend plusieurs cours publics d'archéologie et de langues orientales, professés par nos premiers savants. Les jours et les heures sont indiqués sur une affiche placardée dans la cour.

Le cabinet des Estampes, établi sous Louis XIII, renferme 1,400,000 estampes ; il occupe plusieurs salons à l'entresol.

Les travailleurs sont admis à la Bibliothèque nationale tous les jours, sauf les dimanches et fêtes, et pendant le cours des vacances, qui s'étend du 1er septembre au 15 octobre. — Entrée publique les mardis et vendredis, de 10 à 3 heures.

BIBLIOTHÈQUE SAINTE-GENEVIÈVE, rue Clovis. — Elle faisait partie d'une aile du collége Henri IV (lycée Napoéon). On l'a transportée dans un bâtiment neuf construit sur l'ancien emplacement de la prison militaire de Montaigu. Elle avait été fondée par des chanoines de Saint-Vincent-de-Senlis, installés dans l'abbaye de Sainte-Geneviève. Elle renferme 250,000 volumes, 30,000 manuscrits, des bustes, des portraits de grands hommes, une coupole peinte par Restaut; plusieurs curiosités, entre autres, un plan de Rome en relief exécuté en 1776, les portraits des rois de France depuis Philippe le Hardi jusqu'à Louis XV. Cette bibliothèque, reconstruite à neuf, est ouverte tous les jours, sauf les dimanches et fêtes, de 10 à 3 heures et de 6 à 10 heures ; c'est la seule bibliothèque ouverte le soir. Les salles sont chauffées et éclairées au gaz. Vacances du 1er septembre au 15 octobre.

BIBLIOTHÈQUE DE L'ARSENAL, rue de Sully. — Ci-devant *Bibliothèque de Monsieur*, fondée par le marquis de Paulmy d'Argenson, ministre d'État, et enrichie plus tard de la bibliothèque du duc de la Vallière. Sous la Restauration, le comte d'Artois, depuis Charles X, en avait fait l'acquisition. Les appartements où Sully recevait ordinairement Henri IV ont été conservés. Cette bibliothèque contient 180,000 volumes et 6,300 manuscrits parmi lesquels on remarque de belles Bibles antiques, des collections historiques très-précieuses, et beaucoup de livres étrangers. — Ouverte tous les jours, de 10 à 3 heures, sauf les dimanches et les lundis. Vacances du 15 septembre au 1er novembre.

BIBLIOTHÈQUE MAZARINE, quai Conti, 33. — Placée dans les bâtiments de l'Institut, pavillon de l'est ; fondée, comme son nom l'indique, par le cardinal Mazarin, et colligée par le savant Gabriel Naudet. Cette bibliothèque, qui contient aujourd'hui 150,000 ouvrages imprimés et 4,000 manuscrits, en renfermait 40,000 en 1648, époque à laquelle elle devint publique. On y remarque un beau globe terrestre de plus de 3 mètres de diamètre et les modèles en relief des monuments cyclopéens. Ce globe a été commandé par Louis XVI et exécuté par les frères Bergevin ; mais malheureusement il est privé de son méridien et de son zodiaque. — Ouverte tous les jours, excepté les jeudis, les dimanches et les fêtes, de 10 à 3 heures.

BIBLIOTHÈQUE DU CORPS LÉGISLATIF. — 50,000 volumes. — S'adresser aux questeurs de la Chambre ou au bibliothécaire par demande écrite.

On y trouve toutes les collections de lois et procès-verbaux des assemblées législatives ; et, en outre, on peut y voir les manuscrits de la *Nouvelle Héloïse* et des *Confessions* de J.-J. Rousseau.

Un échange est établi entre la Chambre des députés et le Parlement anglais, relativement aux documents législatifs.

BIBLIOTHÈQUE DU CONSEIL D'ÉTAT, au Louvre. — Non publique. On y trouve des documents politiques très-précieux sur les époques de la révolution de 1793 et de la Restauration.

Un grand nombre d'autres bibliothèques doivent être visitées par le touriste, bien qu'elles ne contiennent rien de très-remarquable ; en voici la nomenclature :

BIBLIOTHÈQUE DE L'OBSERVATOIRE, rue Cassini. — Ouvrages spéciaux fort intéressants. — Non publique. S'adresser au directeur.

BIBLIOTHÈQUE DE L'IMPRIMERIE NATIONALE, rue Vieille-du-Temple, 89. — Modèles de typographie. — Non publique. S'adresser au directeur.

BIBLIOTHÈQUE DE L'ÉCOLE DES PONTS ET CHAUSSÉES. — Ouvrages spéciaux. — Non publique. S'adresser au conservateur, rue Culture-Sainte-Catherine, 27.

BIBLIOTHÈQUE DE L'ÉCOLE POLYTECHNIQUE, à l'École de ce nom.

BIBLIOTHÈQUE DE LA COUR DE CASSATION, DU TRIBUNAL DE PREMIÈRE INSTANCE ET DE LA CONFÉRENCE DES AVOCATS, au Palais-de-Justice. — Ouvertes aux magistrats et aux avocats. — Les étrangers qui désireront les visiter s'adresseront au bibliothécaire.

BIBLIOTHÈQUE DU SÉMINAIRE DE SAINT-SULPICE, rue du Pot-de-Fer, 17. — Ouvrages de théologie. — S'adresser au supérieur.

BIBLIOTHÈQUE ET ARCHIVES DE LA PRÉFECTURE DE POLICE, rue de Jérusalem, 7. — Livres et manuscrits précieux. — S'adresser à l'archiviste.

BIBLIOTHÈQUE DE LA VILLE DE PARIS, quai d'Auster-

litz, 34. — Elle fut fondée en 1759 par Moriau, procureur du roi. Elle est riche en manuscrits sur l'histoire de France et contient 55,000 volumes. — Ouverte tous les jours non fériés, de 10 à 4 heures. Vacances du 1er octobre au 15 novembre.

BIBLIOTHÈQUE DE L'ÉCOLE DE MÉDECINE, place de l'École-de-Médecine, 12. — 30,000 volumes. — Ouverte seulement aux étudiants. Pour la visiter, écrire franco à M. le doyen de la Faculté de médecine, à l'École. Vacances du 1er septembre au 1er novembre.

BIBLIOTHÈQUE DU MUSÉE D'HISTOIRE NATURELLE, au Jardin-des-Plantes. — 35,000 volumes. — Ouverte les lundis, mercredis et samedis, de 11 à 2 heures.

BIBLIOTHÈQUE DU CONSERVATOIRE DES ARTS ET MÉTIERS, rue Saint-Martin, 208. — 12,000 volumes traitant des arts mécaniques et des sciences mathématiques ; enfin, de tout ce qui concerne les arts et métiers. — S'adresser au directeur.

BIBLIOTHÈQUE DU CONSERVATOIRE DE MUSIQUE, rue du Faubourg-Poissonnière, 15, contenant une remarquable collection de musique et d'ouvrages de musique. — Ouverte tous les jours au public, les dimanches et jours de fêtes exceptés.

BIBLIOTHÈQUES DE L'UNIVERSITÉ ET DE LA FACULTÉ DE THÉOLOGIE, à la Sorbonne. — Elles contiennent ensemble 50,000 volumes. — Elles sont ouvertes les lundis, mercredis et vendredis, de 10 à 2 heures, excepté lorsqu'un de ces jours est férié. Les vacances se règlent sur celles de l'Université.

BIBLIOTHÈQUE DE L'ÉCOLE DES MINES, rue d'Enfer, 34. — 6,000 volumes. — Ouverte les mardis et vendredis, de 11 à 3 heures, et tous les jours pour les travailleurs et les étrangers. La permission s'obtient en la demandant au directeur de l'établissement.

BIBLIOTHÈQUE DE L'INSTITUT, quai Conti, 23, à l'Institut. — 100,000 volumes, pour la plupart très-précieux. — On est admis sur la recommandation d'un académicien.

BIBLIOTHÈQUE DU MINISTÈRE DE LA GUERRE, rue Saint-Dominique, 82. — Ouvrages spéciaux, archives du ministère. — Non publique. S'adresser au conservateur.

BIBLIOTHÈQUE DU MINISTÈRE DE L'INTÉRIEUR, rue de Grenelle-Saint-Germain, 103. — Non publique. S'adresser au conservateur.

BIBLIOTHÈQUE DE L'HOTEL DES INVALIDES, aux Invalides. — Non publique. S'adresser au conservateur.

BIBLIOTHÈQUE DU DÉPOT CENTRAL D'ARTILLERIE, au Musée d'artillerie, place Saint-Thomas-d'Aquin.

ENSEIGNEMENT PUBLIC.

ÉTABLISSEMENTS UNIVERSITAIRES.

DE L'UNIVERSITÉ DE PARIS.

NOTICE HISTORIQUE.

Au XIIe siècle, Paris était déjà le foyer intellectuel de l'Europe,

Les hommes les plus savants viennent y fonder le berceau des sciences et des lettres. Ils s'associent : ils veulent enseigner *l'universalité de toutes les sciences (universitas artium et scientiarum)*; et pour donner au corps qu'ils forment une dénomination commune, ils s'intitulent d'eux-mêmes l'*Université des maîtres et auditeurs (Universitas magistrorum et auditorum)*.

L'Université, réorganisée en 1804, est placée sous la dépendance du ministre de l'instruction publique, grand maître de l'Université.

Elle comprend :

Les Facultés de théologie, de droit, de médecine, des sciences et des lettres ;

Les lycées (anciens colléges);

Les pensionnats ou institutions universitaires ;

Les écoles.

COLLÉGE DE SORBONNE, à la Sorbonne. — Composé des Facultés des sciences, des lettres et de théologie. On y enseigne gratuitement et publiquement, à des jours indiqués à l'ouverture de chaque cours, les sciences astronomiques, physiques, mathématiques, philosophiques, naturelles ; les langues mortes, l'histoire, la géographie, la littérature française et étrangère, les saintes Écritures, les dogmes, l'éloquence sacrée et l'hébreu. Chaque année, un programme indique régulièrement les noms des professeurs et les heures auxquelles ils font leurs cours dans cet établissement.

Il en est de même des autres Facultés et du Collége de France. La Sorbonne est encore consacrée au concours annuel de tous les colléges de Paris et à la distribution des prix. On y remarque un amphithéâtre plus spacieux qu'architectural.

La Sorbonne, nom donné d'abord à la Faculté de Paris, fut fondée, en 1252, par Robert Sorbon, confesseur de saint Louis. Sa renommée fut européenne pendant quatre cents ans, à partir du XIVe siècle ; les bâtiments furent restaurés au commencement du XVIIe siècle, par le cardinal de Richelieu.

FACULTÉ DE DROIT, place Sainte-Geneviève, 8, et rue Saint-Jacques, 115. — L'étude régulière du droit commença à Paris en 1384, et fut réorganisée en 1630 sous Louis XIV. Les premières leçons se donnèrent rue Saint-Jean-de-Beauvais. Cette école fut transférée, en 1771, dans le bâtiment qu'elle occupe, construit sur les dessins de Soufflot. On enseigne, dans chacune de ses deux sections, formées en 1819, le Droit romain, le Code civil, les Pandectes, le Code de procédure et le Code de commerce. Pour être admis à suivre ses cours, il faut apporter au secrétariat de cette Faculté le diplôme de bachelier ès-lettres. Il faut les suivre deux ans pour obtenir le degré de bachelier, trois ans pour celui de licencié, et quatre ans pour le doctorat ; subir des examens et soutenir des thèses.

FACULTÉ DE MÉDECINE, rue de l'École-de-Médecine, 14. Placée dans les anciennes écoles de chirurgie.— Cet édifice, commencé en 1769, sur les dessins de Gondouin, et achevé en 1786, est composé de quatre corps de bâtiments, environnant une cour de 22 mètres de profondeur sur 32 de largeur. Sa façade sur la rue en a 66. Son péristyle est formé de quatre rangs de colonnes ioniques. Un second péristyle de six colonnes corinthiennes surmontées d'un fronton triangulaire sur lequel Berruer a sculpté l'union allégorique de la Théorie à la Pratique de la chirurgie, annonce l'entrée de l'amphithéâtre. Il peu contenir 1,200 personnes; mais il est trop étroit pour une école qui ne compte jamais moins de 3,000 étudiants. Sur le mur du fond sont, dans des médaillons, les portraits de J. Pitard, de A. Paré, de G. Mareschal et de J. de la Peyronnie, chirurgiens fameux.

L'amphithéâtre est décoré de peintures à fresque , par Gibelin, orné des bustes de Lamartinière et de la Peyronnie, par Lemoine. Dans la salle d'assemblée est un tableau de Girodet, représentant Hippocrate refusant les présents qui lui sont offerts par les ambassadeurs du roi de Perse pour aller exercer son art chez les ennemis de son pays. Cette salle est environnée des bustes des anatomistes et des chirurgiens français les plus habiles. Une bibliothèque de 3,000 volumes, placée dans l'aile gauche du bâtiment, est ouverte au public les lundis, mercredis, vendredis, de 10 à 2 heures. Vacances du 15 août au 1er novembre. Les mêmes jours et aux mêmes heures, on voit un magnifique cabinet d'anatomie humaine et comparée, digne en tout de l'attention des curieux.

FACULTÉ DES SCIENCES ET DES LETTRES. — Dans la cour de la Sorbonne sont placées de grandes salles, où les étudiants et les personnes qui ont le désir d'entendre la parole de nos savants professeurs de l'Université s'assemblent et assistent à leurs cours.

C'est de cet enseignement que sont sortis les hommes qui ont illustré la France depuis un demi-siècle, dans les sciences, dans les lettres, dans la politique : c'est de là que sont sortis La Place, Cuvier, Thénard, Gay-Lussac, Arago, Guizot, Cousin, Villemain, Saint-Marc-Girardin, etc.

Des cours publics sont ouverts chaque année. Un règlement publié au commencement de l'année scolaire indique le nom des professeurs, les cours professés, et l'heure à laquelle le public est admis.

On trouve ce règlement affiché pendant tout le cours de l'année dans la cour de la Sorbonne, et à la porte du domicile des professeurs.

L'entrée n'est pas refusée; mais il est bon de se munir d'un billet, que le recteur de l'Académie de Paris donne aux visiteurs qui le lui demandent.

COLLÉGE DE FRANCE, place Cambrai, 1. — Le Collége de France fut institué par François Ier sur la proposition de son aumônier Parvi et du célèbre Budé. Il était destiné à l'enseignement supérieur. Les guerres civiles et les désordres qui affligèrent Paris à la fin du XVIe siècle arrêtèrent son développement. Henri IV, à la fin de son règne, forma le projet d'ériger un nouveau collége. Ses intentions n'eurent malheureusement pas tout le résultat désirable; la mort le surprit avant leur exécution. Les travaux furent continués sous Louis XIII; enfin, en 1774, ils furent presque entièrement renouvelés sous la direction de Chalgrin. Ce collége occupe l'emplacement des colléges Tréguier, des Trois-Évêques et de Cambrai, où les premiers professeurs, nommés par François Ier, avaient précédemment enseigné. Il se compose d'une cour spacieuse et de trois corps de bâtiments. Une arche, couronnée d'un fronton orné de sculptures, est la seule décoration de l'entrée. Quelques additions très-étendues ont été dernièrement faites le long de la rue Saint-Jacques. Vingt-trois professeurs sont attachés à ce collége, et y enseignent publiquement l'astronomie, les mathématiques, la physique expérimentale, la médecine, la chimie, l'histoire naturelle, la législation comparée et l'économie politique, l'archéologie, l'hébreu, le chaldéen, le syriaque, l'arabe, le persan, le turc, le mantchou-tartare, les langues sanscrites, la littérature grecque, les philosophies grecque et latine, l'éloquence latine, la poésie latine et la littérature française. Il y a, en outre, un professeur honoraire, pour les langue et littérature slaves.

ÉCOLE DE PHARMACIF, rue de l'Arbalète, 17. — Cette école occupe les anciens bâtiments du couvent de Lourcine. Le jardin de botanique, classé d'après Tournefort, est fait sur le modèle de celui de Padoue. Elle renferme une très-belle collection de minéralogie. Dix professeurs sont attachés à cette école, et y enseignent la théorie et la pratique de la préparation des remèdes de la chimie médicale, l'histoire naturelle, la botanique et la pharmacologie.

Le jardin est ouvert tous les jours, de 10 à 4 heures, les dimanches exceptés.

LYCÉES.

LYCÉE DESCARTES (ancien COLLÉGE LOUIS-LE-GRAND), rue Saint-Jacques, 123. — Fondé en 1560, par Guillaume Duprat, évêque de Clermont, sous le nom de collége de Clermont. — Acheté par les jésuites en 1563 ; reconstruit par eux en 1682, sous le nom de collége Louis-le-Grand. En 1763, après l'expulsion de la Société de Jésus, ce collége reçut les membres du collége de Lizieux. Réorganisé en 1792, sous le nom de collége de l'Égalité ; en 1800, sous celui de Prytanée français ; en 1804, sous celui de Lycée impérial, il reprit en 1814 la dénomination de collége Louis le Grand. Outre les langues mortes et les sciences élémentaires, ce collége possède une école de langues orientales.

LYCÉE NAPOLÉON (ancien COLLÉGE HENRI IV), rue de Clovis, 1. — Bâti sur les terrains de l'abbaye Sainte-Geneviève, une partie date du XIVe siècle et une autre du XVIe. En 1802, il prit le nom de lycée Napoléon, et reçut, en 1814, le titre de collége royal de Henri IV. Il doit à la révolution de février le nom de lycée Corneille. — Les princes de la maison d'Orléans y firent avec succès leurs études.

LYCÉE CHARLEMAGNE, rue Saint-Antoine, 120. — Ancien collége des jésuites fondé en 1582. Il ne reçoit que des externes.

LYCÉE BONAPARTE (ancien **COLLÉGE BOURBON**), rue Sainte-Croix-d'Antin, 5. — Elevé en 1781, sur les dessins de Brongniart, en utilisant une partie de l'ancien couvent des Capucins. En 1800 il prit le nom de lycée Bonaparte, que lui a rendu la révolution de 1848, et à la Restauration celui de collége Bourbon. Façade, 54 mètres de long, 14 de haut. Elle se compose d'un avant-corps orné de colonnes, flanqué de deux fontaines et terminé par deux pavillons, dont l'un sert de porte à l'église d'Antin, ancienne chapelle. La cour intérieure du couvent offre l'aspect d'un cloître couvert. Les classes n'admettent que des externes.

LYCÉE MONGE (ancien **COLLÉGE SAINT-LOUIS**), rue de la Harpe, 94. — Fondé en 1280, par Raoul d'Harcourt, chanoine de Notre-Dame, qui lui donna son nom. Depuis il a été rebâti et considérablement agrandi.

COLLÉGE STANISLAS, rue Notre-Dame-des-Champs, 16. — Établissement particulier.

COLLÉGE ROLLIN, rue des Postes, 34. — Ce collége, anciennement municipal, a été élevé depuis peu au rang des colléges nationaux.

COLLÉGE DES IRLANDAIS, rue des Irlandais, 5. — Bâti en 1780, par Bellanger, sous l'invocation de la Vierge, aboli sous la République, et rétabli plus tard. Le personnel se compose d'un proviseur, d'un administrateur, d'un économe, d'un préfet des études, de six professeurs et de cent élèves. On y enseigne la théologie, la philosophie, la médecine et les humanités.

COLLÉGE DES ANGLAIS, rue des Postes, 22. — Fondé en 1684, supprimé en 1792 et rétabli postérieurement.

COLLÉGE DES ÉCOSSAIS, rue des Fossés-Saint-Victor, 55.

ECOLES SPÉCIALES.

ÉCOLE NORMALE, rue Saint-Jacques, 15. — Cet établissement est destiné à des jeunes gens qui se vouent à l'enseignement supérieur. L'âge de rigueur pour y être admis est de dix-sept à vingt-trois ans. On exige du candidat le grade de bachelier ès-lettres ou ès-sciences. Il est en outre obligé de subir deux examens sur la philosophie, l'histoire, la littérature ancienne et moderne, ou les sciences physiques et mathématiques. La durée des études est de trois ans. L'École compte dix-neuf professeurs.

ÉCOLE POLYTECHNIQUE, rue de la Montagne-Sainte-Geneviève, 71. — Elle est établie dans les bâtiments de l'ancien collége de Navarre. Une nouvelle façade a été dernièrement élevée : elle est ornée de bas-reliefs représentant des machines de guerre, des mécaniques, etc., avec cinq médaillons contenant les portraits de Legrand, Laplace, Monge, Berthollet et Fourcroy.

L'École polytechnique, insituée par décret du 21 ventôse an II, est destinée à former des ingénieurs militaires et maritimes, des officiers d'artillerie, des élèves pour les ponts et chaussées, les mines, etc. La durée des études est de deux ans, et la pension annuelle de 1,000 fr. Pour être admis, il faut subir un examen sévère, surtout pour les sciences mathématiques. La condition d'âge est seize ans au moins, vingt ans au plus. Il y a 24 bourses distribuées par les divers ministres. — On peut visiter cet établissement en s'adressant au commandant de l'École.

ÉCOLE D'ÉTAT-MAJOR, rue de Grenelle-Saint-Germain, 136. — Cette école est destinée à former des élèves pour l'état-major de l'armée : le terme ordinaire de leurs études est de deux ans.

ÉCOLE NATIONALE DES PONTS ET CHAUSSÉES, rue de Bellechasse. — Quatre - vingts élèves sortant de l'École polytechnique s'y occupent de l'art de projeter et cons'ruire des routes, canaux, ponts, etc.

ÉCOLE DES MINES, rue d'Enfer, 34. — Le nombre des élèves est de neuf internes et de neuf externes. A la tête de cette École est un conseil qui dirige toutes les opérations relatives à ce service.

ÉCOLE CENTRALE DES ARTS ET MANUFACTURES, rue de Thorigny, 7. — Créée, en 1828, sur le plan de l'École polytechnique. On y forme des manufacturiers, chefs d'usines, ingénieurs civils, etc.

ÉCOLE GRATUITE DE DESSIN, rue de l'École-de-Médecine, 5. — Cette École fut fondée en 1767, par M. Bachelièr, en faveur des ouvriers qui se livrent aux arts mécaniques. On y enseigne la géométrie pratique, l'arithmétique, la coupe des pierres, l'architecture, le dessin, etc.

ÉCOLE GRATUITE DE DESSIN pour les jeunes personnes, rue de Touraine. 7, — Cette École est consacrée à l'enseignement de tous les genres de dessin, pour les jeunes filles destinées aux arts et aux professions de l'industrie. Des médailles d'argent sont distribuées en séance publique.

INSTITUTION DES JEUNES AVEUGLES, boulevart des Invalides. — Fondée en 1791 par Haüy; cette École admet les élèves de dix à quatorze ans, qui y sont instruits dans les diverses branches d'éducation, dans les langues vivantes, le calcul, la musique, etc. On y enseigne aussi les professions manuelles de nature à être exercées sans le secours de la vue. Il y a des exercices publics, où l'on entend de fort bonne musique exécutée par les pensionnaires de l'établissement. Cette institution, qui renferme deux cent cinquante élèves, a été transportée depuis peu d'années dans le somptueux édifice qu'elle occupe aujourd'hui; elle était précédemment installée dans l'ancien séminaire de Saint-Firmin. — Pour la visiter et assister aux exercices, s'adresser au directeur.

INSTITUTION NATIONALE DES SOURDS-MUETS, rue Saint-Jacques, 254. — La pensée sublime de rendre à la société des hommes que la nature semblait en avoir pour toujours séparés, en suppléant par la vue et les signes aux organes de l'ouïe et de la parole qui manquent tout à la fois aux sourds-muets, est due à l'illustre abbé de l'Épée.

Sans autre fortune que 12,000 livres de rente, il réunit dans sa propre maison quarante sourds-muets, les nourrit, les instruisit, et dépensa pour eux tout ce qu'il possédait, en s'imposant à lui-même les plus dures privations pour fonder un des plus beaux établissements dont la France s'honore. La reine Marie-Antoinette visita cette école; Louis XVI, sur sa demande, accorda à cette institution un local dans le couvent des Célestins, et une pension de 3,400 fr. L'abbé de l'Épée mourut en 1790, emportant la consolation de voir se continuer le bien qu'il avait fait. L'abbé Sicard lui succéda. Les sourds-muets furent transférés dans l'ancien séminaire de Saint-Magloire, et reçurent du Gouvernement une rente annuelle de 70,000 fr., comptée en 1813 au rang des dépenses publiques de l'État. Sur cette dotation, quatre-vingt-dix élèves reçoivent une instruction gratuite. Un nombre illimité de pensionnaires payant, les garçons 900 fr. par an, et les filles 800 fr., partagent les fruits de cette institution. Il y a école gratuite pour des externes des deux sexes.

CONSERVATOIRE DES ARTS ET MÉTIERS, rue Saint-Martin, 208. — Placé dans les bâtiments de l'ancienne abbaye de Saint-Martin, et fondé, en 1794, sur la demande de l'abbé Grégoire. On remarque, dans la galerie centrale, un écho très-curieux qui répète, d'un angle à l'autre, un mot, si bas qu'il soit prononcé. Consacré aux machines de toutes espèces, aux outils, aux instruments aratoires, etc. On y voit le tour à guillocher du roi Louis XVI. — Entrée au public les dimanches et jeudis. — Cet édifice fut le lieu de réunion des chefs du mouvement insurrectionnel du 13 juin 1849.

On y fait en ce moment de grands travaux de réparations et d'embellissement.

Pour la bibliothèque du Conservatoire des arts et métiers, voir page 95.

THÉATRES.

ACADÉMIE DE MUSIQUE (GRAND OPÉRA), rue Lepelletier. Contient 1,950 places; est ouvert les lundis, mercredis et vendredis, et par exception le dimanche. On y représente des opéras et des ballets. — Fondé sous Louis XIV, par l'abbé Perrin, il s'ouvrit en 1671, à l'hôtel de Guénégaud, par l'opéra de *Pomone;* et passa entre les mains du marquis de Sourdeau, puis de Lully, célèbre musicien. C'est à cette époque que les gentilshommes eurent le privilége d'y chanter sans déroger. Les premiers opéras véritablement dignes de ce nom furent composés par Quinault et Lully. Après la mort de Quinault, l'administration de ce théâtre fut confiée à Francinet, puis à Destouches. Les musiciens les plus célèbres: Rameau, Gluck, Piccini, Sacchini, Grétry, Spontini, l'ont illustré par leurs productions. De nos jours, Rossini, Meyerbeer, Halévy et Auber, se montrent les dignes successeurs de ces grands maîtres. Le chant a été représenté de la manière la plus brillante par Laïs, Dérivis, Nourrit père, Nourrit fils, Duprez ; Mmes Saint-Huberti, Branchu, Damoreau, Falcon, Dorus-Gras; il continue à l'être dignement par Roger, Gueymard, Massol, Morelli ; Mmes Tedesco, Poinsot. La danse a eu ses Gardel, sès Vestris, ses Salé, ses Camargo, ses Guimard, ses Clotilde, ses Bigotini, ses Taglioni, ses Essler; elle offre encore ses Priora, ses Taglioni, ses Plunkett et ses Bagdanoff. Les décors et les costumes sont de la plus grande beauté.

Prix des places (1).

Baignoires d'avant-scène, rez-de-chaussée, avant-scène du foyer, loges du foyer, stalles de balcon. . . . . 10 fr. » c
Stalles d'orchestre, loges d'avant-scène de balcon, stalles d'amphithéâtre, premières de face, avant-scène des premières. 7 50
Loges de balcon, loges de la galerie, fauteuils de la galerie, baignoires . . . . 7 »
Deuxièmes de face. . . . . 6 »
Parterre. . . . . 4 »
Deuxièmes de côté et troisièmes de face. 3 50
Troisièmes de côté, uatrièmes de face et amphithéâtre. 2 50

Le Gouvernement a fondé un établissement où l'on forme des chanteurs pour l'Opéra et des artistes pour la Comédie-Française ; cet établissement est :

LE CONSERVATOIRE DE MUSIQUE ET DE DÉCLAMATION, rue du Faubourg-Poissonnière, 15. — Destiné à la conservation et à la propagation de l'art musical et de la déclamation dans toutes ses parties ; plus de cinq cents élèves des deux sexes reçoivent gratuitement les leçons des meilleurs professeurs, et l'on n'y est admis que par voie d'examen et de concours.

THÉATRE-FRANÇAIS, rue Richelieu et Palais-Royal. — C'est du 25 août 1680 que date la véritable fondation de la *Comédie francaise*, et c'est à Louis XIV qu'on la doit.
Le 18 avril 1689, le théâtre fut établi rue de l'Ancienne-Comédie, vis-à-vis du café Procope.

---

(1) Pour tous les théâtres, les places louées à l'avance coûtent un peu plus cher, suivant leur rang.

L'importance que prit l'art dramatique fit sentir à l'autorité la nécessité de donner à la scène française un local digne du génie des écrivains et des artistes, et on ordonna la construction du Théâtre-Français à l'hôtel Condé, maintenant l'*Odéon*; puis, en attendant, on mit à la disposition des comédiens le théâtre des Tuileries, où Voltaire fut couronné par le peuple, à quelques pas de la salle du Trône, dans le palais même de la royauté. L'Odéon fut terminé en 1782.

Enfin, un peu plus tard, le théâtre de la rue Richelieu fut construit. La salle, commencée en 1787, par le duc d'Orléans, sur les dessins de l'architecte Louis, contient 1,522 places. On y joue la tragédie, le drame, la comédie, et notamment tout le répertoire-classique. Les principaux acteurs qui ont illustré cette scène sont : Fleury, Talma, Joanny, les deux Baptiste, Monvel, Préville, Saint-Prix, Armand, Firmin, Michelot, Monrose; Mmes Rocourt, Duchesnois, Devienne, Demerson, Contat, Mars, Levert, et plusieurs autres dont il serait trop long de citer les noms. Les artistes notables sont aujourd'hui : MM. Samson, Beauvallet, Provost, Régnier, Maillart; Mmes Rachel, Madeleine Brohan et Fix. La façade de la rue Richelieu se compose d'un péristyle d'ordre dorique; le vestibule est dans le même style; le centre est orné d'une statue de Voltaire, par Houdon. Le foyer public renferme une série de bustes fort estimés, représentant les principaux auteurs du Théâtre-Français. Le foyer des artistes contient une collection extrêmement curieuse de portraits d'acteurs éminents, depuis Molière jusqu'à nos jours. Ce théâtre est ouvert toute l'année.

Prix des places.

Avant-scène du rez-de-chaussée.	8 fr	» c.
Rez-de-chaussée, balcon et loges de la galerie.	6	60
Premières loges de face (deuxième rang).	6	»
Orchestre, première galerie et premières loges découvertes (deuxième rang).	5	»
Deuxièmes loges (troisième rang).	3	50
Galerie des deuxièmes loges et parterre.	2	50
Troisièmes loges (quatrième rang).	2	»
Deuxième galerie.	1	50
Amphithéâtre.	1	»

ODÉON, SECOND THÉATRE FRANÇAIS, place de l'Odéon. — Construit en 1779 par Wailly, il fut incendié en 1797, puis en 1818. La façade est composée de colonnes d'ordre dorique ; des arcades couvertes règnent tout autour du théâtre. Le vestibule, qui sert de foyer, les escaliers, la salle qui contient 1,700 personnes, tout est somptueux et grandiose. Les Italiens vinrent s'y établir après l'incendie de la salle Favart. Aujourd'hui, il est exploité par une troupe qui joue la tragédie, le drame, la comédie et le répertoire classique, à l'instar du premier Théâtre-Français. — Il est fermé pendant une partie de l'été.

Prix des places.

Avant-scène.	5 fr.	» c.
Premières loges fermées.	4	»
Premières loges découvertes, balcon, pourtour.	3	»
Stalles de la première galerie, stalles d'orchestre, baignoires, avant-scène du deuxième rang.	2	50
Secondes loges fermées.	2	»
Seconde galerie.	1	50
Parterre.	1	»
Troisième galerie.	»	75
Amphithéâtre des quatrièmes.	»	5

THÉATRE DE L'OPÉRA-COMIQUE, place Boïeldieu. — Ce théâtre occupe la salle Favart, incendiée en 1838, alors qu'elle était exploitée par la troupe italienne ; contient environ 1,500 places. C'est une des salles les plus élégantes et les plus riches de Paris. Plusieurs loges renferment de petits salons. La façade présente l'aspect d'un portique à six colonnes. Le foyer est parfaitement décoré. L'Opéra-Comique actuel a été transporté à la place Favart (aujourd'hui place Boïeldieu) en 1840. Les travaux de réparation, de reconstruction intérieure et d'ornementation n'ont pas demandé moins d'un an. — Ce théâtre est ouvert toute l'année.

Prix des places.

Avant-scène des baignoires, avant-scène des balcons et loges de la première galerie de face avec salon.	7 fr. " c.
Avant-scène des loges de la première galerie, loges de la première galerie de face, premières loges de face avec salon, fauteuils de balcon.	6 "
Fauteuils de la première galerie, fauteuils d'orchestre, loges de la première galerie de côté, avant-scène des premières loges, premières loges de face, premières loges de côté avec salon, baignoires	5 "
Premières loges de côté.	4 "
Avant-scène des loges de la deuxième galerie.	3 "
Parterre et deuxième galerie.	2 50
Loges de deuxième galerie de face.	2 "
Troisièmes loges et loges de la deuxième galerie de côté.	1 50
Amphithéâtre.	1 "

THÉATRE ITALIEN, place Ventadour (1,200 places.) — On y joue les opéras sérieux et bouffes en langue italienne.

En 1577, sous Henri III, on vit pour la première fois en France des comédiens italiens. Plus tard, Mazarin leur concéda le *Théâtre du Petit-Bourbon*, qui était situé au Louvre, sur l'emplacement de la colonnade, et que Louis XIV donna en 1658 à Molière.

L'Opéra-Italien a été successivement transporté dans

plusieurs endroits de la ville, à l'Odéon, à la salle Favart, et maintenant il paraît avoir définitivement élu domicile à la salle Ventadour. Il est ouvert du 1ᵉʳ octobre au 1ᵉʳ avril, les mardis, jeudis et samedis, et quelquefois le dimanche. La salle actuelle fut construite pour l'Opéra-Comique, qui y joua après la démolition de la salle Feydeau. La façade est une rangée de neuf arcades surmontées d'un attique. L'intérieur de la salle est d'une grande magnificence.

Prix des places.

Balcon de premières, stalles de balcon, stalles d'orchestre, premières et deuxièmes de face, orchestre.	10 fr.	"
Deuxièmes de côté.	7	50
Troisièmes de face et cintre.	6	"
Troisièmes de côté.	5	"
Parterre.	4	"

THÉATRE DU VAUDEVILLE, place de la Bourse. — Ouvert, en 1827, sous le titre de *Théâtre des Nouveautés*, occupé plus tard par l'Opéra-Comique, qui l'abandonna pour la salle Favart, il servit d'asile au Vaudeville quand la salle élevée rue de Chartres, en 1792, fut consumée par un incendie. Il contient 1,300 personnes, et est ouvert tous les jours. On y joue des pièces dialoguées et des comédies mêlées de chant.

Prix des places.

Avant-scène, rez-de-chaussée et avant-scène de balcon.	6 fr.	" c.
Loges découvertes (premier étage), stalles d'orchestre, stalles de balcon, loges de face, avant-scène des premières, baignoires de face grillées.	5	"
Baignoires de côté découvertes, stalles de balcon.	4	"
Loges d'avant-scène découvertes, premières loges de face.	3	"
Avant-scène des troisièmes, secondes loges de face (troisième étage), parterre.	2	"
Galerie.	1	"

THÉATRE DES VARIÉTÉS, boulevart Montmartre. — Construit par Celerier, en 1807. La façade, assez élégante, se compose de deux rangs de colonnes d'ordre dorique et ionique. Brunet, Tiercelin, Potier, Odry, Vernet, avaient donné une grande vogue à ce théâtre. Son genre se rapproche aujourd'hui de celui du Vaudeville. La salle contient 1,200 places; elle est ouverte toute l'année.

Prix des places.

Avant-scène du rez-de-chaussée et avant-scène des premières. . .	6 fr. »	c.
Stalles d'orchestre, balcon et loges de la galerie.	5	»
Orchestre, première galerie et deuxièmes loges de face.	4	»
Loges intermédiaires.	3	»
Deuxièmes loges de côté, et pourtour.	2	50
Parterre, deuxième galerie et troisièmes loges	2	»
Deuxième balcon.	1	50
Premier amphithéâtre.	1	25
Deuxième amphithéâtre.	»	75

THÉATRE DU GYMNASE DRAMATIQUE, boulevart Bonne-Nouvelle, érigé en 1820, et presque entièrement alimenté par les pièces de M. Scribe. Peu d'années après sa création, il prit le nom de *Théâtre de Madame* et fut patronné par la duchesse de Berry. Après la révolution de 1830, il reprit son nom primitif. On y joue des comédies-vaudevilles. La salle, ouverte tous les jours, contient 1,300 spectateurs.

Prix des places.

Avant-scène et loges de l'entresol.	6 fr. »	c
Fauteuils d'orchestre et fauteuils de balcon	5	»
Fauteuils de galerie, baignoires, premières loges de face et stalles d'orchestre	4	»
Premières loges de côté.	3	»
Stalles d'amphithéâtre et avant-scène des deuxièmes loges.	2	50
Parterre et deuxièmes loges de côté	2	»
Troisièmes loges.	1	25
Deuxième galerie.	1	»

THÉÂTRE DU PALAIS-ROYAL, au Palais-Royal. — Fondé en 1798 par Mlle Montansier, ce théâtre fut plus tard transformé en café. Il fut rouvert en 1832, sous le titre de *Théâtre du Palais-Royal*. Ce théâtre contient 930 places; il est ouvert toute l'année, et représente de préférence des pièces bouffonnes et grivoises.

Prix des places.

Stalles et loges de balcon, avant-scène et loges de galerie	5 fr.	» c.
Loges fermées de face, stalles d'orchestre, baignoires de face et d'orchestre	4	»
Première galerie et avant-scène des deuxièmes	3	»
Baignoires de côté, deuxième balcon et premières loges de côté . .	2	50
Deuxièmes loges.	2	»
Parterre.	1	25

THÉÂTRE DE LA PORTE-SAINT-MARTIN, boulevart Saint-Martin. — Cette salle, élevée en soixante-quinze jours par Lenoir, pour y installer provisoirement l'Opéra, dont le théâtre venait de brûler, contient à peu près 1,800 personnes. Inoccupé depuis la translation de l'Opéra dans la salle Richelieu, ce théâtre fut rouvert le 30 septembre 1802, par des pièces à grand spectacle et des ballets qui lui méritèrent le nom d'*Opéra du Peuple*. Un décret le supprima en 1807. On autorisa sa réouverture en 1814. On y joue des drames, des mélodrames, des vaudevilles, des ballets et des féeries. C'est là qu'ont été représentés plusieurs ouvrages de MM. Hugo et Alexandre Dumas, et le *Marino Faliero* de Casimir Delavigne.

Prix des places.

Avant-scène du rez-de-chaussée, du balcon et de la première galerie avec salon, premières loges de face, de balcon et baignoires .	5 fr.	» c.
Fauteuils de balcon d'avant-scène.	4	»
Fauteuils de face et d'orchestre	3	»

Stalles d'orchestre et de la première galerie, premières loges découvertes.	2	50
Secondes loges et avant-scène des troisièmes.	2	"
Pourtour, parterre et premier amphithéâtre.	1	50
Deuxième galerie.	1	"
Deuxième amphithéâtre et galerie du cintre.	"	50

THÉATRE DE L'AMBIGU-COMIQUE, boulevart Saint-Martin, vis-à-vis du Château-d'Eau. — Construit en 1828, après l'incendie de l'ancienne salle, qui était située sur le boulevart du Temple. Ce théâtre contient 1, 900 places. On y joue drames, mélodrames et vaudevilles.

Prix des places.

Avant-scène du rez-de-chaussée, avant-scène des premières , loges grillées des premières.		
Fauteuils d'orchestre, fauteuils des premières et premières loges découvertes	3	"
Stalles d'orchestre , stalles des premières , loges des deuxièmes de face, baignoires grillées et deuxième avant-scène	2	50
Stalles des deuxièmes, fauteuils du pourtour.	2	"
Deuxième galerie, stalles du pourtour, avant-scène des troisièmes .	1	50
Parterre, avant-scène des quatrièmes.	1	25
Troisièmes.	"	75
Quatrièmes	"	50

THÉATRE LYRIQUE, boulevart du Temple. — Ce théâtre, autrefois le Théâtre-Historique, est aujourd'hui spécialement consacré à la représentation des opéras des jeunes compositeurs Son genre est à peu près celui de l'Opéra-Comique.

THÉATRE DE LA GAITÉ. — C'est le plus ancien des théâtres qui existent sur le boulevart du Temple. Fondé en 1770, à la foire de Saint-Germain, il fut détruit par un incendie et reconstruit par Nicolet. Brûlé de nouveau en 1835, il a été réedifié peu de temps après. Il contient 1,800 personnes.

Prix des places.

Avant-scène des premières et du rez de-chaussée, premières loges de face.	5 fr.	» c.
Baignoires	4	»
Stalles de la première galerie, stalles de balcon et d'orchestre.	3	»
Orchestre adossé	2	50
Avant-scène des deuxièmes, stalles de la deuxième galerie de face et pourtour	2	»
Deuxième galerie de face	1	50
Deuxième galerie de côté	1	25
Parterre	1	»
Troisième galerie	»	75
Quatrième amphithéâtre.	»	50

THÉATRE DU CIRQUE, boulevart du Temple. — Ce théâtre fut ouvert d'abord rue du Faubourg-du-Temple, en 1780, par un écuyer anglais, nommé Astley, fondateur d'un cirque analogue à Londres. Franconi, associé d'Astley, le transporta, en 1800, dans l'ancien jardin des Capucins, et, en 1807, dans la rue Monthabor, par suite du percement de la rue de la Paix. Il lui donna alors le titre de Cirque-Olympique, qu'il a gardé jusqu'en 1830; on y joua des pantomimes dialoguées appelées *mimodrames*. L'administration contraignit Franconi et Astley à retourner au faubourg du Temple, où leur salle devint la proie des flammes dans la nuit du 15 au 16 mars 1826. Les théâtres leur vinrent en aide, et ils construisirent le théâtre actuel sur le boulevart du Temple. C'est là qu'ont été représentées, avec une magnifique mise en scène, toutes les grandes pièces militaires consacrées aux souvenirs des hauts faits des armées françaises. Le manége, transformé aujourd'hui en parterre, servait aux exercices équestres qui sont transférés maintenant aux

Champs-Élysées. En 1847, ce théâtre fut affecté au genre lyrique, et fermé au bout de peu de temps. Il a repris maintenant son ancien genre ; on y donne des pièces militaires et des féeries. Il contient environ 2,000 personnes.

Prix des Places.

Avant-scène des premières.	4 fr. » c.
Fauteuils de pourtour et loges de face, ...	3 »
Stalles de balcon, d'orchestre et loges de côté.	2 50
Orchestre et avant-scène des deuxièmes, baignoires	2 »
Avant-scène des troisièmes	1 25
Parterre et premier amphithéâtre	1 25
Deuxième amphithéâtre	» 60
Troisième amphithéâtre	« 40

THÉATRE DES FOLIES-DRAMATIQUES, boulevart du Temple. — Ouvert en 1830, il contient 1,800 personnes.

Prix des places.

Avant-scène du rez-de-chaussée et de l'entresol.	2 fr. 75 c.
Avant-scène des premières.	2 50
Loges des premières de face	2 25
Stalles des premières de face.	2 »
Balcon, baignoires grillées, avant-scène des secondes.	1 75
Stalles d'amphithéâtre.	1 25
Orchestre et avant-scène des troisièmes.	1 »
Parterre et premier amphithéâtre.	» 50
Deuxième galerie	» 50
Troisième galerie	» 30

THÉATRE DES DÉLASSEMENTS-COMIQUES, boulevart du Temple. — Construit sur l'emplacement de l'ancien théâtre Saqui.

Prix des places.

Avant-scène du rez-de-chaussée et des premières	2 fr. 50 c.
Premières loges et loges grillés de face.	2 »
Stalles des premières, stalles d'orchestre et avant-scène des deuxièmes.	1 50

Balcon des deuxièmes.   1   25
Orchestre et stalles de la première galerie   1   »
Première galerie et parterre . . . .   »   75
Deuxième galerie   30

THÉATRE BEAUMARCHAIS, boulevart Beaumarchais, ancien théâtre Saint-Antoine. — On y jouait des mélodrames et des vaudevilles. — Il est fermé pour le moment.

THÉATRE CHOISEUL, ci-devant **DES JEUNES ÉLÈVES,** passage Choiseul. — Ce théâtre fut ouvert par M. Comte, qui y donnait primitivement des séances de physique, d'escamotage, de fantasmagorie et de petites pièces jouées par des enfants. On y représente aujourd'hui des vaudevilles et des féeries.

THÉATRE DU LUXEMBOURG, rue de Fleurus, près du jardin du Luxembourg. — Vaudevilles, pièces comiques, la plupart prises dans l'ancien répertoire des divers théâtres. On donne deux représentations le dimanche.

THÉATRE DES FUNAMBULES, boulevart du Temple. — Popularisé par le célèbre pierrot Deburau. On joue à ce théâtre des arlequinades, des pantomimes et des vaudevilles.

THÉATRE DU PETIT-LAZARI, boulevart du Temple. — Théâtre du dernier ordre. On y représente drames, pantomimes, vaudevilles, la plupart sans noms d'auteurs.

SOIRÉES FANTASTIQUES DE ROBERT-HOUDIN, Palais-National, galerie de Valois, 164. —Physique amusante, ventriloquie, mécanique, etc. A 8 heures du soir.

THÉATRE SÉRAPHIN, Palais-Royal, galerie de Valois, 129. — Ombres chinoises, marionnettes, points de vue mécaniques. A 7 heures du soir.

CAFÉ DES AVEUGLES ou **DU SAUVAGE**, situé sous le péristyle Beaujolais, dans une salle souterraine. — Entrée gratuite.

SPECTACLES-CONCERTS, boulevart Bonne-Nouvelle, — Vaudevilles, pantomimes, danses, tous les soirs. Prix d'entrée : 1 fr. et 2 fr.

DIORAMA, avenue des Champs-Élysées. — Exposition de vues, perspectives, etc. Ouvert tous les jours, de 11 à 5 heures.

THÉATRES HIPPIQUES.

Les exercices hippiques et gymnastiques se sont perfectionnés et développés chaque jour. Outre le **CIRQUE-OLYMPIQUE**, qui donne, l'été, aux Champs-Élysées, ses exercices dans un vaste et magnifique amphithéâtre, nous devons aussi mentionner l'**HIPPODROME**, qui s'élève vis-à-vis de l'arc de triomphe de l'Étoile ; les **ARÈNES NATIONALES**, situées près de l'embarcadère de Lyon ; et enfin les **ARÈNES DE SAINT-GERMAIN**, établies à Saint-Germain-en-Laye. Ces spectacles attirent continuellement la foule.

BALS PUBLICS.

CHATEAU DES FLEURS, avenue des Champs-Élysées, vis-à-vis de Beaujon. — Bal, délicieux jardins, illuminations, feux d'artifice, etc.

JARDIN MABILLE. — (Voir **CHAMPS-ÉLYSÉES**, page 178.)

RANELAGH, au bois de Boulogne, tout près de Passy. —

Cet établissement, fondé en 1774, se compose d'un élégant jardin et d'une brillante salle de bal. Les soirées du jeudi sont particulièrement suivies.

CHATEAU-ROUGE, chaussée de Clignancourt, près de la barrière Rochechouart. — Ouvert sur l'emplacement d'une propriété donnée à Gabrielle d'Estrées par Henri IV. C'est là que les armées alliées avaient, en 1814, établi leur quartier général. — Bal les dimanches, lundis, jeudis et samedis. Charmantes promenades; restaurant, etc. Le jeudi est spécialement consacré aux grandes fêtes.

GRANDE CHAUMIÈRE, boulevart du Mont-Parnasse, 28. — Fréquentée particulièrement par les étudiants. Bals les dimanches, lundis, jeudis et fêtes. Restaurant. C'est le seul établissement public où l'on trouve encore des montagnes russes.

CLOSERIE DES LILAS, située à la sortie du Luxembourg qui est vis-à-vis de l'Observatoire. — Bal fréquenté surtout par les étudiants en droit et en médecine.

SALLE SAINTE-CÉCILE, rue de la Chaussée-d'Antin, 49 *bis*. — Bal les dimanches, mercredis et vendredis, pendant l'hiver.

CASINO, rue de la Chaussée-d'Antin. — Bal très suivi.

BAL DE LA CITÉ D'ANTIN, rue de Provence, 63.

SALLE VALENTINO, rue Saint-Honoré, 359. — Bals publics trois fois par semaine, durant l'hiver. Cet établissement fondé par Musard en 1836, était primitivement, destiné à des concerts et à des bals qui eurent un moment de vogue. Aujourd'hui on y donne des bals fréquentés par une société assez mélangée.

PRADO, place du Palais-de-Justice. — Bals les dimanches, lundis, jeudis et fêtes, du 15 septembre au 15 avril.

BAL DU PALAIS-ROYAL, rue Saint-Honoré, 219. — Dimanches, lundis, jeudis et fêtes. Il y a une école de danse et une salle d'armes, de canne, de boxe, etc.

SALON DE MARS, rue du Bac, 75. — Soirées dansantes.

TIVOLI D'HIVER, rue de Grenelle-Saint-Honoré, 45. — Consacré à des soirées dansantes, et le jour à des réunions maçonniques et autres.

SALLE MONTESQUIEU, rue Montesquieu, 6. — Vaste et belle salle où l'on donne des bals, des concerts et parfois des assauts d'armes, de boxe, etc.

MONUMENTS D'ART.

Nous réunissons ici quelques-uns des monuments dont la destination principale appartient au domaine de l'art.

PALAIS DES BEAUX-ARTS, rue des Petits-Augustins. — Élevé en 1832, par Debret, à la place de l'ancien couvent des Petits-Augustins; il a été terminé par Duban, dans le style de notre architecture du XVIe siècle. Deux cours séparées par *l'arc Gaillon*, précieux fragment du château d'Amboise, sont en avant du palais. On a transporté dans la première l'élégant *portail du château d'Anet*, bâti en 1548, pour Diane de Poitiers. Les salles du palais servent aux expositions des envois des élèves français de l'école de Rome. L'une d'elles contient les tableaux et esquisses de

Arc de Triomphe de l'Étoile

tous les premiers grands-prix de peinture remportés depuis plus d'un siècle ; dans une autre on admire la copie du Jugement dernier de Michel-Ange, par Sigalon, et les tombeaux des Médicis. D'autres renferment les modèles des plus fameux monuments égyptiens, grecs, romains, indiens, etc. Enfin, l'hémicycle du grand amphithéâtre est orné d'une remarquable fresque de Paul Delaroche. Les étrangers peuvent le visiter.

ARCS DE TRIOMPHE.

ARC DE TRIOMPHE DE L'ÉTOILE. — En avant de la barrière de l'Étoile s'élève l'arc de triomphe dédié à la grande armée. La première pierre en fut posée le 15 août 1806, jour de l'anniversaire de la naissance de Napoléon. Le plan de ce monument, consacré à perpétuer les victoires des armées françaises, est dû aux architectes Raymond et Chalgrin. L'exécution fut successivement dirigée par ce dernier jusqu'à sa mort, en 1811, et par MM. Goust, Huyot et Blouet. Cet arc de triomphe, le plus grand qui ait été jamais construit, après avoir eu ses travaux interrompus de 1814 à 1823, fut terminé en 1832. Ses fondations ont 8^m,375 au-dessous du sol, sur 54^m,560 de long, et 27 mètres de large. La hauteur du monument est de 49^m,483, sa argeur de 44^m,820, et son épaisseur de 22^m,210.

Sur la surface en vue des Champs-Élysées s'élèvent deux trophées emblématiques : le Départ (1792), par M. Rude, et le Triomphe (1810), par M. Cortot. Celle qui regarde Neuilly est ornée aussi de deux trophées, la Résistance (1814) et la Paix (1815), par M. Étex.

Quatre bas-reliefs, entre l'imposte de l'arc principal et

l'entablement, représentent les Funérailles de Marceau, tué, en 1796, au combat de Hoschsteinhall ; — la Bataille d'Aboukir, en 1798, au moment où Murat fait prisonnier le pacha de Romélie ; — le Pont d'Arcole, franchi en 1796 par Bonaparte, au milieu de la mitraille ; — la Prise d'Alexandrie, par Kléber, en 1798. — Les sculpteurs sont MM. Lemaire, Serres, Feuchères et Chaponnières.

Le bas-relief de la face latérale du nord, sculpté par M. Marochetti, représente la Bataille de Jemmapes, en 1792 ; et celui de la face latérale du midi, œuvre de Gechter, offre le tableau de la Bataille d'Austerlitz, en 1805.

Sur la frise se déroule, à l'est, le Départ des armées françaises, et à l'ouest, le Retour. Ce beau travail est dû au ciseau de MM. Brun, Caillouette, Jacquot, Laïétier, Rude et Seurre.

L'attique, surmonté de palmettes et de têtes de Méduse, est ornée de trente boucliers, dont chacun porte le nom d'une de nos victoires.

Dans les quatre tympans sont placées quatre Renommées, par feu Pradier.

Sous les voûtes des arcades sont inscrits les noms de quatre-vingt-seize autres victoires, de trois cent quatre-vingt-quatre généraux et des corps d'armée. Des figures de Victoires et de Génies dominent ces inscriptions.

L'intérieur de l'arc de triomphe renferme de vastes salles et de spacieux escaliers, conduisant à la plate-forme, d'où l'on jouit du superbe panorama de Paris et d'une partie de ses charmants environs.

ARC DE TRIOMPHE DU CARROUSEL. — La place du Carrousel, longtemps encombrée de rues et de maisons, est

Arc de Triomphe du Carrousel.

à présent complétement déblayée, et le Louvre va être réuni aux Tuileries par une galerie semblable à celle qui longe la Seine. A l'entrée de la cour des Tuileries s'élève cet arc de triomphe, véritable chef-d'œuvre de délicatesse et de goût. Cette charmante décoration, due aux architectes Percier et Fontaine, fut élevée, en 1806, par Napoléon, à la gloire des armées françaises. Ses proportions sont de 15 mètres de hauteur sur 20 mètres de largeur et 4 d'épaisseur. Comme l'arc de Septime Sévère et celui de Constantin, celui-ci est percé de trois arcades dans sa face, coupées par une arcade transversale. Huit colonnes d'ordre corinthien, de marbre rouge du Languedoc, décorent les deux façades principales et soutiennent l'entablement. Chaque colonne supporte une statue représentant des Militaires français de diverses armes. Au-dessus de l'entablement se trouve un attique surmonté d'un double socle sur lequel est placé un char de triomphe, attelé de quatre chevaux guidés par la Victoire : c'est l'œuvre de Bosio. Les bas-reliefs, dus aux ciseaux de Cartelier, de Parcieux, de Seine, de Claudion, de Lesueur, de Ramery, représentent la Capitulation d'Ulm, la Bataille d'Austerlitz, l'Entrée des Français à Vienne, le Retour du roi de Bavière à Munich, et la Paix de Presbourg. Cet arc de triomphe portait, avant 1815, le célèbre quadrige de Venise que l'Empereur avait fait transporter à Paris.

PORTE SAINT-DENIS. — Érigé en 1672 par la ville de Paris, à la gloire de Louis XIV, cet arc de triomphe, construit sur les dessins de Blondel, a 24 mètres de hauteur sur une égale largeur. L'arc mesure 8 mètres de large sur 14 de haut. Les sculptures sont dues au ciseau de Girardon et de Michel Auguier. Le bas-relief du côté de la rue Saint-Denis représente le Passage du Rhin à Tholey, et celui qui fait face au faubourg figure la Prise de Maestrich. L'inscription latine de la frise porte ces mots : *Ludovico Magno* (A Louis le Grand). C'est là que fut élevée la première barricade de juin 1848 ; dans le combat périrent un grand nombre de gardes nationaux et d'insurgés.

PORTE SAINT-MARTIN. — Cet arc de triomphe, élevé, comme le précédent, à la mémoire des victoires du grand roi, fut bâti en 1674 sur les dessins de Pierre Bellet ; sa hauteur est de 18 mètres et sa façade d'égale dimension ; il est percé de trois ouvertures, dont la plus haute est celle du milieu, et orné de quatre bas-reliefs par Dujardin, G. Marcy, le Hongre et Legros père. Ceux qui font face à la rue Saint-Martin représentent la Prise de Besançon et la Triple alliance ; les deux autres, la Prise de Limbourg et la Défaite des Allemands ; sur l'attique on lit une inscription latine dont voici la traduction : « A » Louis le Grand, maître pour la seconde fois de Besançon » et de la Franche-Comté, et vainqueur des armées alle- » mande, espagnole et hollandaise. — Les édiles. 1674. » On s'y battit en 1830 ainsi qu'en 1832, puis aux journées de juin 1848.

MANUFACTURES NATIONALES.

MANUFACTURES DES TAPISSERIES DES GOBELINS ET DES TAPIS DE LA SAVONNERIE, rue Mouffetard, 270. — Jean Gobelin forma sur cet emplacement, en 1450, une célèbre teinturerie de laines. MM. Canaye, successeurs de Jean Gobelin, y apportèrent de Flandre l'art de fabriquer des tapisseries ; en 1655, M. Glucq y introduisit l'art de teindre la laine et le drap en écarlate. Cet établissement fut considérablement augmenté sous Louis XIV ; et, de nos jours, il a acquis un renom européen par ses tapisseries de haute lisse, où la laine est parvenue à exprimer toutes les nuances du pinceau le plus suave, à reproduire ses touches les plus hardies, à transformer de simples tapisseries en tableaux admirables.

La manufacture de tapis de la Savonnerie y fut réunie l'année dernière. On y fabrique des tapis bien supérieurs à ceux de la Perse, pour l'élégance, la correction du dessin, le choix et la variété. Cet art fut importé en France l'an 1604, par Pierre Dupont et Simon Bourdet. Ses produits sont de la plus haute magnificence, car un tapis de moyenne dimension se paie jusqu'à 40,000 fr. Le produit le plus grand de cette manufacture est le tapis de la galerie des tableaux du Louvre, composé de 62 pièces, ayant en totalité 1,300 pieds de longueur.

On entre aux Gobelins les samedis, en été, de 2 à 6 heures du soir, et en hiver, de 2 à 4 heures.

MANUFACTURE DES GLACES, rue Saint-Denis, 213. — On fabriquait depuis longtemps à Venise des miroirs verdâtres, en les soufflant, lorsqu'un Français, nommé Thévart, découvrit, en 1559, l'art de couler les glaces. Lucas de Néhou perfectionna ses procédés; en 1688, Rivière Dufresne trouva le moyen de les polir. Colbert, voyant cette entreprise supérieure aux moyens de simples particuliers, la fit ériger, en 1666, en manufacture royale et lui fit construire de vastes bâtiments. Les glaces sont coulées à Tourlaville, près de Cherbourg, et au château de Saint-Gobin, près de la Fère, où elles sont transportées à Chauny pour être doucies et polies. Sept cents ouvriers y sont employés, et deux mille autres à Saint-Gobin.

On peut voir cet établissement tous les jours, les dimanches et fêtes exceptés.

MANUFACTURE DES TABACS, quai d'Orsay, 57. — Cet important établissement offre les détails les plus curieux, et mérite spécialement d'être visité.

Hôtel de Ville.

CHAPITRE III.

ÉTABLISSEMENTS DE L'ADMINISTRATION DE LA VILLE DE PARIS.

HOTEL-DE-VILLE.

L'Hôtel-de-Ville est situé sur la place de Grève, et en occupe toute la largeur. Ce monument, immense et des plus admirables, date de 1533. Le plan en fut proposé par l'architecte italien Dominique Boccador, de Cortone, et adopté par Henri II. L'édifice s'éleva sur l'emplacement de la maison de Grève, achetée en 1357 par les prévôts et les échevins de Paris, et qui avait servi d'habitation à Charles V. Il ne fut achevé qu'en 1605, sous Henri IV. Les sculptures des portiques, de la cour et de l'escalier principal sont attribuées à Jean Goujon. Considérablement agrandi en 1801, il reçut, à partir de 1836, les développements remarquables qui aujourd'hui le mettent hors de toute comparaison.

Ce monument colossal forme un parallélogramme à deux pavillons intermédiaires et à quatre pavillons aux angles : les façades comptent vingt-cinq croisées, et les côtés dix-neuf. Au-dessus de la porte principale, sur la place, est un bas-relief en bronze représentant Henri IV à cheval. Du côté de la Seine, la façade est ornée de douze statues allégoriques, et un jardin clos d'une grille sépare l'Hôtel-de-Ville du quai. Les statues des hommes qui ont bien mérité de la patrie décorent la grande façade.

L'augmentation considérable que ce superbe édifice a reçue depuis peu, d'après les plans et sous la direction de MM. Godde et Lesueur, architectes, a permis de l'orner de beaucoup d'autres statues d'hommes illustres que la France a vus naître.

C'est à l'Hôtel-de-Ville que réside le préfet de la Seine et que sont réunis les bureaux de la préfecture.

L'Hôtel-de-Ville était masqué, dans toute la partie nord, par une masse de vieilles maisons que l'on a démolies pour le dégager et agrandir la place Saint-Jean, située derrière ce magnifique monument. De nombreux ouvriers ont été occupés à ces démolitions, et aujourd'hui l'Hôtel-de-Ville déploie sur ses quatre faces toute la beauté de son architecture et de ses grandioses proportions.

On remarquera, sur notre *Plan de Paris*, l'heureux effet que produit autour de cet incomparable édifice l'agrandissement de la place Saint-Jean, et le prolongement de la rue de Rivoli.

HOPITAUX.

HOTEL-DIEU, place du Parvis-Notre-Dame. — Cet hôpital remonte, assure-t-on, au vii⁰ siècle, et fut fondé par saint Landry, évêque de Paris. Philippe-Auguste, saint Louis, Henri IV, Louis XIII, Louis XIV, Louis XVI agrandirent successivement cet établissement de charité et le comblèrent de bienfaits. — Sous la première république, l'*Hôtel-Dieu* prit le nom d'*Hospice de l'Humanité*. On y reçoit les malades des deux sexes : douze salles sont réservées aux hommes et onze aux femmes; tout ce que réclame l'art de guérir est réuni dans cette institution modèle. Le portail fut bâti en 1793, le vestibule en 1804. Des bustes et des portraits des plus célèbres médecins de cet hôpital en décorent l'intérieur. A l'époque du choléra de 1832, l'Hôtel-Dieu et son personnel rendirent les plus grands services. — Il contient 1,260 lits. — Entrée libre, les dimanches et les jeudis, de 1 à 3 heures. En s'adressant à l'agent de surveillance, on peut obtenir des permissions pour d'autres jours et d'autres heures.

LA MATERNITÉ, rue Port-Royal, 3. — Etabli dans les bâtiments de l'ancienne abbaye de Port-Royal, cet établissement contient 150 lits pour les femmes enceintes, 100 pour les femmes en couches, 25 pour les enfants nouveau-nés, 8 pour les nourrices sédentaires et 150 pour les élèves sages-femmes; celles-ci y sont admises, les unes en payant 600 fr. de pension, les autres à titre gratuit. Les femmes enceintes n'y peuvent entrer qu'au huitième mois de leur grossesse ; elles y restent neuf jours après leurs couches, à moins d'accidents imprévus.

HOPITAL DU MIDI, rue des Capucins, 39. — Fondé en 1784 dans l'ancien couvent des Capucins ; il contient 650 lits. Le public peut y entrer les mercredis et samedis, depuis 9 heures du matin jusqu'à 4 heures. On est admis à le visiter en s'adressant au directeur.

HOPITAL DES FILLES INSCRITES, rue de Lourcine, 95.— Il renferme 300 lits. Pour le visiter, il suffit de s'adresser au bureau.

HOPITAL COCHIN, rue Saint-Jacques, 45. — Fondé en 1780, par Cochin, curé de Saint-Jacques-du-Haut-Pas ; contient 100 lits. Entrée publique les dimanches et jeudis. Les étrangers sont admis à le visiter en s'adressant au directeur.

HOSPICE DES ENFANTS-TROUVÉS, rue d'Enfer, 74. — Fondé par saint Vincent de Paul, sur l'emplacement des anciens couvents des Oratoriens. Il prit durant quelques mois, après la révolution de février 1848, le nom d'Hospice des Enfants de la Patrie. Il contient 200 berceaux et 150 lits pour les nourrices. Il y avait autrefois un tour destiné à recevoir les enfants qui y étaient déposés. Ce tour a été supprimé, et les enfants ne sont plus admis que sur présentation à l'établissement même. On peut le visiter en s'adressant au directeur.

HOSPICE DE LA SALPÊTRIÈRE ou **DE LA VIEILLESSE** (femmes), boulevart de l'Hôpital.—Fondé en 1646, par Bruant, sur l'emplacement appelé les Masures de Bicêtre, et sur celui d'une maison où l'on fabriquait du salpêtre, d'où lui vient le nom qu'il porte encore. Il mesure 560 mètres sur 388. L'église, qui est située au milieu de l'hôpital, a 20 mètres de diamètre. Le personnel de l'hospice se répartit en cinq catégories : 1° les *reposantes* (femmes vieillies au service de l'hôpital) ; 2° les infirmes octogénaires ; 3° les septuagénaires atteintes de maladies incurables ; 4° les indigentes ; 5° les aliénées et les épileptiques. — Les lits sont au nombre de 5,100 ; 1,400 sont affectés à la cinquième classe. Cet hospice, qui est un modèle d'ordre et de propreté, a été cependant cruellement éprouvé dans la dernière invasion du choléra (1849), où les habitantes, malades et autres, se sont vues si rudement décimées, que force a été de faire évacuer l'établissement. — Le public est admis les dimanches et jeudis, de midi à 4 heures, et tous les jours sur la présentation d'un passeport.

HOSPICE DE LA ROCHEFOUCAULD, rue d'Orléans, 15, à peu de distance de la barrière d'Enfer.—Fondé en 1702, par les frères de la Charité, pour les ecclésiastiques d'un âge avancé et de vieux officiers sans fortune. Converti plus tard en maison de retraite pour les employés des hospices. Des sexagénaires y sont logés, nourris et entretenus moyennant une pension annuelle de 250 fr. — Il contient 213 lits. — On le visite en s'adressant au portier.

INFIRMERIE DE MARIE-THÉRÈSE, rue d'Enfer, 86. — Fondée en 1819 par la vicomtesse de Chateaubriand, en faveur des prêtres âgés et indigents, et des femmes de la haute société en butte à des revers de fortune. — Il n'y a que 32 lits.

HOPITAL DE LA CHARITÉ, rue Jacob, 45. — Cet hôpital fut créé, en 1613, pour les religieux dits les Frères de la Charité. Il y a, du côté de la rue Jacob, une façade nouvelle, érigée en 1841, qui lui donne un aspect monumental. Il renferme 400 lits, indépendamment de ceux qui sont disposés dans l'ancienne église, convertie en salle de médecine clinique et destinée à l'étude et à la guérison de cas pathologiques plus ou moins rares. — Entrée le dimanche et le jeudi, de 1 heure à 3 heures.

HOPITAL MILITAIRE DU VAL-DE-GRACE, rue du Faubourg-Saint-Jacques, 277. — Ce bel hôpital est situé dans l'intérieur d'une ancienne abbaye fondée par Anne d'Autriche, femme de Louis XIII, en action de grâces de la naissance d'un fils après vingt-deux ans de stérilité. Ce fils, qui fut depuis Louis XIV, posa la première pierre de ce splendide édifice le 1er avril 1645.

L'abbaye, fermée sous la révolution, fut transformée par l'empereur en hôpital militaire. Cet établissement, un des plus magnifiques de ce genre, contient 1,500 lits, et ne reçoit que les malades attachés à l'armée. Les étrangers n'y sont admis, à titre de visiteurs, qu'avec une permission du commandant de la première division militaire.

L'église du Val-de-Grâce mérite une attention toute particulière. Elle est surmontée par un superbe dôme, l'un des plus élevés de Paris. Le grand portail est placé au-dessus de seize marches, et se compose de huit colonnes d'ordre corinthien, avec niches et fronton. L'intérieur présente une nef séparée des bas-côtés par des arcades et des pilastres cannelés. La voûte est chargée de bas-reliefs remarquables. Les sculptures sont de François Augier. Au-dessus du maître-autel est un baldaquin supporté par six colonnes torses d'ordre composite, relevées de bronze doré. On admire surtout la peinture à fresque qui orne le dôme : elle est de Mignard, et représente le Séjour des Bienheureux : dans ce vaste tableau figurent 200 personnages qui ont environ 5 mètres de hauteur. Tout l'ensemble de cette église est très-beau.

HOPITAL CLINIQUE DE LA FACULTÉ DE MÉDECINE, place de l'École-de-Médecine.—Etabli vis-à-vis de cette école, dont il dépend, cet établissement est principalement desstiné à l'instruction des élèves et au perfectionnement de l'art. Il contient 150 lits. On y traite les maladies les plus curieuses ou qui réclament des opérations chirurgicales. Un amphithéâtre et un jardin botanique y sont annexés. La façade, composée d'un portique d'ordre dorique, occupe la place d'une fontaine assez bizarre, dont les eaux tombaient du cintre même de la voûte.—Entrée publique les dimanches et mercredis, et tous les jours avec un passeport.

HOPITAL SAINT-LOUIS, rue des Récollets. — Fondé par Henri IV, en 1610, cet hôpital est aujourd'hui l'un des plus vastes et des plus beaux de Paris. On y traite spécialement les maladies de la peau. Ses bains médicinaux ont une grande réputation. Il contient 1,100 lits. — Les étrangers peuvent le visiter tous les jours, ainsi que les quatre hôpitaux suivants.

HOPITAL DE LA PITIÉ, rue Copeau, près du Jardin-des-Plantes. — On y reçoit les malades et les blessés.— Contient 600 lits.

HOPITAL SAINT-ANTOINE, rue du Faubourg-Saint-Antoine, 206. — Contient 280 lits.

HOPITAL NECKER, rue de Sèvres, près de la barrière de Sèvres. — Contient 140 lits.

HOPITAL BEAUJON, rue du Faubourg-Saint-Honoré. — Contient 160 lits.

HOPITAL DES QUINZE-VINGTS, rue de Charonne, 38. — Reçoit les aveugles indigents. L'entrée n'est accordée qu'aux personnes qui y ont des parents.

MAISON DE SANTÉ, rue du Faubourg-Saint-Denis. — Cet établissement, connu sous le nom d'*Hospice-Dubois*, est consacré aux malades qui peuvent payer les soins qu'ils y reçoivent.

HOSPICE DES MÉNAGES, rue de la Chaise, 28. — Il est destiné aux mariés, veufs ou célibataires, d'un âge avancé, lesquels, moyennant une modique pension, peuvent y finir tranquillement leur carrière. Cet hospice renferme près de 700 lits. Entrée tous les jours.

HÔPITAL DES ENFANTS MALADES, rue de Sèvres, 149. — Créé en 1732 par Languet, fondateur et curé de l'église Saint-Sulpice, pour des femmes indigentes. Cet hôpital fut converti, en 1802, en hôpital pour les enfants malades. — 550 lits. On peut le visiter tous les jours.

HOSPICE D'ENGHIEN, rue Babylone, 12. — Fondé, en 1819, par la duchesse de Bourbon ; il contient 60 lits pour hommes et 40 pour femmes.

HOPITAL DE LA RÉPUBLIQUE. — Construit sur les terrains Saint-Lazare, près l'embarcadère du Nord. Ce nouvel hôpital devait porter primitivement le nom d'Hôpital Louis-Philippe. Il est sur le point d'être terminé. La grande façade est tournée vers le midi, c'est-à-dire vers Paris. Il se compose d'un portique, auquel aboutit le mur d'enceinte terminé, et de huit corps de bâtiments, rangés quatre à droite et quatre à gauche d'une grande allée de service, ayant chacun deux étages avec combles au-dessus du rez-de-chaussée, et quinze croisées de face. L'hôpital de la République est, sans contredit, le plus beau et le mieux distribué de nos hôpitaux civils. Il contient 1,000 à 1,200 lits.

C'est sur les terrains avoisinants et dans l'hôpital même, que s'est livré un des plus sanglants combats des journées de juin 1848. L'hôpital, occupé par les insurgés et attaqué par la garde mobile, la garde nationale et la troupe de ligne réunies, ne put être enlevé qu'après plusieurs heures d'une lutte meurtrière. La barrière voisine, dite barrière Poissonnière, convertie en barricade et protégée par 160 meurtrières percées dans le mur d'enceinte de droite et de gauche, ne fut forcée qu'au bout de deux jours d'une canonnade continuelle, qui avait littéralement mis en ruine le bâtiment de l'octroi et criblé les maisons environnantes.

PRISONS.

CONCIERGERIE, prison établie sous les voûtes du Palais-de-Justice, à 4 ou 5 mètres au-dessous du sol. — Elle était jadis la prison du Parlement; elle remplaça plus tard le petit Châtelet, et sert aujourd'hui de lieu de détention pour les individus près de passer en cour d'assises. Le cachot où fut détenue Marie-Antoinette a été converti en chapelle.

Le préau des hommes, que l'on aperçoit en sortant de la chapelle, est commun à tous les détenus, quels qu'ils soient.

SAINTE-PÉLAGIE, rue de la Clef. — Cette prison, qui a reçu de notables améliorations par la construction d'un vaste corps de bâtiment, était autrefois un couvent de nonnes, qui fut supprimé à la révolution. On y enferme les prévenus ou condamnés politiques, quelques prévenus de vol, et les individus condamnés à un emprisonnement qui n'excède pas une année. Les détenus politiques sont séparés des autres prisonniers, et ils ont la liberté de s'occuper comme bon leur semble. Ils peuvent se promener alternativement, pendant certaines heures du jour, dans un jardin ou une cour assez aérée. Le régime de cette prison est excessivement sévère.

L'ABBAYE, rue et place Sainte-Marguerite, occupe une partie des bâtiments de l'ancienne abbaye Saint-Germain. —Elle servait de lieu de détention pour les militaires dont les délits sont de la compétence des conseils de guerre. C'est là que s'accomplirent les sanglants événements des 2 et 3 septembre 1792. Une meute d'assassins, commandés par Jourdan, dit Coupe-Tête, égorgea plus de 139 détenus, presque tous nobles ou prêtres, sans distinction d'âge ni de sexe.

SAINT-LAZARE (prison pour femmes), rue du Faubourg-Saint-Denis, 117, ancien couvent de lazaristes. — Reçoit les prévenues et condamnées à une année au plus d'emprisonnement ou en contravention avec les règlements de police. Ces diverses catégories de détenues occupent des locaux séparés. Les prisonnières sont attachées à divers travaux.

DÉPOT DE LA PRÉFECTURE DE POLICE, rue de Jérusalem, à la préfecture de police. — Construit en 1828 et consacré à l'incarcération momentanée des personnes arrêtées par mesure d'ordre, ou des accusés destinés à être transférés dans une autre prison.

PRISON POUR LES JEUNES DÉTENUS, rue de la Roquette, 43. — Cette prison, située en face de la prison de la Roquette, ressemble plus à un château féodal qu'à une maison de détention. Les arrangements intérieurs indiqueraient tout aussi bien un hôpital ou un immense collége qu'un lieu de châtiment. Les plans ont été fournis par M. Lebas. Le bâtiment offre un hexagone régulier, ayant des tourelles aux angles. Six autres bâtiments, ayant six cours séparées, l'entourent. Le bâtiment central est complétement isolé de tous les autres. Chaque cour contient un grand réfectoire et deux ateliers de travail.

PRISON DES CONSEILS DE GUERRE, vis-à-vis du Conseil de guerre, rue du Cherche-Midi, et renfermant les accusés destinés à passer devant le tribunal militaire. Elle remplace l'ancienne prison de l'Abbaye, qui va être démolie prochainement.

PRISON POUR DETTES, rue de Clichy. — Elle contient cent cinquante à deux cents personnes, logées dans des cellules particulières. Chaque détenu est alimenté par l'incarcérateur, qui, à cet effet, doit verser 30 fr. par mois. Il y a une cuisine commune à tous les prisonniers. L'aile gauche donnant sur la cour est réservée aux femmes. A la révolution de février 1848, les détenus ayant été mis en liberté par le peuple, et la loi de la contrainte par corps ayant été abolie, cet édifice fut consacré à l'établissement de la Société fraternelle des ouvriers tailleurs qui fut promptement dissoute. Aujourd'hui la prison de Clichy, depuis la remise en vigueur de la loi précitée, a repris sa première destination.

PRISON MAZAS. — Ce nouveau pénitencier, tout récemment construit, est le résultat des études, des observations et des renseignements de toute sorte recueillis par le gouvernement, et des nombreux travaux des publicistes relativement à l'application, en France, du régime cellulaire.

La *prison modèle* dont nous parlons est située en face de l'embarcadère du chemin de fer de Lyon.

La construction en est fort simple : c'est un demi-cercle au centre duquel viennent aboutir six segments, comme rayons, dans chacun desquels sont contenues 70 cellules. Toute la prison, à raison des subdivisions particulières et du nombre d'étages, contient 1,260 cellules.

Au-dessus de la rotonde centrale est élevé un autel qui peut être aperçu de chaque cellule entre-baillée, en sorte que chaque prisonnier peut facilement voir officier le prêtre sans être vu des autres prisonniers. L'autel est soutenu par huit colonnes d'ordre dorique ; au-dessus de la frise, on lit cette inscription tirée de l'Évangile :

« *Ita gaudium erit in cœlo super uno peccatore pœnitentiam
agente quàm super nonaginta novem justis qui non indigent
pœnitentiâ.* » « La conversion d'un pécheur repentant
» donnera plus de joie dans le ciel que la persévérance
» de quatre-vingt-dix-neuf justes qui n'ont pas eu besoin
» de pénitence. »

La disposition générale de la prison permet aux sur-
veillants de voir d'un seul coup d'œil ce qui se passe dans
chaque travée confiée à leurs soins.

On trouve chaque cellule pourvue d'un lit, d'un siége,
d'une table, de tous les objets nécessaires au travail, et
d'une sonnette qui avertit le surveillant du besoin que le
prisonnier peut avoir de lui.

Un parloir est disposé de telle sorte que les visiteurs
et les prisonniers peuvent causer ensemble sans qu'aucun
d'eux soit aperçu des autres.

Un jardin est coupé en plusieurs compartiments ve-
nant s'appuyer sur un centre commun, et le prisonnier
s'y promène sans qu'aucun de ses compagnons de prison
puisse le voir.

Cette prison est gardée comme une forteresse, et disposée de manière à résister à un assaut.

Il existe à Londres un établissement, la prison de *Pen-
tonville*, dont le plan a beaucoup servi pour la construction de la prison Mazas, ou Nouvelle Force.

C'est là que l'on dépose les prisonniers au moment de
leur mise en accusation.

LES MADELONNETTES, rue des Fontaines, 14, quartier
du Temple. — Cette prison, qui occupe les bâtiments
formant autrefois le couvent des Filles-de-la-Madeleine,

est destinée à recevoir les femmes condamnées pour dettes ou pour délits, ainsi que quelques jeunes filles renfermées par correction paternelle.

PRISON DE LA ROQUETTE, rue de la Roquette. — Destinée aux condamnés aux travaux forcés ou à la peine capitale, cette prison a été récemment construite sur les dessins de M. Gau. Le bâtiment est composé de plusieurs étages, l'un consacré aux ateliers et réfectoires, l'autre au logement des prisonniers, etc. On y pratique l'isolement. C'est sur la place située entre cette prison et celle des Jeunes détenus qu'ont lieu maintenant les exécutions capitales.

MAISON CENTRALE, située à Poissy, à 27 kil. de Paris. — Les détenus sont logés séparément, selon la durée de leur peine. Ceux d'une cour n'ont pas la moindre communication avec ceux d'une autre, excepté dans les ateliers. Tous, jour et nuit, sont l'objet de la plus grande surveillance. Il y a ordinairement de 400 à 500 prisonniers.

BARRIÈRES DE PARIS.

Voici, dans l'ordre des arrondissements, les barrières de Paris. Nous nous arrêterons seulement aux plus remarquables, soit comme monuments d'art, soit comme lieux historiques.

Premier Arrondissement.

BARRIÈRES DE PASSY, FRANKLIN, SAINTE-MARIE, DE LONGCHAMPS, DES RÉSERVOIRS, DE NEUILLY OU DE L'ÉTOILE, DU ROULE, DE COURCELLES, DE MONCEAUX, DE CLICHY. — C'est à cette dernière barrière que s'est livrée, durant le siége de Paris, en 1814, une sanglante affaire entre les alliés et la garde nationale parisienne, commandée par le maréchal Moncey. Non loin de là est le restaurant du père Lathuile, devenu célèbre pour avoir servi de quartier général au maréchal. De toutes ces barrières, deux seulement sont monumentales ; voici leur nom :

BARRIÈRE DE PASSY ou **DES BONS-HOMMES.** — Au bout du quai de Billy, accoudée à la Seine; elle est décorée de deux statues colossales, représentant la Bretagne et la Normandie; elle fut bâtie par Leroux.

BARRIÈRE DE L'ÉTOILE ou **DE NEUILLY.** — Elle se compose de deux bâtiments carrés ornés de vingt colonnes supportant une corniche, et de quatre frontons surmontés d'un couronnement circulaire. Leroux en a été l'architecte.

Deuxième Arrondissement.

BARRIÈRES BLANCHE, PIGALE, DES MARTYRS, ROCHE-CHOUART (où fut élevée, aux journées de juin 1848, une barricade commandée par le rédacteur en chef du journal *le Père Duchéne*, qui y fut tué) ; **POISSONNIÈRE**, théâtre d'un combat meurtrier. — Toutes ces barrières sont insignifiantes sous le rapport architectural.

Troisième Arrondissement.

BARRIÈRE SAINT-DENIS, où périt, à l'attaque d'une barricade formidable, le général de Bourgon, en juin 1848.

Cinquième Arrondisssement.

BARRIÈRES DES VERTUS, DE LA VILLETTE, DE PANTIN, DU COMBAT (ainsi nommée à cause d'un ignoble établissement fréquenté par la populace, où l'on faisait combattre dans une arène des chiens avec des ours, des taureaux et autres animaux; il est supprimé depuis une vingtaine d'années); **DE LA CHOPINETTE et DE BELLEVILLE.** — On s'y battit en 1814. La barrière de la Villette, au haut du faubourg Saint-Martin, est remarquable par un bâtiment circulaire qui fait face au bassin du canal de l'Ourcq. Ce bâtiment, élevé, en 1788, sur les dessins de Ledoux, est d'un bel effet. Il se compose de quatre péristyles en saillie, ornés de 8 pilastres, d'ordre toscan, isolés et surmontés d'une galerie circulaire de 40 colonnes accouplées, formant 20 arcades.

Sixième Arrondissement.

BARRIÈRES RAMPONNEAU, DES TROIS-COURONNES, DE MÉNILMONTANT.—C'était à cette dernière barrière que les saint-simoniens avaient établi leur communauté, après la révolution de 1830. Elle ne tarda pas à se dissoudre. Ces barrières n'offrent rien de remarquable au point de vue architectural.

Huitième Arrondissement.

BARRIÈRES DES AMANDIERS, D'AUNAY ou DU PÈRE LA-CHAISE (la porte principale du cimetière fait face à la barrière); **DES RATS, DE FONTARABIE ou DE CHARONNE, DE MONTREUIL, DU TRONE, DE SAINT-MANDÉ, DE PICPUS, DE REUILLY, DE CHARENTON, DE BERCY.** — On remarque, entre autres, la barrière du Trône, à l'extrémité du faubourg Saint-Antoine, ainsi appelée parce que sur son emplacement fut élevé, le 26 août 1660, un trône où s'assit Louis XIV pour recevoir l'hommage de fidélité. Cette barrière, œuvre de Ledoux, date de 1788. Les deux bâtiments de service servent de base à deux colonnes de pierre creuse, restées longtemps inachevées et terminées en 1845. Elles supportent deux statues en bronze, celle de saint Louis et celle de Philippe-Auguste. La place voisine, décorée d'élégantes plantations, est, aux jours de fêtes publiques, le théâtre de toutes sortes de divertissements. Il est d'usage d'y tirer un feu d'artifice.

Dixième Arrondissement.

BARRIÈRES DE VAUGIRARD, DE SÈVRES, DE L'ÉCOLE MILITAIRE, DE LA MOTTE-PIQUET, DE GRENELLE, DE LA CUNETTE. Sans valeur comme monuments.

Onzième Arrondissement.

BARRIÈRES DU MONT-PARNASSE, DU MAINE, DES FOURNEAUX. — Les environs sont couverts de restaurants, cabarets, guinguettes et bals publics. — A la barrière du Maine se trouve l'embarcadère du chemin de fer de l'Ouest et de Versailles (rive gauche).

Douzième Arrondissememt.

BARRIÈRES DE LA RAPÉE (siége de l'Entrepôt des vins), **DE LA GARE, D'IVRY, D'ITALIE** ou **DE FONTAINEBLEAU** (où se passèrent les lugubres scènes du 24 juin 1848. Le général Bréa et son aide de camp, le capitaine Mangin, furent, après deux heures de tortures physiques et morales, assassinés dans le poste voisin de la barrière. Deux des assassins, Daix et Lahr, condamnés à mort par suite de cette épouvantable affaire, furent guillotinés à la barrière de Fontainebleau, près du théâtre de leur crime); **DE LA GLACIÈRE, DE LA SANTÉ, D'ARCUEIL** ou **SAINT-JACQUES, D'ENFER.** — Aucune de ces barrières ne mérite d'être citée sous le rapport architectural.

HALLES ET MARCHES.

Le premier marché qui ait été établi à Paris était situé dans la Cité, dans le voisinage de la rue aujourd'hui appelée rue du Marché-Neuf. Un autre marché appelé le *Marché de l'Apport*, se tint plus tard dans le voisinage de la rue Saint-Denis, et fut ensuite transporté, par ordre de Louis VI, près du cimetière des Innocents, appelé *Champeau* ou *Petit-Champ*. Philippe-Auguste en établit deux autres, et leur donna le nom de *Halles*.

LES HALLES, place des Innocents et près de Saint-Eustache, vont être incessamment agrandies et reconstruites, par suite de la démolition des maisons de la Pointe-Saint-Eustache et des rues de la Tonnellerie et des Prouvaires. Elles se divisent en plusieurs carrés. L'un, dit le *Marché des Innocents* ou *Carreau de la Halle*, s'ouvre dès l'aube du jour, et cesse à 9 heures en été et à 10 heures en hiver; on y vend en gros des légumes, fruits, herbages, etc. Au nord est la Halle au beurre, aux œufs et au fromage. Rue de la Petite-Fripperie se trouve la Halle aux pommes de terre et aux oignons. A quelque distance s'élève la Halle au poisson. On y vend chaque matin, aux enchères, le poisson qui arrive en paniers.

Rue de la Tonnellerie s'élève la Halle aux draps, bâtie en 1786. — Non loin de là se tient le *Marché des herboristes* (plantes médicinales, sangsues, etc.), les mercredis et samedis.

HALLE AU BLÉ, rue des Viarmes. — Édifice circulairé, bâti sur l'emplacement de l'ancien hôtel de Soissons, appartenant à Catherine de Médicis, démoli en 1748. (Voir page 161). Cette halle, édifiée sur les dessins de Lecamus de Mézières, fut inaugurée en 1767. Elle est construite en pierre de taille et en fer, avec de spacieux greniers auxquels on monte par deux escaliers. Des galeries circulaires règnent alentour. Le milieu est une cour couverte, en 1782, d'une coupole, pour suppléer à l'insuffisance des magasins latéraux. Elle était originairement en bois, et brûla en 1802. Elle fut réédifiée en 1811. Elle contient, outre de vastes amas de farine, toutes sortes de graines et de légumes secs.

HALLE AUX HUITRES, rue Montorgueil, près des Halles. — Se compose d'une vaste cour garnie de hangars et close d'une grille. Il s'y vend tous les matins, à la criée, une énorme quantité d'huîtres de Cancale, de Marennes et d'Ostende.

HALLE AUX TOILES ET AUX DRAPS, rue de la Poterie. — Construite en 1786 par MM. Legrand et Molinos, sa structure extérieure offre un grand caractère ; sa voûte semi-circulaire est couverte suivant le procédé de Philibert Delorme. Un escalier à double rampe conduit à ses salles éclairées par 50 croisées. Les marchandises y sont gardées dans des armoires. Elle est ouverte tous les jours non fériés, pour les draps, de 10 à 3 heures ; pour les toiles, les premiers lundi, mardi et mercredi de chaque mois. Il y a trois facteurs.

HALLE AUX CUIRS, rue Mauconseil, 34. — Elle occupe l'emplacement du théâtre de l'hôtel de Bourgogne, où furent joués les ouvrages de Corneille, de Racine. Elle date de 1783.

HALLE AUX VINS, quai du Jardin-des-Plantes, dit Port aux vins. — Avant l'Empire, les marchands de vins de Paris établirent un dépôt près de la porte Saint-Bernard; mais ce dépôt étant depuis longtemps reconnu insuffisant pour le commerce de la capitale, Napoléon, par un décret du 30 mars 1808, ordonna la construction de celui qui existe aujourd'hui sur l'emplacement de la célèbre abbaye de Saint-Victor. La première pierre fut posée en 1813. Les travaux se continuèrent avec activité, mais ils ne furent entièrement terminés que sous la Restauration. Ses bâtiments comprennent un espace de 26,000 mètres carrés; sur le quai, ils sont enclos d'une grille de fer de 800 mètres de long. Cette magnifique halle est divisée en places et rues qui portent les noms de Champagne, Bourgogne, Bordeaux, Languedoc et Côte-d'Or. Elle peut contenir environ 400,000 tonneaux.

HALLE AUX VEAUX, près du quai de la Tournelle. — Elle fut construite sur l'emplacement du collége des Bernardins, et fut ouverte le 28 mars 1774.

MARCHÉS.

Premier Arrondissement.

MARCHÉ DE LA MADELEINE. — C'est un emplacement couvert et aéré construit récemment entre la place de la Madeleine et la rue Castellane.

MARCHÉ AUX FLEURS, place de la Madeleine. — Il tient les mardis et vendredis, autour de l'église.

MARCHÉ SAINT-HONORÉ, rue du Marché-Saint-Honoré. — Construit en 1809, sur les ruines du couvent des Jacobins qui fut détruit pendant la révolution, il se compose de galeries spacieuses où sont étalées toutes sortes de comestibles.

Deuxième Arrondissement.

MARCHÉ NOTRE-DAME-DE-LORETTE. — Récemment établi au coin des rues Notre-Dame-de-Lorette et de la Rochefoucauld.

Troisième Arrondissement.

MARCHÉ SAINT-JOSEPH. — Construit en 1814, sur le terrain occupé par une chapelle dédiée à saint Joseph.

MARCHÉ DES PROUVAIRES, près l'église Saint-Eustache. — On y vend toutes sortes de comestibles, et deux fois par semaine de la viande de boucherie à un prix inférieur à celui de la viande qui se débite chez les bouchers de Paris.

Quatrième Arrondissement.

Voir page 146 : c'est dans cet arrondissement que se trouve l'emplacement des Halles.

Cinquième Arrondissement.

MARCHÉ SAINT-JEAN. — Erigé sur l'emplacement de l'hôtel de Pierre de Craon ; cet hôtel fut démoli en punition de l'assassinat du connétable de Clisson. C'est au corps-de-garde voisin que se portèrent, le 12 mai 1839, une partie des insurgés aux ordres de Barbès ; ils désarmèrent le poste de la ligne et tuèrent ou blessèrent plusieurs soldats.

MARCHÉ AUX FLEURS, boulevart Saint-Martin, au pied du Château-d'Eau. — Les lundis et jeudis.

MARCHÉ SAINT-MARTIN. — Édifié en 1807, dans l'enclos de l'ancienne abbaye de Saint-Martin-des-Champs, est formé de deux halles en arcades divisées en stalles au nombre de 400 ; au milieu, une fontaine décorée de trois figures allégoriques. (Voir page 162.)

MARCHÉ DU TEMPLE. — Construit en 1802, sur une partie de l'ancien Temple, dont il occupe la Rotonde. Il s'y vend particulièrement du linge, des vêtements d'occasion, et même des meubles et des objets de literie.

Septième Arrondissement.

MARCHÉ DES BLANCS-MANTEAUX, fondé en 1819, sur l'emplacement des couvents des Filles-Hospitalières-de-Saint-Gervais.

MARCHÉ DES ENFANTS-ROUGES, rue de Bretagne.

Huitième Arrondissement.

MARCHÉ BEAUVAU, entre les rues de Charenton et du Faubourg-Saint-Antoine. — Construit en 1830 par Lenoir, il prit le nom d'une abbesse de Saint-Antoine.

Neuvième Arrondissement.

MARCHÉ AUX JAMBONS, boulevart Bourdon. — Commence avec la semaine sainte et se continue durant quinze jours.

Dixième Arrondissement.

MARCHÉ DE LA RUE DE SÈVRES, rue du même nom. —

Ce marché se tient sous des parapluies de toile goudronnée, et disparaît tous les jours à une heure après midi, pour laisser la place à la circulation.

Onzième Arrondissement.

MARCHÉ SAINT - GERMAIN. — C'est le plus beau de Paris ; il fut bâti en 1811 par Blondel. Le plan de ce marché est un parallélogramme de 92 mètres de long sur 75 de large. Il se compose de quatre corps de bâtiments symétriques, percés de grandes arcades. Au milieu de la cour, formée par ces bâtiments, est une jolie fontaine qui était auparavant sur la place Saint-Sulpice : sa forme est celle d'un tombeau antique ; elle est surmontée d'un fronton et ornée de bas-reliefs consacrés aux Arts et au Commerce. Vers le bas sont deux coquilles ou demi-vasques dans lesquelles l'eau tombe pour s'échapper par des mascarons dans un bassin quadrangulaire formant le soubassement de ce monument. — Le dimanche, marché de pigeons et d'oiseaux vivants.

MARCHÉ DES AUGUSTINS OU A LA VOLAILLE, quai des Augustins. — Ce marché, appelé aussi *la Vallée,* fut construit, en 1810, à la place qu'occupait l'église du couvent des Augustins. Sa longueur est de 64 mètres et sa largeur de 48. Marché les mercredis, vendredis et samedis. C'est là que doivent être apportés, avant d'être vendus dans Paris, la volaille et le gibier.

MARCHÉ AUX FLEURS, quai aux Fleurs. — Ce marché, longtemps le seul de ce genre à Paris, continue à être le plus fréquenté Son emplacement, ombragé par des arbres d'une belle venue, sert de lieu de promenade aux habitants de ce quartier.

MARCHÉ DES CARMES, place Maubert, assez analogue au marché Saint-Germain. Bâti, en 1818, sur le terrain de l'ancien couvent des Carmes. Aux journées de juin 1848, il s'y livra un sanglant engagement. Le corps-de-garde fut livré aux flammes par les insurgés.

MARCHÉ AUX CHEVAUX, boulevart de l'Hôpital. — Ce marché fut d'abord établi sur le boulevart des Capucines et 1604, par Henri IV, et fut transféré en 1642, où il est aujourd'hui. En 1818, on y planta des arbres et on forma des avenues pour l'exercice des chevaux. Un endroit appelé l'*Essai*, formé par un chemin semi-circulaire, montant en descendant, a été pratiqué pour l'essai des chevaux que l'on veut acheter. Le marché tient les mercredis et samedis. Il est sous la surveillance spéciale de la police.

Près de là est le *Marché aux chiens*, qui a lieu le dimanche.

ABATTOIRS GÉNÉRAUX.

Premier Arrondissement.

ABATTOIR DU ROULE OU DE MONCEAUX, rue Miromesnil.—Bâti en 1810 par Petit-Radel ; il a 202 mètres sur 18. Quatorze corps de bâtiments. Le public est admis tous les jours à le visiter, en s'adressant au concierge.

Deuxième Arrondissement.

ABATTOIR MONTMARTRE, à la barrière Rochechouart. — Bâti par Poidevin en 1811 ; il a 350 mètres de long sur 125 mètres de large. C'est aux croisées de cet établissement que furent postés les gardes mobiles chargés d'appuyer l'attaque de la barrière Rochechouart, le 25 juin 1848.

Sixième Arrondissement.

ABATTOIR POPINCOURT. — Construit en 1810 par MM. Happe et Poidevin, entre les rues Saint-Ambroise et des Amandiers, sur le bord de l'allée Parmentier ; il contient 64 abattoirs et 8 fondoirs. Il est situédans un parallélogramme de 215 mètres de face et de 190 de profondeur, et sur un plan incliné contribuant à sa salubrité. A son entrée est une grille de 32 mètres, s'appuyant sur deux pavillons servant à l'administration de l'établissement : elle laisse voir de chaque côté des bâtiments symétriques, ayant, les uns vis-à-vis des autres, une structure, des dimensions et une destination pareilles. Devant elle s'ouvre une vaste place (ou deux parcs) ayant 47 mètres de longueur et 16 de largeur : c'est là que s'opère le premier triage des bestiaux. Au delà, deux pavillons servant à la fonte des suifs renferment quatre fondoirs, et au-dessus leurs rafraîchissoirs. En arrière, deux réservoirs, portés sur deux berceaux de voûte, contiennent une quantité d'eau suffisante pour subvenir à tous les besoins de l'établissement ; l'eau y est élevée par une pompe à feu. Quatre bâtiments doubles, s'étendant parallèlement des deux côtés de la place, renferment chacun huit abattoirs particuliers. Une cour dallée en pente les sépare en facilitant l'écoulement des immondices qu'une eau abondante entraîne dans des cloaques. Au-dessus règnent de vastes abris pour le séchage des peaux et la conservation des suifs en branches. En arrière sont, de chaque côté, des bergeries ; à leur extrémité, deux étables à bœufs, surmontées de greniers à fourrage. Deux bâtiments placés sur la ligne des fondoirs contiennent des resserres pour sécher et resserrer les peaux de veaux et de moutons. Cet abattoir est composé de vingt et un corps de bâtiments.

Dixième Arrondissement.

ABATTOIR DE GRENELLE ou **DE VAUGIRARD**, à la barrière de Sèvres. — Construit en 1812 par l'architecte Gisors.

ABATTOIRS A PORCS.

ABATTOIR DE PARIS (inauguration en 1848) , rue Château-Landon. – Jusqu'alors les porcs avaient été tués dans des abattoirs particuliers. Cet édifice est remarquable par les nombreux détails qui s'y rattachent, tels que la tuerie, la porcherie, l'échaudoir, etc.

ABATTOIR DE VILLEJUIF ou **D'IVRY**, boulevart de l'Hôpital. — Construit en 1810, sur les dessins de Leloir.

ABATTOIR DE LA BARRIÈRE DES FOURNEAUX, inauguré en même temps que celui de la rue Château-Landon.

AQUEDUCS.

AQUEDUC D'ARCUEIL. — Le 17 juillet 1613, Louis XIII posa la première pierre de cet aqueduc, qui fut construit sur les dessins de Desbrosses, et fini en 1624. La longueur est, depuis Rungis jusqu'au Château-d'Eau, dans le voisinage de l'Observatoire, de 15 kilomètres ; il s'étend le long de la vallée d'Arcueil sous 25 arches. Les eaux de la Bièvre coulent dans des rigoles découvertes jusqu'à Arcueil, et couvertes depuis ce village jusqu'à leur destination. Il fournit 100,000 hectolitres d'eau en 24 heures, alimente 13 fontaines et un très-grand nombre de maisons particulières : il coûta 460,000 fr. A côté de l'aqueduc de Desbrosses on voit encore l'ancien aqueduc, de construction romaine, qui conduisait les eaux au palais des Thermes, rue de la Harpe.

AQUEDUC DES PRÉS SAINT GERVAIS OU DE ROMAINVILLE. — Cet aqueduc produit en 24 heures 1,750 hectolitres d'eau qui étaient autrefois distribués par les fontaines Maubée, des Innocents et des Halles, et qui le sont maintenant par celles du haut des faubourgs Saint-Martin et Saint-Denis. La date de son érection est inconnue, mais il existait déjà du temps de saint Louis. Henri IV le fit réparer en même temps que celui de Belleville. Le réservoir fut reconstruit sous le règne de Louis XIV.

AQUEDUC DE BELLEVILLE. — Cet aqueduc fut construit sous Philippe-Auguste ; il fut réparé en 1457, et de nouveau, en 1602, par ordre de Henri IV. Le premier réservoir est situé sur le point culminant du village de Belleville. Il alimente l'hôpital Saint-Louis, et produit quotidiennement 1,200 hectolitres d'eau.

AQUEDUC DE CEINTURE. — Aux deux angles de l'extrémité sud du bassin de la Villette, c'est-à-dire de celle qui se trouve du côté de la ville, les eaux s'écoulent par deux issues. La première, partant de l'angle occidental, sert aux besoins d'une partie de la ville de Paris; elle vient alimenter l'*aqueduc de ceinture*, qui, s'étendant de ce bassin jusqu'à Monceaux, parcourt une étendue de 4,350 mètres. De cet aqueduc sortent alors de nouvelles branches ou galeries souterraines : l'une, dite de Saint-Laurent, a 900 mètres de longueur ; l'autre, nommée galerie des Martyrs, a 800 mètres d'étendue ; elles se terminent toutes deux au grand égout, mais elles ont elles-mêmes des ramifications qui parcourent environ 10,000 mètres et alimentent les bornes-fontaines de la rue et du quartier Saint-Denis, la fontaine des Innocents et celle du Château-d'Eau.

CANAUX.

Les canaux situés au nord de Paris ne sont tous que les différentes branches d'un seul, le *canal de l'Ourcq*, dont la prise d'eau est dans la rivière de l'Ourcq, à Mareuil, et qui a un développement de 96 kilomètres. Il est creusé dans la terre, sans revêtements de construction, sans sas ni écluses. Les propositions de le construire furent faites en 1799 ; mais l'autorisation du gouvernement ne fut donnée qu'en 1802. Les travaux, suspendus en 1814, furent repris seulement en 1818 ; à cette époque, la ville de Paris ayant fait un emprunt de 7 millions de francs pour leur achèvement, chargea de leur confection la compagnie Vassal et de Saint-Didier. Ils sont aujourd'hui complétement terminés. Le canal de l'Ourcq a coûté 25 millions. Les différentes branches ou ramifications de ce canal ont pris les dénominations suivantes : canal de l'Ourcq, bassin de la Villette, aqueduc de ceinture, canal Saint-Martin, garé de l'Arsenal et canal Saint-Denis.

Le canal de l'Ourcq amène en 24 heures, dans le bassin de la Villette, une masse de 1,800,000 hectolitres d'eau. Ce canal a encore l'inappréciable avantage d'offrir une communication navigable entre la rivière de l'Ourcq et Paris. Il est sans cesse couvert de larges bateaux qui apportent dans l'immense cité les céréales et autres productions des fertiles contrées que cette rivière arrose. C'est encore le canal de l'Ourcq qui, outre l'immense quantité d'eau qu'il déverse dans les différents quartiers de la rive droite de la Seine, entretient les réservoirs construits dans la rue Saint-Jacques et dans la rue Racine, sur la rive gauche. (Voir page 165.)

Le *bassin de la Villette*, formé par les eaux du canal de l'Ourcq, fut commencé sous l'empire, en 1805, et achevé en 1809. Il présente un parallélogramme dont la plus grande dimension est de 800 mètres et la moindre de 80 mètres. La rivière de l'Ourcq amène dans ce bassin une assez grande quantité d'eau pour subvenir aux besoins de cette partie de la capitale située sur la rive droite de la Seine.

Le bassin de la Villette est revêtu de maçonnerie sur toutes ses faces. Il alimente deux branches navigables formées par la rivière de l'Ourcq.

FONTAINES PUBLIQUES.

Premier Arrondissement.

FONTAINE DU DIABLE, dont l'origine du nom est inconnue, a été construite en 1759. Elle s'élève en forme d'obélisque sur un piédestal orné de tritons, au coin des rues de l'Echelle et de Saint-Louis-Saint-Honoré.

FONTAINE DES CAPUCINES, au coin de la rue Castiglione.

—Percée sur les terrains des couvents des Feuillants, des Capucins et des Capucines, cette fontaine fut connstruite en 1670, et rebâtie en 1718. Le distique latin de Santeuil, qui lui sert d'inscription, se traduit ainsi :

> Parmi ces lieux sacrés, l'onde qui coule est pure ;
> Passant, ne la bois pas si ta bouche est impure.

Deuxième Arrondissement.

FONTAINE MOLIÈRE, rue Richelieu. — Ce monument, de 17 mètres de haut sur 7 de large, a été élevé à la mémoire de Molière, devant la maison où il mourut. La souscription ouverte pour l'érection de cette fontaine ayant été insuffisante, le gouvernement pourvut aux dépenses supplémentaires. La statue en bronze de ce grand écrivain, exécutée par Seurre, le représente assis et méditant un de ses chefs-d'œuvre. A sa droite et à sa gauche, la Muse comique et la Muse sérieuse, par Pradier, portent une légende où se lisent les principaux titres des ouvrages de Molière. Au bas est une élégante vasque d'eau, au-dessus de laquelle est gravée cette inscription :

A MOLIÈRE, NÉ A PARIS LE 15 JANVIER 1622.
MORT A PARIS LE 17 FÉVRIER 1675.

Cet édifice, dessiné par l'architecte Visconti, a été solennellement inauguré en 1844.

M. de Rambuteau, alors préfet de la Seine, a déposé dans l'enceinte même de ce monument une boîte contenant une médaille frappée à cette occasion, un compterendu de l'érection du monument, les œuvres de Molière et une histoire de sa vie.

Quatre discours furent prononcés dans cette solennité : par le préfet, par le directeur de l'Académie française, par un artiste de la Comédie-Française et par le président du comité formé pour la souscription au moyen de laquelle ce monument a été élevé.

FONTAINE RICHELIEU. — Sur l'emplacement de l'ancien Opéra. Le gouvernement de la restauration avait érigé une chapelle expiatoire à la mémoire du duc de Berri, assassiné par Louvel; mais, par suite de la révolution de 1830, elle fut démolie avant son entier achèvement.

Le nouveau monument est un des plus élégants du genre : la fontaine se compose d'un bassin circulaire surmonté d'un piédestal flanqué de quatre statues figurant la Seine, la Saône, la Marne et la Loire. Au-dessous est une vasque garnie de gueules jaillissantes. Cette belle fontaine, tout entière en fonte, est l'œuvre de Visconti.

Quatrième Arrondissement.

FONTAINE DES INNOCENTS. — Cette fontaine, élevée au milieu du *Marché des Innocents*, est une des plus monumentales de la ville de Paris : elle est non moins remarquable par ses ornements que par l'abondance de ses eaux. Pierre Lescot la construisit en 1551, à l'angle de la rue aux Fers. Jean Goujon la décora de bas-reliefs et de naïades. Cependant il manquait presque à ce joli monument d'être une fontaine, car il s'en échappait à peine un maigre filet d'eau. Aucun monument ne parut, en 1786, plus digne de décorer la place que l'on formait : on se détermina à l'y transporter; mais elle manquait de deux façades et d'une toiture, pour y paraître isolée.

M. Pajou sculpta trois naïades, MM. Daujon, Lhuillier et Mézières en complétèrent les autres ornements, sous la direction de MM. Poyet et Molinos, architectes de la ville. Ce monument fut d'abord placé sur trois gradins, au milieu desquels est un vaste bassin carré sur lequel s'élève un soubassement de même forme, où quatre lions posés sur ses angles lancent vigoureusement l'eau dans le bassin intérieur. Au-dessus commence la décoration de la fontaine ; sa construction quadrangulaire, de 14 mètres d'élévation, est percée sur chaque face par une arcade, accompagnée à chacun de ses côtés de pilastres corinthiens cannelés, entre lesquels est la figure, en grande proportion, d'une naïade couchée. Leur attique est orné, sur chaque face, d'un fronton triangulaire. Tout l'édifice est surmonté d'une coupole en cuivre dont les lames se terminent en écailles de poisson. Au milieu des arcades ouvertes paraît une vasque supportée par un piédestal élégant. On replaça sur ce monument son ancienne dédicace, *Fontium Nymphis ;* puis l'inscription tracée par Santeuil, en 1689 :

Quos duro cernis simulatos marmore fluctus,
Hujus Nympha loci credidit esse suos.

« La Nymphe, trompée par ces flots de marbre qui semblent » ruisseler, croit les verser elle-même de son urne. »

Pendant vingt ans, le peuple s'étonna de voir tant de pompe sous un si simple filet d'eau : mais en 1813, quand les eaux de la Beuvronne commencèrent à couler dans les murs de Paris, ce monument acquit le plus beau caractère, parce qu'il y eut harmonie parfaite entre son élégante structure et la masse imposante des eaux s'y montrant sous des aspects toujours agréables, toujours variés. Jaillissant de la vasque supérieure, elles retombèrent d'étage en étage, en nappes argentées, jusque dans le vaste bassin environnant sa base, dans lequel quatre lions de bronze lancèrent par torrents une onde pure. Paris posséda alors pour la première fois une fontaine magnifique, fournissant chaque jour (chose encore inouïe dans la capitale) 2,000 mètres cubes d'eau.

FONTAINE et COLONNE MÉDICIS, à la Halle au Blé.—La fontaine est au pied d'une colonne de 32 mètres de hauteur, d'ordre dorique et richement ornementée. Elle faisait partie de l'hôtel de Soissons, qui avait été élevé en 1592, par Catherine de Médicis, pour servir à des observations astronomiques. Cette partie de l'hôtel a été conservée et transportée à la place où elle est aujourd'hui. L'intérieur renferme un escalier décoré de bas-reliefs représentant des *C* et des *H* entrelacés, des miroirs cassés et des lacs d'amour déchirés, témoignages de la douleur de la reine après la mort de son époux Henri II. Au-dessus de la colonne on remarque un cadran solaire.

FONTAINE DU PALMIER, place du Châtelet. — Ce monument, élevé en 1808, sur les dessins de Brolle, porta le nom de la Victoire jusqu'en 1815. Au milieu d'un bassin circulaire de 7 mètres de diamètre, exhaussé sur trois marches, s'élève une colonne de 18 mètres de hauteur. L'eau jaillit à chaque angle par une corne d'abondance que termine une tête de monstre marin. Le fût a la forme élancée d'un palmier entrecoupé de bracelets qui portent les noms des principales victoires des armées françaises. Le chapiteau, formé de feuilles de palmier, est surmonté d'une demi-sphère sur laquelle se dresse la Victoire ayant une couronne dans chaque main. Au pied de la colonne sont quatre statues représentant la Loi, la Force, la Prudence et la Vigilance. Toutes ces figures sont l'œuvre de Boisot.

FONTAINE DE LA CROIX DU TIROIR ou **DU TRAHOIR.** — Au coin des rues Saint-Honoré et de l'Arbre-Sec. Élevée sous François Iᵉʳ; reconstruite en 1775 par Soufflot; elle est formée de pilastres ornés de coquillages, de stalactites et d'une Nymphe de Jean Goujon.

Cinquième Arrondissement.

FONTAINE DU CHATEAU-D'EAU, boulevart Saint-Martin. — Au milieu d'un bassin circulaire s'élèvent en gradins trois autres bassins, qui servent de base à une double coupe de fonte, composée d'un piédouche et de deux patères inégales, séparées l'une de l'autre par un fût. Une gerbe d'eau volumineuse, jaillissant de la coupe supérieure, élevée de 10 mètres, déborde ce récipient et se répand en cascade d'étage en étage, en formant cinq nappes. Huit lions accouplés sur quatre socles carrés, et lançant par la gueule des filets d'eau, encadrent cette fontaine, dont l'effet est imposant et pittoresque. Elle a été élevée en 1811, sur les dessins de Girard.

Sixième Arrondissement.

FONTAINE DU MARCHÉ SAINT-MARTIN. — Placée au milieu du marché, cette fontaine est d'un bel effet : trois enfants en bronze, représentant la Chasse, la Pêche et l'Agriculture, sont groupés autour d'un faisceau de roseaux et d'autres plantes aquatiques qui supportent une vasque de cuivre, du centre de laquelle s'élève un jet d'eau retombant en une nappe circulaire et recouvrant des figures de génies. Ce groupe gracieux est dû à Gois fils.

FONTAINE VENDOME, rue du Temple. — Cette fontaine est surmontée d'une coupole et ornée de trophées militaires. Elle s'élevait autrefois dans l'enclos du Temple, et reçut son nom du chevalier de Vendôme, grand-prieur de France.

Neuvième Arrondissement.

FONTAINE DE L'ARCHEVÊCHÉ, derrière l'église Notre-Dame. — Sur un socle à trois pans, d'où s'élancent de sveltes colonnes supportant un clocheton gothique, est posée la statue de la Vierge ; au-dessous d'elle sont trois anges qui foulent aux pieds des démons dont les bouches lancent de l'eau dans deux bassins. Cette fontaine a été élevée sur les terrains de l'archevêché, démoli en 1831.

Dixième Arrondissement.

FONTAINE DE GRENELLE, rue de Grenelle-Saint-Germain, 57. — OEuvre remarquable de Bouchardon, qui a exécuté lui-même les figures, les bas-reliefs et la plupart des ornements ; elle fut commencée en 1739 et finie en 1745. Elle a 30 mètres de longueur sur 12 mètres de haut ; sa forme est demi-circulaire. Elle présente, sur un double soubassement, une ordonnance de pilastres et de niches avec un entablement surmonté d'un acrotère. L'avant-corps qui occupe le milieu de la façade se compose de quatre colonnes ioniques couronnées d'un fronton sur lequel un groupe de marbre figure la Ville de Paris assise à la proue d'un navire, ayant la Seine et la Marne à ses côtés. Les niches sont ornées des quatre Saisons.

FONTAINE ÉGYPTIENNE, rue de Sèvres. — Sous une porte de temple égyptien, surmontée d'un aigle, se tient une statue qui, un vase à chaque main, verse l'eau dans un bassin semi-circulaire.

FONTAINE DU GROS-CAILLOU, rue Saint-Dominique, vis-à-vis de l'Hôpital-Militaire. — Elevée en 1813 ; elle représente la déesse Hygie secourant des soldats blessés ; le serpent d'Esculape couronne des vases d'où jaillit l'eau qu'y jettent des dauphins.

FONTAINE DE LEDA, rue du Regard. — Elle a été construite en 1806, par Brale ; le bas-relief qui la décore représente Léda et Jupiter sous la forme d'un cygne. C'est l'œuvre de Valois.

Onzième Arrondissement.

FONTAINE DESAIX, place Dauphine. — Érigée en 1802, sur les dessins de Fontaine et Percier, à la mémoire de Désaix, tué à Marengo. Au milieu d'un bassin circulaire, la statue du Génie militaire couronne de lauriers le buste du général. Ces paroles y sont gravées : « Allez dire au » premier Consul que je meurs avec le regret de n'avoir » pas assez fait pour la patrie. »

FONTAINE PALATINE, rue Garancière. — Construite en 1715, par la mère du régent, Philippe d'Orléans.

FONTAINE SAINT-SULPICE. — Au centre de la place Saint-Sulpice s'élève une remarquable fontaine érigée en

1847 par l'architecte Visconti. Autour d'une pyramide quadrangulaire, surmontée d'un dôme, sont superposés trois bassins hexagones flanqués de lions. Aux quatre faces de la pyramide sont les statues des quatre grands orateurs de la chaire chrétienne : Bossuet, Fléchier, Massillon et Bourdaloue.

BASSINS DE LA RUE RACINE. — Ces réservoirs, construits pour l'aménagement des eaux de l'Ourcq, furent commencés en 1836 et terminés en 1839 ; ils contiennent 6,000 mètres cubes d'eau. Le terrain sur lequel ils sont placés aboutissait anciennement à l'enceinte de la ville bâtie sous Philippe-Auguste.

Douzième Arrondissement.

FONTAINE CUVIER, au coin des rues Saint-Victor et Cuvier. — Élevée par Alphonse Vigoureux à la mémoire de cet illustre savant ; elle se compose d'un piédestal semi-circulaire, orné de deux colonnes ioniques, soutenant un entablement : entre elles est assis le Génie de l'histoire naturelle, ayant à sa droite un lion, à sa gauche un hibou, et au-dessus de la tête, un aigle tenant un agneau dans ses serres ; à la main gauche de cette statue sont des tablettes sur lesquelles on lit la fin d'un vers de Virgile dont le sens est : « Heureux qui peut connaître la cause des choses ! » Des poissons et divers animaux sont à ses pieds. Les sculptures sont de Feuchères et de Pomarateau.

FONTAINE DU SATYRE, rue Censier. — Dans un bâtiment carré, à fronton triangulaire, un satyre presse une outre d'où l'eau s'échappe dans un bassin carré orné de têtes de lions.

RÉSERVOIR DE L'ESTRAPADE, place de l'Estrapade. — Construit avec des cloisons de planches remplies de chaux vive, de béton et enduites de ciment hydraulique ; il est alimenté par les eaux d'Arcueil et du puits de Grenelle.

PUITS ARTÉSIEN, à l'abattoir de Grenelle. — Commencé en 1833 par MM. Mulot père et fils, et achevé en 1841, après que l'on eut percé 560 mètres de terre de différentes couches. La quantité d'eau fournie par ce puits jaillissant est de 4,320 mètres cubes par jour. L'orifice du conduit, lequel est tubé en tôle galvanisée, a 55 c. de diamètre ; l'extrémité opposée en a 18. La plus grande partie de l'eau fournie par le puits de Grenelle alimente le réservoir de l'Estrapade, où se déversent aussi les eaux d'Arcueil.

PONTS.

Premier Arrondissement.

PONT D'IÉNA, en face de l'École Militaire. — Sa longueur est de 155 mètres et sa largeur de 18. Commencé en 1806, il fut achevé en 1813. Aux extrémités, on a élevé quatre piédestaux destinés à recevoir les statues équestres de généraux français.

PONT DES INVALIDES, en face de l'Esplanade. — Ce pont élégant, composé de trois travées suspendues par des chaînes de fer, a été construit en 1825 par MM. Vergez et Bayard. Sa longueur est de 120 mètres et sa largeur de 9. L'ouverture de sa principale travée est de 70 mètres. Il sert de passage aux plus grosses voitures.

PONT DE LA CONCORDE, en face du palais du Corps législatif. — Construit de 1787 à 1790, par Perronet, qui employa pour l'édifier les pierres provenant de la démolition de la Bastille, ce pont a 154 mètres de long sur 14 de large. Ses piles, remarquables par leur légèreté, étaient surmontées de piédestaux sur lesquels on avait placé douze statues de grands hommes; mais leurs proportions colossales nuisant à l'ensemble de ce pont, elles ont été transférées au Musée de Versailles.

PONT ROYAL, du quai des Tuileries au quai d'Orsay, vis-à-vis de la rue du Bac. Ce pont, de 144 mètres de long sur 16 de large, fut construit, sous Louis XIV, par Mansard. Il est supporté par cinq arches, et passe pour un chef-d'œuvre d'élégance et de solidité. Il a été récemment élargi pour la facilité de la circulation.

Quatrième Arrondissement.

PONT DU CARROUSEL OU DES SAINTS-PÈRES, du quai du Louvre au quai d'Orsay. Sa construction est d'une hardiesse remarquable. Il se compose de trois arches de la plus grande ouverture; chacune d'elles présente cinq travées formées de longues poutres de sapin superposées comme des ressorts de voiture, goudronnées et revêtues d'une enveloppe de fonte. Le tablier est formé d'un cailloutage compacte et solide; les trottoirs sont en asphalte; aux deux extrémités, quatre statues reposent sur des piédestaux en fonte. Ce pont a été bâti en 1834 par M. Polonceau (1).

PONT DES ARTS, conduisant du Louvre à l'Institut. — Construit de 1802 à 1804. Les piles sont en pierre, surmontées d'arches de fer, couronnées d'un tablier en bois. Il est réservé aux piétons.

Nous avons consacré, dans notre notice intitulée : PARIS ANCIEN, un article spécial au *Pont-Neuf* et à la *Samaritaine*.

PONT-AU-CHANGE, communiquant de la place du Châtelet à la rue de la Barillerie. — Il tire son nom des changeurs qui occupaient presque toutes les boutiques des hautes maisons dont il était chargé, et qui furent démolies en 1783. C'est le pont le plus large de Paris.

PONT D'AUSTERLITZ. — Construit par ordre de Napoléon, de 1801 à 1807 ; la longueur de ce pont est de 130 mètres ; il conduit du boulevart Bourdon au Jardin-des-Plantes. Il est bâti en pierre et cintré en fer fondu. La dépense a été de 3 millions.

PONT DE L'ARCHEVÊCHÉ. — Sur le bras gauche de la Seine, vis-à-vis de la rue des Bernardins. Ce pont élégant, formé de trois arches en pierre, a été achevé en 1827 ; il communique du quai de l'Archevêché à celui de la Tournelle.

---

(1) Le péage, qui était de 5 centimes par personne, a, depuis la révolution de Février, été supprimé sur ce pont et sur tous les ponts de Paris où l'on percevait ce droit.

PONT D'ARCOLE. — Construit sur le bras droit de la Seine, ce pont communique du quai Napoléon à la place de Grève. Il repose sur un pilier placé au milieu de la rivière; son plancher, presque horizontal, est supporté par des barres de fer. Ce pont ne sert qu'aux piétons. Avant 1830, on le nommait pont de la Grève; son nouveau nom lui est venu d'un jeune et intrépide Parisien qui y fut tué dans les journées de juillet 1830, lorsqu'il s'élançait à travers la mitraille pour arborer le drapeau tricolore au haut de l'entablement de l'arc du milieu de ce pont, en disant à ses compagnons : « Si je suis tué, souvenez-vous que » je m'appelle d'Arcole. » A peine sur le pont, il tomba frappé de plusieurs balles.

PONT DE LA CITÉ ou **PONT-ROUGE,** de l'île de la Cité à l'île Saint-Louis. — Une élégante passerelle a remplacé l'ancien Pont-Rouge. Praticable seulement pour les piétons.

PONT DE CONSTANTINE, du quai de Béthune au quai Saint-Bernard.

PONT DE DAMIETTE, du quai des Célestins au quai d'Anjou.

Ces deux ponts suspendus, d'une légèreté et d'une élégance remarquables, sont construits en fer et praticables seulement pour les piétons. Ils furent livrés à la circulation en 1837.

PONT SAINT-CHARLES. — Ce pont, compris dans les dépendances de l'Hôtel-Dieu, est couvert d'une galerie vitrée pour la promenade des malades.

PONT AU DOUBLE, de la rue de la Bûcherie au Parvis-Notre-Dame. — Construit en 1625, reconstruit en 1817, ce pont a été réédifié une troisième fois à la suite des travaux de canalisation du petit bras de la Seine. Il fut ainsi nommé, parce que le péage coûtait un *double.*

PONT LOUIS-PHILIPPE, appelé de la *Réforme* après la révolution de 1848, de la Cité à l'île Saint-Louis. — Praticable pour les piétons. Ce pont est suspendu à six chaînes ; les câbles se composent de 650 fils de fer. Dégradé en février 1848, il a été réparé bientôt après.

PONT SAINT-MICHEL, du quai des Orfèvres au quai des Augustins. — Ce pont, bâti en bois en 1383, détruit et rétabli en 1547 ; construit en pierre en 1618, a été débarrassé, en 1807, des maisons qui l'obstruaient.

PONT MARIE, du quai des Ormes à l'île Saint Louis. — Il a 34 mètres de long sur 14 de large ; il était autrefois, comme plusieurs des anciens ponts de Paris, bordé de maisons qui ont été démolies en 1788.

PONT NOTRE-DAME. — Construit en bois en 1412 ; rétabli en pierre en 1507, par Jean Joconde. C'est là qu'est située la pompe Notre-Dame, machine hydraulique destinée à faire monter l'eau dans un réservoir supérieur, d'où elle se répand dans des fontaines publiques. La présence de cette machine rend le passage des arches voisines fort dangereux pour les bateaux.

PETIT-PONT, au bas de la rue Saint-Jacques. — Ce pont date de Jules César. Il fut brûlé, puis rétabli en 886, et emporté par les eaux ; il le fut derechef en 1280, 1296,

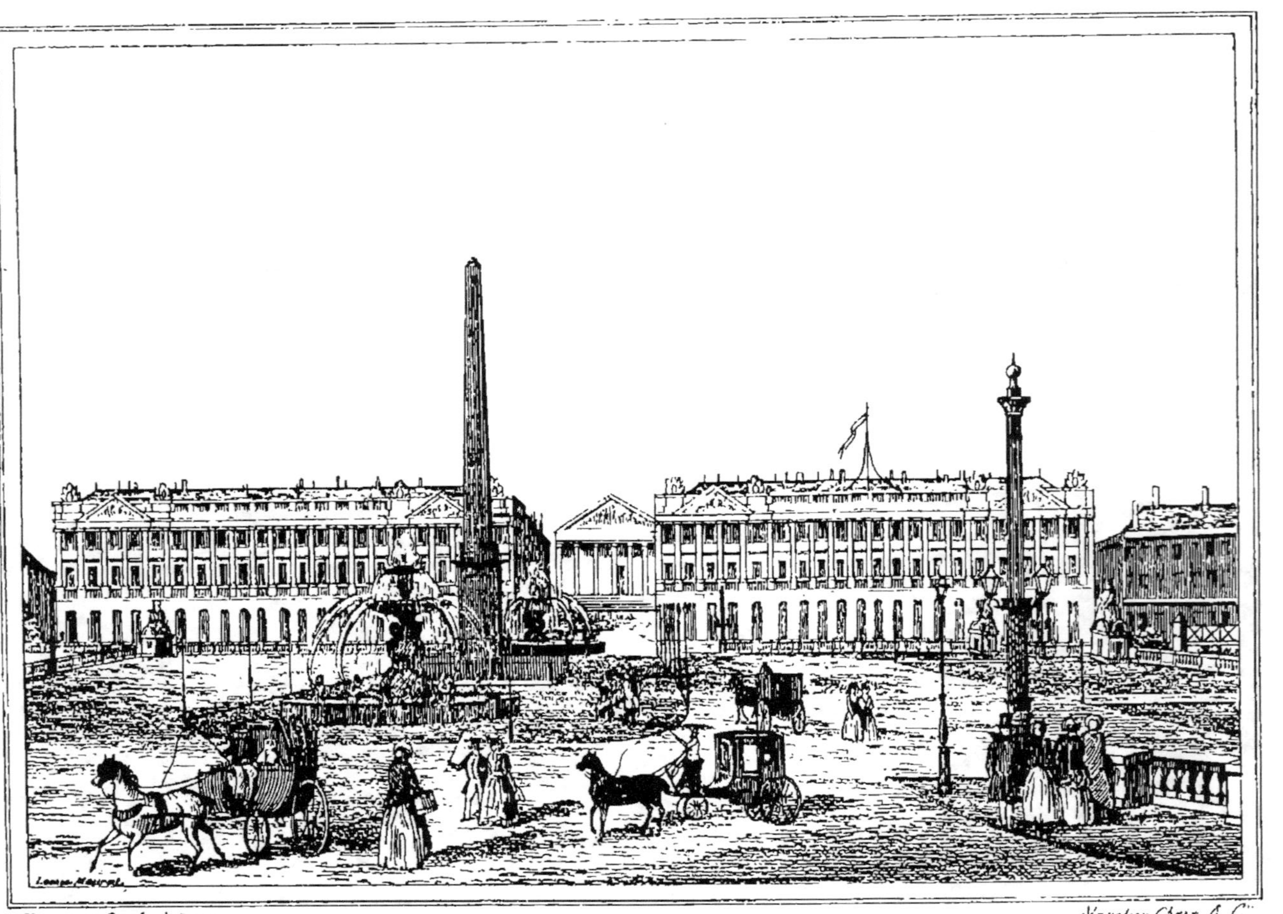

Place de la Concorde.

1325. Un impôt levé sur les Juifs permit alors de le reconstruire en pierre. Il fut enfin réédifié en 1718, et depuis, il subsiste tel qu'il est aujourd'hui. Il s'y livra, le 23 juin 1848, un combat acharné.

PLACES.

Premier Arrondissement.

PLACE DE LA CONCORDE, entre les Champs-Élysées et les Tuileries. — Elle fut successivement nommée place Louis XV, en 1763 ; place de la Révolution, en 1793 ; puis place de la Concorde, sous Napoléon ; et enfin, place Louis XVI, à la Restauration. Elle a 243 mètres de long sur 169 de large. L'obélisque du Louqsor, qui fait le centre de la place, est d'un poids de 250,000 kilos. Il fut dressé le 25 octobre 1836, en trois heures de manœuvres habilement dirigées par l'architecte Lebas. Deux fontaines élégantes et monumentales sont placées à 25 mètres chacune du monolythe égyptien. Huit pavillons, surmontés de figures colossales des huit principales villes de France, de vastes trottoirs d'asphalte, des colonnes rostrales et de riches candélabres alimentés par le gaz, complètent l'ornement de cette place et contribuent à en faire la plus belle de l'Europe.

PLACE DU PALAIS-ROYAL, rue Saint-Honoré, vis-à-vis du Palais-Royal. — Le bâtiment qui en formait le fond, et qu'on nommait Château-d'Eau, a été détruit pour faire place à la galerie transversale destinée à l'achèvement du Louvre. C'est sur cette place qu'a eu lieu l'engagement le plus sérieux au mois de février 1848. Une compagnie du 14e de ligne, composée de 150 hommes, résista pendant deux heures environ, et n'abandonna son poste qu'après avoir brûlé ses dernières cartouches. C'est là que le général de Lamoricière fut blessé.

PLACE et **COLONNE VENDOME**. — Formée sur l'emplacement de l'hôtel de Vendôme, à qui elle doit son nom, cette place, dessinée par Mansard, fut inaugurée en 1699, en même temps qu'une statue équestre de Louis XIV qui en décorait le centre. C'est la plus régulière de Paris ; elle est octogone et a 37^m,50 de long sur 35 mètres de large. Les bâtiments uniformes qui l'encadrent ont tous deux étages et sont ornés de pilastres d'ordre corinthien. Tour à tour appelée place des Conquêtes, place Louis le Grand, et place des Piques pendant la Révolution, elle prit le nom qu'elle a conservé sous Napoléon, qui fit ériger au centre la colonne triomphale (imitation de la colonne Trajane) consacrée aux exploits de 1805. Commencée en 1806, sous la direction de Denou, Goudouin et Lepère, cette colonne fut inaugurée en 1810. Ses fondations furent jetées à 10 mètres de profondeur ; sa hauteur totale est de 45 mètres et elle a un diamètre de 4 mètres. Au milieu règne un escalier à vis, de 176 marches taillées dans le noyau en pierre de taille, que revêt le bronze de 1,200 canons pris sur les ennemis de la France. Ce bronze se déroule en 276 plaques aux jointures imperceptibles, bien qu'elles soient isolées pour prévenir les accidents de la dilatation ou de la condensation du métal. Les bas-reliefs qui l'ornent, tous sujets militaires, sont dus à Bergeret. Le piédestal se compose de trophées d'armes, de drapeaux et d'uniformes. A ces quatre angles, d'énormes aigles supportent des guirlandes de chêne et de laurier. Au-dessus de la porte, on lit cette inscription en latin, que nous traduisons : « Avec le bronze de l'ennemi, l'empereur Napoléon éleva ce monument à la gloire de la grande armée, qui, sous ses ordres, vainquit en 1805, et dans trois mois, toute l'Allemagne. » La statue de Napoléon, exécutée par Chaudet, surmontait le dôme, d'où elle fut descendue en 1814, pour servir à fondre celle de Henri IV, sur le Pont-Neuf. Remplacée par un drapeau fleurdelisé, elle reparut en 1833, exécutée par Seurre, et cette fois, avec le costume historique du grand capitaine. On peut monter à la galerie de la colonne en rémunérant le gardien.

PLACE DU CARROUSEL. — Voir **MONUMENTS D'ART**. page 124.

Deuxième Arrondissement.

PLACE DE LA BOURSE. — Voir **MINISTÈRE DES FINANCES**, page 55.

PLACE RICHELIEU. — Voir **FONTAINES**, page 159.

Troisième Arrondissement.

PLACE DES VICTOIRES, au carrefour des rues Vide-Gousset, des Fossés-Montmartre, du Petit-Reposoir, Croix-des-Petits-Champs, de la Petite-Vrillière et de la Feuillade. — Elle fut commencée en 1685, sur les dessins de Mansard, par les ordres du duc de la Feuillade, et terminée en 1692. Sa forme est elliptique, d'un diamètre de 77 mètres. Elle est entourée de bâtiments uniformes. On y vit, jusqu'en 1792, un statue de Louis XIV, en bronze doré, fondue par Vandenbogaert, et entourée de quatre lanternes ; à cette époque, elle fut abattue et détruite, à l'exception des figures de Nations enchaînées, bas-relief du soubassement qui décore maintenant la cour de l'hôtel des Invalides. En 1793, on éleva au centre de la place une pyramide de bois, sur laquelle étaient inscrites les victoires remportées par nos armées. En 1806, on y substitua une statue colossale de Desaix, qui disparut à son tour, et dont le bronze servit à fondre la statue de Henri IV, placée au Pont-Neuf. En 1822, fut inaugurée la statue en bronze de Louis XIV, due au statuaire Bosio. C'est une œuvre remarquable, bien qu'un peu lourde.

Quatrième Arrondissement.

PLACE DU CHATELET. — Elle occupe l'emplacement de l'ancienne forteresse de Paris du côté du nord, où se trouvaient, dans les temps anciens, la demeure du prévôt de Paris, le siége de la juridiction du Châtelet, où saint Louis ne dédaigna point de s'asseoir, la recette des deniers royaux, et la prison principale de la capitale. Cette place est devenue l'une des plus agréables de Paris. De beaux édifices ornent trois faces de son quadrilatère : dans son milieu s'élève, du centre d'un bassin circulaire, une colonne monumentale. (Voir à l'article Fontaines.) La Chambre des notaires est située sur une des façades de cette place. Naguère, les malheureux débiteurs insolvables voyaient vendre sur son pavé leurs meubles à l'encan par les commissaires-priseurs. Aujourd'hui ces ventes ont lieu dans le nouvel hôtel des ventes judiciaires, rue Rossini.

PLACE ET FONTAINE DE L'ÉCOLE, sur le quai de ce nom. — Le centre de ce parallélogramme est décoré d'une fontaine à piédestal carré, entouré d'un bassin circulaire, surmonté d'un vase en pierre et flanqué de lions qui lancent de l'eau.

Huitième Arrondissement.

PLACE ROYALE, près des boulevarts et de la rue Saint-Antoine. Bâtie de 1604 à 1612, sous Henri IV, sur une partie de l'emplacement de l'hôtel des Tournelles, ancienne résidence de Charles V et de ses successeurs jusqu'à Charles IX. Elle forme un carré régulier de 144 mètres de face, bordé de maisons d'architecture uniforme et bâties en briques sur galeries à arcades. En 1639, le cardinal de Richelieu y fit élever au milieu une statue équestre de Louis XIII, qui fut renversée en 1793. Elle fut réédifiée en 1829 ; Dupaty et Cortot en sont les auteurs. Des tilleuls, des marronniers et quatre fontaines ornent cette place, qui, en 1848, avait pris le nom de place des Vosges, que la première révolution lui avait donné en l'honneur du département qui, le premier, s'était imposé extraordinairement pour subvenir aux frais de la guerre. C'est là que, le 24 juin 1848, un bataillon de la ligne mit bas les armes devant les insurgés. Par ordre du général de Lamoricière, alors ministre de la guerre, ce bataillon fut licencié et son commandant mis en non-activité. Le même jour, un jeune sous-lieutenant nommé Mahler se fit tuer plutôt que de rendre son épée. Une rue voisine a pris son nom, pour perpétuer le souvenir de cet acte d'intrépidité.

Neuvième Arrondissement.

PLACE DE LA BASTILLE ET COLONNE DE JUILLET — Au centre de cette vaste et belle place qui termine dignement l'une des extrémités des boulevarts, s'élève la colonne érigée en l'honneur des combattants de juillet 1830. Elle fut inaugurée le 28 juillet 1840 sur l'emplacement de la Bastille, prison d'Etat que le peuple démolit le 14 juillet 1789. Posée sur les voûtes du canal Saint-Martin, elle s'appuie sur trois soubassements de marbre, et a 47 mètres de hauteur. Elle est tout entière en bronze, ainsi que son escalier intérieur, qui compte 205 marches. C'est un chef-d'œuvre de fonderie. Sur son fût sont inscrits les noms de 615 victimes des trois journées, et sur son sommet planc le Génie de la liberté. Cette statue, dorée, est de Dumont ; les médaillons des soubassements sont de Marbœuf; les lions et les coqs, aux quatre angles, de Barye ; la colonne est d'Alavoine et Duc. Les caveaux contiennent les restes des victimes de Juillet. La place de la Bastille fut, aux journées de juin 1848, le théâtre d'une résistance désespérée de la part des insurgés. C'est là que fut tué le général Négrier, à l'attaque d'une barricade, et que l'archevêque de Paris, qui portait aux révoltés des paroles de paix et de pardon, fut atteint d'une balle. Les maisons qui avoisinent la place, et où l'insurrection s'était retranchée, furent criblées de boulets; celle de la *Belle-Fermière*, qui forme l'encoignure du faubourg Saint-Antoine, fut percée à jour du haut en bas de sa façade, et le n° 1 de la rue de la Roquette réduit en cendres par les obus.

PLACE BAUDOYER, derrière l'Hôtel-de-Ville. — Cette

fut, en juin 1848, témoin d'un combat acharné. La plupart des maisons, canonnées pendant vingt-quatre heures, étaient démantelées; plusieurs tombaient littéralement en ruine.

PLACE DE GRÈVE, vis-à-vis de l'Hôtel-de-Ville. — Jadis sur la grève, d'où elle a pris son nom, cette place est célèbre par des souvenirs de joie et de deuil. Aux nombreuses fêtes publiques qui s'y sont célébrées ont succédé les exécutions du bourreau et de terribles combats dans la plupart de nos révolutions. Aujourd'hui les exécutions capitales ont lieu sur la place de la Roquette (Voir page 142.)

PLACE DU PALAIS-BOURBON, au sud de la Chambre des députés. — Cette place avait au centre une colossale figure de la Liberté, qui a été enlevée après les événements du 2 décembre.

Onzième Arrondissement.

PLACE DAUPHINE. — Située entre le Pont-neuf et le Palais-de-Justice, elle fut appelée place Dauphine par Henri IV, lors de la naissance de Louis XIII; au milieu se trouve la fontaine Desaix. (Voir page 164.)

PLACE DU PALAIS-DE-JUSTICE, rue de la Barillerie. — C'est là qu'étaient exposés les criminels sur un échafaud où s'élevaient des poteaux portant les noms des condamnés aux peines infamantes et le texte des arrêts rendus contre eux.

PLACE SAINT-SULPICE. — Plantée d'arbres sous lesquels se tient deux fois par semaine un marché aux fleurs, cette place est bordée par l'église et le séminaire de Saint-Sulpice et par la mairie du 11ᵉ arrondissement.

A son centre s'élève la fontaine dont nous avons fait précédemment la description. (Voir FONTAINES, page 164.)

Douzième Arrondissement.

PLACE MAUBERT. — Cette place est située sur la partie septentrionale du 12ᵉ arrondissement. C'est là que fut élevée la première barricade de l'insurrection de juin 1848. Cette barricade était une véritable fortification, et il fallut deux jours pour s'en rendre maître. La place Maubert ne présente d'ailleurs rien de remarquable.

PLACE VALHUBERT. — Elle est située en face du pont d'Austerlitz et forme un hémicycle devant la grille d'entrée du Jardin-des-Plantes.

PLACE SAINT-JACQUES, à l'extrémité de la rue du Faubourg Saint-Jacques. — C'est là que se faisaient les exécutions à mort, depuis que la place de Grève avait cessé d'être consacrée à ces sanglantes solennités. Elles ont lieu maintenant place de la Roquette. (Voir page 142.)

PROMENADES.

CHAMPS - ÉLYSÉES. — Cette promenade, unique au monde, était encore, en 1616, un vaste terrain divisé en prairies, en jardins, et où l'on voyait çà et là de méchantes maisonnettes. A cette époque, Marie de Médicis y fit planter, pour son usage particulier, trois allées parallèles à la Seine, et qui prirent le nom de *Cours-la-Reine :* elles étaient encloses par des grilles. En 1670, de nouvelles plantations s'adjoignirent aux premières, qui, par suite de cet accroissement, reçurent la dénomination de *Grand-Cours*, remplacée plus tard par celle de *Champs-Elysées*. Le duc d'Antin, en 1713, et le marquis de Marigny, en 1770, y firent exécuter de grands travaux. Une allée pratiquée par ce dernier, et qui servait de promenade habituelle aux femmes en grand deuil, fut appelée *Allée des Veuves*.

En 1819, nouvelles plantations. En 1832, on construisit, aux abords de Chaillot, un quartier nommé concurremment *François Ier*, à cause d'une maison qui y fut transportée, et *Trocadero*, par suite de la prise de cette ville, qui coïncidait avec la fondation de ce quartier. Bien qu'édifié avec un certain luxe, ce groupe de maisons est encore presque désert.

Les Champs-Elysées, qui avant 1830 formaient par les mauvais temps un véritable cloaque et passaient pour un lieu dangereux la nuit, sont aujourd'hui assainis, embellis et parfaitement sûrs. Ce triple résultat est dû aux constructions que la ville y a fait élever, et qui ont encouragé le développement des propriétés particulières. Aujourd'hui les Champs-Élysées sont couverts de magnifiques habitations, occupées la plupart par des Anglais; d'élégants cafés-restaurants, de charmantes fontaines et d'une foule de théâtres et d'établissements de plaisir. L'extrémité des Champs-Élysées qui touche à la place de la Concorde est décorée de deux groupes équestres dits les *chevaux de Marly*, parce qu'ils figuraient autrefois à l'abreuvoir du château de Marly. Ces deux morceaux, très-estimés, sont de Coustou le jeune.

Les Champs-Élysées, qui s'étendent de la barrière de l'Étoile à la place de la Concorde, présentent un développement de près d'une demi-lieue, et sont entièrement éclairés la nuit par de magnifiques cadélabres à gaz. Dans les Champs-Élysées se trouvent :

Au carré Marigny, le *Cirque national*, consacré aux exercices équestres, voltiges, etc. Ouvert du mois de mai au mois d'octobre, à 8 heures du soir.

Le *Panorama national*, près du Grand Carré, du côté de la Seine. Cet établissement, dirigé par M. Langlois, peintre distingué, présente une vue circulaire, au centre de laquelle est placé le spectateur.

Le *Jardin d'hiver*, avenue des Champs-Élysées. — Cet établissement, ouvert en 1845, présente l'aspect d'une serre immense remplie d'arbres toujours verts. On y remarque des arbustes et des fleurs d'une grande valeur. On y donne fréquemment des concerts dont les prix varient. La salle, qui se loue de gré, sert aussi pour des bals et des fêtes magnifiques.

Le *Château-des-Fleurs*, vis-à-vis Beaujon (1).

Le *Jardin-Mabille*, Allée des Veuves. — Grand bal, rendez-vous de la jeunesse parisienne.

L'*Hippodrome*, qui, bien que situé hors de l'enceinte de cette promenade, en fait en quelque sorte partie intégrante. L'Hippodrome, ouvert en 1845, s'élève sur la pelouse voisine de l'arc de triomphe de l'Étoile. Il renferme un parallélogramme oblong entouré de gradins, qui occupe une superficie de 21,000 mètres carrés. L'enceinte peut contenir 8,000 spectateurs. Il est consacré à de grands spectacles équestres, telles que batailles, tournois, chasses, etc., ainsi qu'à l'aérostation, devenue fort à la mode depuis quelque temps. Les costumes sont d'une

---

(1) Voir l'article BALS, page 120.

grande magnificence. Ouvert durant la belle saison, les mardis, jeudis, samedis et dimanches, de 3 heures 1/2 à 5 heures 1/2. (Voir page 120.)

JARDIN DE MONCEAUX, situé rue de Chartres, à proximité de la barrière de Monceaux et de celle du Roule. — Cette promenade, plantée en 1778 par le duc d'Orléans (surnommé Philippe-Égalité), a englouti des sommes énormes. Dans la révolution, elle fut convertie en jardin public et consacrée à des fêtes d'été. La Restauration la rendit au duc d'Orléans, qui devint plus tard Louis-Philippe. Ce jardin longe une grande partie de la commune des Batignolles, et présente un aspect admirable quant aux épais ombrages dont il est orné. On cite surtout, comme digne d'être visité, un pavillon gothique du haut duquel on jouit d'une vue merveilleuse.

JARDIN-DES-PLANTES (autrefois *Jardin-du-Roi*), vis-à-vis du pont d'Austerlitz. — Établi par Louis XIII, sur la demande de Guy de la Brosse, son médecin, ce jardin ne se composait d'abord que de 70 ares ; Buffon, qui en fut nommé surintendant en 1729, l'enrichit des plus précieuses collections. On y remarque, parmi toutes sortes d'arbres, de fruits et de fleurs rares et exotiques, un cèdre du Liban, qui fut apporté, par Jussieu, au fond d'un chapeau. Il a été, malheureusement, étêté par un coup de feu tiré sur un aigle échappé de la ménagerie. Les serres, quadrangulaires et composées de briques, de fer et de verre, sont des chefs-d'œuvre d'élégance et de légèreté. Les animaux sont disposés, partie dans des cages garnies de barreaux de fer, partie dans des cours entourées de palissades, partie enfin dans des fosses creusées au-dessous du sol.

Le côté réservé aux oiseaux est entièrement composé de cages fermées par des grillages de fer. Les serpents occupent le local anciennement réservé aux singes, auxquels on a construit une enceinte circulaire, garnie d'un treillage de fer et ornée intérieurement de balançoires et de cordes; au milieu est un bassin avec un jet d'eau : c'est le palais des singes. Les bâtiments qui bordent la rue Saint-Victor renferment la galerie de minéralogie, la galerie botanique et la galerie anatomique.

JARDINS DES TUILERIES et **DU LUXEMBOURG.** (Voir pages 38 et 50.)

BOULEVARTS.

Indépendamment de ses boulevarts extérieurs, Paris possède d'immenses boulevarts intérieurs : ceux du nord et ceux du midi. Les boulevarts du nord, appelés simplement *les Boulevarts*, présentent une magnifique promenade qui s'étend de l'église de la Madeleine à la place de la Bastille, sur une longueur de 4,800 mètres, en prenant tour à tour le nom de boulevart de la Madeleine, des Capucines, des Italiens, Montmartre, Poissonnière, Bonne-Nouvelle, Saint-Denis, Saint-Martin, du Temple, des Filles-du-Calvaire, Beaumarchais et Bourdon.

De chaque côté des boulevarts s'élèvent de grandes et luxueuses habitations, de riches cafés, de somptueux restaurants, de vastes bazars, de superbes magasins où l'on a réuni ce que l'art et l'industrie peuvent offrir de plus admirable. Les nombreux théâtres qui y sont édifiés, l'agréable verdure des arbres, le Château-d'Eau étalant ses nappes diamantées et répandant une douce fraîcheur : tout, sur les boulevarts, attire l'attention et captive les regards de l'étranger. Mais c'est vraiment le soir que leur aspect devient féerique : on est ébloui des milliers de jets de gaz qui les inondent de lumière. Cafés, magasins, théâtres, tout s'illumine comme par enchantement et semble vouloir rivaliser avec les myriades d'étoiles qui scintillent au ciel ; la foule s'accroît de minute en minute : c'est alors, surtout pendant la belle saison, un bruit, un mouvement de gaîté et de fête plein de charme, qui vient compléter la splendeur de ce magnifique tableau.

Les boulevarts du midi se prolongent des Invalides jusqu'au Jardin-des-Plantes, et ont 15,490 mètres de long. On les nomme boulevarts des Invalides, du Mont-Parnasse, d'Enfer, de Saint-Jacques, de la Glacière, des Gobelins et de l'Hôpital.

CHAMP-DE-MARS. — Le Champ-de-Mars se développe de l'École militaire au pont d'Iéna ; il a 900 mètres de long sur 450 mètres de large. Flanqué d'un large fossé avec parapet construit en pierre, ayant quatre rangées d'arbres de chaque côté, il présente quatre entrées principales. Son immense étendue le fit choisir pour la fédération de 1789 ; il fut, en 1793, le théâtre du supplice de Bailly, premier maire de Paris. Plus tard, il servit aux grandes manœuvres des troupes impériales. En 1815, Napoléon y tint, à son retour de l'île d'Elbe, le fameux Champ-de-Mai. Après la révolution de février, le Champ-de-Mars fut le lieu de réunion des *Ateliers nationaux*. Aujourd'hui, le Champ-de-Mars continue à servir aux manœuvres des régiments et aux grandes revues militaires.

Il est, en outre, affecté aux courses de chevaux qui ont lieu en mai et en septembre, ainsi qu'à des fêtes équestres et à l'aérostation.

BOIS.

Nous ne devons pas oublier, parmi les plus charmantes promenades de Paris et de ses environs, les bois suivants:

BOIS DE BOULOGNE, près de la barrière de Neuilly ou de l'Étoile. Ce bois, de 950 hectares, tire son nom actuel d'un village qui l'avoisine; c'est un reste de la forêt de Rouvray, qui couvrait ce canton. A l'entrée du bois de Boulogne, du côté de Passy, se trouve le bal du Ranelagh, dont nous avons parlé page 120.

BOIS DE VINCENNES. — Parc de 1,000 hectares, situé sur un terrain plat, à 4 kilomètres de la barrière du Trône. En 1183, il fut clos de murs pour y renfermer des bêtes fauves; la cour le fréquentait quand elle habitait le château, ou lorsqu'elle demeurait à Paris, au palais des Tournelles.

BOIS DE ROMAINVILLE et **PRÉS SAINT-GERVAIS,** situés au delà de Belleville, où l'on se rend par la barrière du Temple. Tout est gai dans ces promenades s'étendant sur un sol élevé, diversifié par mille accidents naturels, présentant des sites pittoresques sans cesse nouveaux et toujours romantiques. C'est au milieu de champs de roses et de lilas, de vignes, de vergers, de bosquets, que l'on s'y promène en dominant sur une plaine immense où se balancent des flots d'épis dorés, au milieu des plus riches cultures, au sein desquelles s'élèvent de nombreux villages et des maisons de campagne élégantes.

BAZARS.

BAZAR DE L'INDUSTRIE FRANÇAISE, boulevart Poissonnière, 27.

BAZAR BONNE-NOUVELLE, boulevart Bonne-Nouvelle, 20 et 22. — Plusieurs salles de cet édifice sont consacrées à diverses expositions de peintures et d'objets d'art. Un petit théâtre occupe l'étage souterrain. Tout l'étage supérieur de ce bazar a été détruit par un incendie le 14 juillet 1849. Ce local a été reconstruit, et sert de lieu de réunion aux associations des arts et de l'industrie.

BAZAR DU VOYAGE. — Consacré au commerce de tous les objets utiles aux voyageurs, boulevart Poissonnière, 14.

BAZAR BOUFFLERS ou **GALERIE DE FER**, boulevart des Italiens, 19, au coin de la rue de Choiseul. — Exposition et vente d'objets d'ameublement, de luxe et de fantaisie. Brûlé en 1827, il a été reconstruit en fer et en fonte.

PASSAGES.

Depuis que Paris est devenu le centre d'un commerce immense, toutes ses rues ont été bordées de boutiques devant lesquelles les passants, inquiétés par l'affluence continuelle des voitures, osaient à peine s'arrêter. Des spéculateurs, témoins de la préférence accordée par les étrangers aux galeries du Palais-Royal pour leurs achats, estimèrent que le commerce s'empresserait de choisir ses magasins dans des passages couverts, élégants et commodes, qui conduiraient à des lieux fréquentés. Le passage *Feydeau* fut le premier créé ; puis vinrent ensuite ceux des *Panoramas*, l'un des plus fréquentés de Paris ; de l'*Opéra*, de *Montesquieu, Delorme*, du *Grand Cerf*, du *Saumon, Choiseul, Colbert, Vivienne, Véro-Dodat* ; puis enfin ceux, plus nouvellement ouverts, de *Jouffroy* et de *Verdeau*.

CHAPITRE IV.

ÉTABLISSEMENTS RELIGIEUX.

ÉGLISES.

Premier Arrondissement.

ASSOMPTION, rue Saint-Honoré, 369. — Destinée à la confrérie des Dames-de-l'Assomption, cette église, commencée, en 1670, sur les dessins d'Erard, peintre du roi, fut achevée en 1676. Elle est circulaire et surmontée d'un dôme de 21 mètres de diamètre, dont l'intérieur est peint à fresque par Lafosse. Le portique, d'ordre corinthien, a huit colonnes couronnées d'un fronton, dans le genre du portique du Panthéon de Rome. Cette église est maintenant une annexe de la Madeleine.

SAINT-LOUIS-D'ANTIN. — Ancienne dépendance d'un

---

(1) Pour les cultes non catholiques, voir CULTES DIVERS, page 221.

couvent de Capucins, qui du faubourg Saint-Jacques fut transporté, en 1780, où est aujourd'hui le lycée Bonaparte. Brongniard en fut l'architecte ; l'enceinte en est simple et sévère. On remarque dans cette église la grande peinture du chœur, représentant Saint François prêchant, par Giblin ; et Saint Louis visitant les pestiférés, par Garnier.

LA MADELEINE, boulevart de la Madeleine. Connue originairement sous le nom de *Chapelle de la Ville-l'Evéque*, qui était une dépendance de la maison de campagne de l'évêque de Paris, cette église fut agrandie sous Charles VIII en 1487, pour recevoir, quatre ans plus tard, la confrérie de la Madeleine, dont elle prit le nom. En 1764, Louis XV adopta les plans de Constant d'Ivry, pour faire de cette chapelle une église. La disposition en fut modifiée en 1777, par l'architecte Couture, et la Révolution suspendit les travaux, qui ne furent repris qu'en 1806, sur de nouveaux plans de Vignon. Napoléon voulait en faire le Temple de la Gloire. Convertie sous la Restauration en église dédiée à sainte Madeleine, les travaux ne prirent d'activité qu'en 1836, sous la direction de l'architecte Huvé, et ils furent achevés en huit années. Son plan est un rectangle de 100 mètres de long sur 42 de large. Tout autour, sur un soubassement lisse de 51 mètres, règne un péristyle de cinquante-deux colonnes de 19^m,04, entre lesquelles sont placées trente-quatre statues de saints. Au nord et au midi sont deux portiques surmontés d'un fronton triangulaire orné d'un bas-relief de 37 mètres de longueur sur 7^m,50 de hauteur. Cette belle œuvre du sculpteur Lemaire représente le jugement dernier. Le

La Madeleine

fronton du nord est resté libre. Un espace a été ménagé intérieurement dans cette partie de l'édifice pour recevoir les cloches. Le toit, formé d'une charpente de fer et de tables de cuivre, est à deux égouts. Une grille de fer entoure tout le monument. Aucun jour n'est pratiqué dans les murs, et l'intérieur se trouve éclairé d'en haut. La porte d'entrée, exécutée tout en bronze, fait le plus grand honneur à M. Triquetti. Une arcade de 26 mètres de hauteur environ et de 15 mètres de largeur forme un beau vestibule où sont les deux chapelles du baptême et du mariage. Tout l'intérieur n'est qu'une nef immense, terminée semi-circulairement au nord par le maître-autel, ornée d'une Exaltation de la Madeleine, sculptée avec une grande hardiesse par Marochetti, et d'une fresque splendide de Ziégler. De tous côtés on admire les belles peintures de MM. Abel de Pujol, Thomas, Gérard, etc.; et les sculptures des Apôtres, par MM. Rude, Foyatier et Pradier. Le parquet est richement exécuté en marbre français, et le plafond magnifiquement ciselé par M. Derre. La Madeleine est un des plus beaux monuments de la capitale.

SAINT-PHILIPPE-DU-ROULE, rue du Faubourg-du-Roule, 8. — Commencée en 1769, sur les dessins de Chalgrin, cette église fut achevée en 1785. Son portail se compose de quatre colonnes doriques couronnées d'un fronton triangulaire, orné d'un bas-relief représentant la Religion. A l'intérieur, l'édifice est divisé en trois nefs par seize colonnes d'ordre ionique ; l'église a 52 mètres de long sur 26 de large ; elle contient quelques peintures estimées.

SAINT-PIERRE-DE-CHAILLOT, rue Chaillot, 52. — Cette

église existait déjà au xie siècle ; en 1750 on la réédifia. On remarque le Jéhovah sculpté qui sépare la voûte du chœur de celle de la nef.

CHAPELLE BEAUJON, faubourg du Roule. — Bâtie par le financier Beaujon, elle se distingue par son élégance, le fini de son exécution et la richesse de sa décoration.

CHAPELLE EXPIATOIRE, rue d'Anjou-Saint-Honoré et rue de l'Arcade. — Monument construit sur les plans de l'architecte Fontaine, pour recevoir la dépouille mortelle de Louis XVI et de Marie-Antoinette après son exhumation. L'entrée, précédée d'un parvis, est ornée de quatre colonnes d'ordre dorique romain, qui supportent un fronton surmonté d'une croix latine. La frise se compose de triglyphes séparés par des rosaces et des sabliers sculptés. Au-dessus de la chapelle s'élève une coupole, aux pendentifs de laquelle sont des bas-reliefs représentant les Mystères de la Trinité et de l'Eucharistie ; un autre bas-relief représente la translation des restes mortels de Louis XVI et de son épouse. De chaque côté de l'autel, en marbre blanc incrusté de bronze doré, s'élèvent les groupes de Louis XVI et de son confesseur, par Bosio, et de Marie Antoinette implorant les secours de la religion, par Cortot. Sur leurs piédestaux sont gravés en lettres d'or les testaments du roi et de la reine.

Deuxième Arrondissement.

SAINT-ROCH, rue Saint-Honoré, 296. — Cette église, commencée en 1753, sur les dessins de Lemercier, n'a été achevée qu'en 1736. La terrasse sur laquelle elle est assise et le spacieux escalier qui y conduit annoncent dignement un édifice religieux. Le portail, d'ordre dorique et corinthien, orné de deux rangées de colonnes surmontées d'un fronton, a été dessiné par Robert de Cotte. L'intérieur de l'église est d'une étendue de 132 mètres sur 14. L'intérieur, d'ordre dorique, affecte la forme d'une croix latine, et se divise en dix-huit chapelles, la nef et le chœur, derrière lequel est placée la chapelle de la Vierge, dont la voûte, représentant l'Assomption, est peinte à fresque par Pierre. Le groupe de marbre blanc disposé sur l'autel, et figurant l'Enfant-Jésus à la crèche, entouré de la Vierge et de Saint Joseph, a été sculpté par Augier. Plusieurs tableaux décorent cette chapelle : le Christ chassant les marchands du Temple, par Thomas; le Christ ressuscitant la fille de Jaïre, par Delorme, etc.

Suivent les chapelles de la Communion et du Calvaire. L'aspect lugubre de cette dernière est véritablement saisissant. On y distingue Jésus-Christ au Calvaire et la Madeleine pleurant à ses pieds, morceau d'un effet imposant. La disposition et l'exécution de cette chapelle font honneur à Falconnet, qui a dessiné et sculpté le groupe remarquable de Jésus-Christ mis au tombeau. Abel de Pujol a peint la fresque représentant la Crucification. Signalons encore la chaire à prêcher soutenue par les quatre Évangélistes, le monument élevé à la mémoire de l'abbé de l'Épée, par Perrault, et dans la chapelle des fonts baptismaux, le Baptême du Christ, sculpté par Lemoine. Sous l'orgue, on aperçoit, adossé à la muraille, le buste de Pierre Corneille, avec une inscription relatant la date de sa mort (1684) et son inhumation dans les caveaux de Saint-Roch. D'autres chapelles renferment encore les monuments funèbres du cardinal Dubois, de Mignard, d le Nôtre, de Mme Deshoulières, etc. C'est sur les marches de Saint-Roch que, le 13 vendémiaire, Bonaparte écrasa sous le feu de son artillerie les sections de Paris armées contre le Directoire, et préluda par ce coup de vigueur à la fortune qui l'attendait. On peut encore distinguer sur la façade de cette église des traces nombreuses de projectiles.

NOTRE-DAME-DE-LORETTE, au bout de la rue Laffitte, au bas de la rue des Martyrs, sur les terrains de l'ancien hôtel Necker. — Commencée en 1824 et finie en 1836, par l'architecte Lebas, cette église forme un carré oblong de 23 mètres sur 70. Sa plus grande hauteur est de 19 mètres. Le portique, à quatre colonnes corinthiennes, est grêle et d'un effet mesquin. Un bas-relief, représentant une Adoration de la Vierge et de l'Enfant-Jésus, par Nanteuil, décore le fronton triangulaire, aux angles duquel s'élèvent les statues de la Foi et de la Charité, par Foyatier, et de l'Espérance, par Lemaire. Sur la frise on lit : *Beatæ Mariæ Virgini Lauretanæ*. Le luxe quelque peu mondain de l'intérieur de cette église lui ôte ce caractère de majestueuse gravité propre aux temples chrétiens. Au milieu de cette espèce de musée, on ne sait si l'on n'est pas venu là pour admirer la chapelle des fonts baptismaux, par Roger, et la statuette de saint Jean-Baptiste, par Durel; la chapelle du Mariage, par Orsel, et la statue de la Vierge, par Dumont; les peintures de Blondel, dans la chapelle des Morts; les œuvres de Bernard, Coutant, Hesse, A. Johannot, Langlois, Caminade, qui décorent le côté droit de l'église; celles de Champmartin, Etex, Schnetz, Couder, E. Deveria, qui se font remarquer sur la gauche ; soit encore la chaire, d'Elschoët ; soit enfin le groupe doré de Cortot sur le maître-autel ; et l'on se demande si, au milieu de la curiosité que provoquent tous ces chefs-d'œuvre, on trouvera le recueillement nécessaire pour faire sa prière et pour rendre hommage à Dieu.

Cette église est chauffée en hiver.

Troisième Arrondissement.

SAINT-VINCENT-DE-PAUL, place Lafayette, à l'extrémité de la rue d'Hauteville. — Cette église a été construite par Lepère et Hittorf, dans une dépendance du clos Saint-Lazare, sur l'emplacement d'un belvédère, lieu de prédilection de saint Vincent de Paul en 1632. L'extérieur a 81 mètres de long sur 37 de large, et l'intérieur 66 sur 34. Sur un portique d'ordre dorique, à triple rang de colonnes, et couronné par un fronton triangulaire, s'élèvent deux tours carrées de 51 mètres de hauteur au-dessus du niveau de la place Lafayette. Elles sont séparées à leur base par une balustrade ornée des statues des quatre Evangélistes, par Barre, Brion, Foyatier et Valois. Un perron de 35 marches conduit à la grande porte de cette église, dont l'ensemble est empreint d'un caractère de grandeur qui n'exclut pas l'élégance. Les combles sont un chef-d'œuvre de charpente. L'intérieur, déjà fort riche, n'est pas encore décoré de toutes les peintures qu'il doit recevoir ; les vitraux de Maréchal méritent de fixer l'attention des connaisseurs. La grande rampe qui s'élève du sol de la place au niveau de l'église, est une œuvre remarquable.

SAINT-EUSTACHE, rue Traînée. — Élevée en 1230 sur l'emplacement d'un ancien temple de Cybèle, ce ne fut d'abord qu'une simple chapelle sous l'invocation de Saint-Germain-l'Auxerrois. L'église actuelle, commencée en 1532, ne fut achevée qu'en 1642 ; le portail, substitué à l'ancien qui était de mauvais goût, fut exécuté de 1754 à 1788, d'après les dessins de David et de Moreau. Deux rangs superposés de colonnes doriques et ioniques sont surmontés d'un fronton : à leurs extrémités s'élèvent deux tours carrées. Le portail du midi, qui vient d'être dégagé des maisons qui l'obstruaient, est d'un bel effet. Celui du nord est masqué par plusieurs constructions. L'intérieur, d'une étendue de 106 mètres, d'une hauteur de 30 mètres et d'une largeur de 44 , bien qu'il soit d'une architecture bâtarde, présente un ensemble saisissant de grandeur qui impose le recueillement. Les vitraux sont remarquables. L'orgue, qui fut incendié en 1844, et au rétablissement duquel on travaille activement, était un chef-d'œuvre. Cette église renferme les tombeaux de Voiture, Vaugelas, Lafosse, Homberg, de l'amiral de Tourville, du maréchal de la Feuillade et de Colbert ; ce dernier monument suffirait pour immortaliser Coysevoix.

LES PETITS-PÈRES, sur la place de ce nom. — Cette église, construite en 1629, sur les dessins du Père Lemuet, fut dédiée, par Louis XIII, à Notre-Dame-des-Victoires, en commémoration de la prise de la Rochelle. Le nom qu'elle porte aujourd'hui lui vient des augustins déchaussés, qui la firent rebâtir en 1656. L'architecte Cartaud éleva, en 1739, le portail à pilastres ioniques et corinthiens. Il n'y a point de bas-côtés à l'intérieur; la nef est accompagnée de six chapelles ornées de tableaux de prix. Les terrains environnants ont fait place aujourd'hui à d'élégantes maisons qui bordent la rue de la Banque ; il n'en restait qu'une partie consacrée à l'usage d'une caserne qui vient d'être abattue. La mairie du 3ᵉ arrondissement est établie dans une des dépendances du monastère ; sa nouvelle façade est actuellement rue de la Banque.

Quatrième Arrondissement.

SAINT-GERMAIN-L'AUXERROIS, sur la place de ce nom. — Fondée, dit-on, vers l'an 580 par Childéric, cette église fut pillée et ruinée par les Normands, lorsque Paris était encore renfermé dans l'île de la Cité. Le roi Robert la fit rebâtir en 997, et Charles VII l'agrandit en 1423. Jean Gausel construisit en 1431 le portail, qui, comme le reste, est d'architecture gothique. Le porche a été orné, en 1846, de belles peintures à fresque. La haute antiquité de Saint-Germain-l'Auxerrois mérite l'attention.

Le signal du massacre de la Saint-Barthélemy fut donné, le 24 août 1572, par la grosse cloche de cette église.

Le portail est un chef-d'œuvre de peinture et d'architecture gothiques.

Cinquième Arrondissement.

NOTRE-DAME-DE-BONNE-NOUVELLE, rue de la Lune. — Cette église occupe l'emplacement d'une chapelle bâtie en 1551, et détruite en 1593, durant la Ligue. Le monument actuel fut érigé en l'an 1624 ; le portail, d'ordre dorique, est décoré de colonnes et de pilastres ; l'intérieur est divisé en trois nefs séparées par des colonnes ioniques; le maître-autel est placé dans une abside. Cette église n'offre de remarquable qu'une fresque d'Abel de Pujol.

SAINT-LAURENT, place de la Fidélité. — Cette église, bâtie au xve siècle, fut achevée en 1585 et décorée de son portail en 1622 ; le dôme de la chapelle de la Vierge est peint à fresque. On y admire les vitraux peints par Gallimard.

Sixième Arrondissement.

SAINT-LEU ET SAINT-GILLES, rue Saint-Denis, 184. — Bâtie à la fin du xiiie siècle, cette église fut restaurée en 1611 et 1770. Le sanctuaire et le maître-autel sont assez élevés pour qu'au-dessous on ait pu construire une chapelle dédiée à Jésus-Christ sur le Calvaire. Saint-Leu renferme quelques bons tableaux, entre autres, Sainte Marguerite lavant les pieds d'un pauvre, par Gassick.

SAINTE-ÉLISABETH, rue du Temple, 10. — Elle fut bâtie de 1628 à 1630, et reconstruite en 1829. Son intérieur est d'ordre dorique ; elle renferme de bonnes peintures de Blondel, Alaux et Whild.

SAINT-NICOLAS-DES-CHAMPS, rue Saint-Martin, 202. — C'était primitivement une chapelle hors Paris, fondée par le roi Robert en 957 : elle fut érigée en paroisse à la fin du xiie siècle, et agrandie aux xve et xvie. C'est le lieu de sépulture de Guillaume Budé, médecin de François Ier ; des historiens Henri et Adrien de Valois, de Gassendi et de Mlle de Scudéry. On ne peut en citer que le portail et le tableau du maître-autel.

Septième Arrondissement.

SAINT-MÉRRI, rue Saint-Martin, entre les n° 2 et 4. — Cette église doit son origine à un oratoire de Saint-Pierre-des-Bois, auprès duquel se logea et mourut saint Merri ; son corps fut levé de terre l'an 884. En 1011, le chapitre de Notre-Dame y fonda une collégiale. En 1200, l'église remplaçant l'oratoire primitif prit pour patron titulaire saint Merri. Sous François 1er, elle fut rebâtie dans le style gothique, mais d'un genre élégant et riche en ornements ; elle fut achevée seulement l'an 1612. Une ceinture de chapelles l'entoure. Le chœur et les chapelles de la croisée furent ornés, de 1751 à 1754, sur les dessins des frères Slodtz.

La chapelle de la Communion, éclairée par trois lanternes, décorée de pilastres corinthiens, fut construite, en 1754, sur les dessins de Boffrand. Le tableau de son autel représente le Repas des pèlerins d'Emmaüs, par Coypel ; la Réparation envers une hostie profanée est de Belle ; Saint Charles communiant les pestiférés de Milan, de Colson ; un Prêtre administrant un malade, de Robert ; un Missionnaire prêchant parmi les sauvages, du même. Deux statues colossales représentant Saint Jean-Baptiste, par Guichard ; et Saint Paul, par Bra, sont placées sous les arcades.

SAINT-FRANÇOIS-D'ASSISES, rue du Perche, 15. — La construction de cette église, datant de 1622, rappelle la simplicité première de l'ordre séraphique ; mais depuis qu'elle est succursale, elle est ornée intérieurement de tableaux, de candélabres, de statues et de dorures. Près de l'entrée du chœur est une statue de saint Denis ; non loin de là sont placées une Communion de sainte Thérèse et une magnifique statue de saint François, de marbre d'Égypte, parfaitement restaurée. On y remarque aussi un Baptême de Notre Seigneur, par Paulin Guérin ; Saint Louis visitant des soldats malades de la peste, par Scheffer ; un Christ, par Degeorges.

NOTRE-DAME-DES-BLANCS-MANTEAUX, rue des Blancs-Manteaux. 14. — Cette église renferme plusieurs bons tableaux de l'école moderne française, et une superbe peinture représentant sainte Pétronille.

Huitième Arrondissement.

SAINT-AMBROISE, rue Saint-Ambroise, 25. — Cette église des religieuses de l'Annonciade, bâtie en 1639, fut agrandie et annexée à l'église de Sainte-Marguerite ; on cite les tableaux qu'elle renferme.

ÉGLISE SAINT-DENIS-DU-SAINT-SACREMENT, rue Saint-Louis, au Marais, 50. — Commencée en 1826, elle fut livrée au culte en 1835. Son portique est décoré de quatre colonnes ioniques. L'intérieur se partage en trois nefs, et l'autel est placé sous une voûte, au fond de la principale. On remarque dans cette église des fresques de Picot.

ÉGLISE DES FILLES-DU-SAINT-SACREMENT, rue Saint-Louis. — Cette église dépendait du couvent des Filles-du-Saint-Sacrement. Le couvent et l'église furent bâtis en 1684, sur l'emplacement de l'hôtel qu'avait habité le célèbre Turenne.

ÉGLISE SAINTE-MARGUERITE, église paroissiale, rue Saint-Bernard, entre les nᵒˢ 28 et 30. — C'était en 1625 une petite chapelle qui devint succursale en 1634, et paroissiale en 1712. Elle fut aussitôt et presque entièrement rebâtie dans une grandeur proportionnée à la population de ce vaste faubourg, où les ouvriers se pressèrent d'habiter pour exercer leurs métiers à l'abri des priviléges des jurandes. Son principal ornement, placé derrière le maître-autel, est la belle Descente de croix, sculptée sur les dessins de Girardon par le Lorrain et Nourisson, ses élèves. Ce morceau capital était autrefois dans l'église Saint-Landri. Au pied de la croix, la sainte Vierge contemple, dans la douleur, le corps de Jésus après son supplice. Deux anges sont auprès de la tête du Christ ; deux autres, dans les airs, viennent considérer le Sauveur ; un cinquième ange est au pied de la croix. La chapelle des Ames du Purgatoire fut construite, en 1765, par Louis, et peinte à fresque, en grisaille, par Brunetti, qui a représenté Adam et Ève chassés du paradis pour avoir introduit la mort dans le monde par leur péché ; la Mort des patriarches, attendant d'être affranchis par le Messie de la peine de leur premier père ; et les Derniers moments de Jacob entouré de ses enfants. Un tableau de Wafflard représente Sainte Marguerite chassée de la maison paternelle pour avoir embrassé le christianisme ; Saint Vincent de Paul ranimant le zèle des dames de charité, par Galloche ; Saint Vincent de Paul réclamant l'assistance des dames de la cour et des religieuses pour les enfants trouvés, par Restout ; enfin, Saint Vincent de Paul instituant une maison de charité.

ÉGLISE DES QUINZE-VINGTS, rue de Charenton, 28. — Cette église fut achevée en 1701, en même temps que l'hôtel des Mousquetaires noirs, dont elle dépendait.

CHAPELLE DU CIMETIÈRE DU PÈRE-LACHAISE. — Elle est située sur la partie la plus élevée de ce cimetière. Sa forme est un parallélogramme de 11 mètres de largeur sur 22 de profondeur. Aux quatre angles extérieurs de ce monument sont des pilastres d'ordre dorique qui soutiennent un entablement décoré de modillons et de triglyphes; au levant et au couchant, un fronton le surmonte. De chaque côté d'un perron de sept marches sont des trépieds avec des cassolettes en fonte posées sur des socles de pierre. A l'intérieur, l'autel élevé, de deux marches, est de marbre blanc; à droite et à gauche, des socles de marbre bleu-turquin supportent des candélabres de marbre blanc. Le jour pénètre par une ouverture pratiquée au milieu de la voûte. Ce monument, terminé en 1834, a été construit par l'architecte Godde.

Neuvième Arrondissement.

NOTRE-DAME. — Un temple consacré à Jupiter existait jadis sur l'emplacement même où s'élève aujourd'hui l'église Notre-Dame. Des fouilles, faites en 1711, firent découvrir dans ce lieu divers débris de monuments du paganisme, des inscriptions et des bas-reliefs, curieux restes de ce temple antique qui fut remplacé par une vaste église construite en 555 par Childebert, à la sollicitation de saint Germain, évêque de Paris. Cette église, dont rien n'égalait la magnificence, si l'on en croit l'évêque Fortunat, historien contemporain, fut dévastée en 875 et

Nouveau Guide à Paris

Napoléon Chaix & Cⁱᵉ

Notre-Dame.

presque détruite par les Normands : cependant, à l'aide de quelques réparations, elle subsista encore près de trois siècles, c'est-à-dire jusqu'en 1165, époque à laquelle Maurice de Sully parvint à l'épiscopat. Maurice n'était d'abord qu'un écolier demandant l'aumône dans les rues de Paris, et auquel l'espoir d'obtenir un jour quelque bénéfice ecclésiastique faisait supporter assez patiemment sa misère profonde et les rigueurs de l'étude. Il ne tarda pas à se distinguer par son rare mérite, et fut nommé chanoine à Bourges. Plus tard, le siége épiscopal de Paris étant devenu vacant, les électeurs, partagés d'opinion, remirent leur choix à la décision de Maurice, qui, profitant de son influence sur eux, se nomma lui-même évêque.

A peine parvenu à cette haute prélature, il entreprit de rebâtir la cathédrale de Paris. La première pierre du nouvel édifice fut posée par le pape Alexandre III, qui, chassé de ses États, s'était réfugié en France. Mais les travaux s'exécutèrent avec la plus grande lenteur, et Maurice de Sully mourut, en 1196, avant d'avoir vu achever son entreprise. Dans la suite, les guerres, les discordes civiles, le manque d'argent, interrompirent fréquemment cet ouvrage, qui ne put être terminé qu'au bout de deux siècles.

Cet édifice fut conçu et exécuté sur un plan imposant et grandiose.

On y remarque une grande sévérité dans les lignes, une majesté simple dans les formes.

Le grand portail, qui fut terminé en 1223, sous le règne de Philippe-Auguste, est composé de deux grandes tours carrées et symétriques, qui se lient au pignon de la nef principale. Cette façade n'est pas sans analogie avec les constructions lombardes, par la solidité et la force de ses masses. Elle présente trois grandes portes, dont les voussures et les parois sont chargées de sculptures très-curieuses. Si l'on en croit Sauval, il fallait, du temps de Louis XII, monter treize marches pour arriver à cette façade.

C'est dans la tour du nord que se trouve la fameuse cloche qu'on appelle *le bourdon*; on ne la sonne que dans les grandes solennités. Elle pèse près de deux milliers, et le battant est du poids de 488 kilos. Fondue en 1683, et refondue en 1685, elle fut, à cette époque, baptisée avec beaucoup de pompe et de cérémonie. Louis XIV et Marie Thérèse furent ses parrain et marraine, et lui donnèrent les noms d'*Emmanuel-Louis-Thérèse.*

On remarque sur toute la ligne de la façade, au-dessus de l'ordonnance inférieure, vingt-sept niches où avant la révolution étaient placées vingt-sept statues représentant une suite de rois francs depuis Childebert jusqu'à Philippe-Auguste. Au-dessus de ce rang de niches est une fenêtre circulaire, appelée *la rose.* Chaque face latérale de l'église offre une pareille fenêtre, délicatement travaillée. La rose du côté du midi est due au cardinal de Noailles, qui la fit construire à ses frais; elle coûta 80,000 francs.

Enfin, le haut de la façade est décoré par un péristyle composé de trente-quatre colonnes qui se font remarquer par leur longueur et leur ténuité : elles sont formées chacune d'une seule pierre et supportent une galerie à balustrade.

Deux portails latéraux terminent les extrémités de la

croisée au nord et au midi. Celui du nord fut élevé vers 1415 par Philippe-le-Bel, qui le fit construire avec le produit des biens dont il avait dépouillé les Templiers. Non loin de là se trouve une porte d'une jolie structure, appelée *Porte-Rouge*, par laquelle les chanoines se rendaient du cloître à l'église pour les offices de la nuit. Au fond du cadre ogive de cette porte, on voit la figure de Jean sans Peur, duc de Bourgogne, et celle de Marguerite de Bassière, son épouse.

Le portail du midi est du même style que celui dont nous venons de parler ; les bas-reliefs qui les décorent représentent l'histoire de saint Étienne. Il fut construit du temps de saint Louis, sous le pontificat de Regnaud de Corbeil, en 1257, par Jehan de Chelles, maître maçon, ainsi que l'indique une inscription du temps.

Les murs de l'église sont soutenus dans toute leur étendue par des contreforts savamment disposés et surmontés de pyramides et de clochetons dont l'effet est fort pittoresque.

Une des parties les plus curieuses de l'édifice est la charpente du comble, qu'on appelle la *Forêt*, à cause de la multitude de pièces de bois de châtaignier dont elle est composée ; elle est recouverte de 1,236 tables de plomb, pesant ensemble 210,120 kilos. Cet ouvrage fut exécuté aux frais du cardinal de Noailles, dont nous avons déjà parlé.

L'intérieur de Notre-Dame figure une croix latine. Cent-vingt piliers de structure différente soutiennent les voûtes et forment une double enceinte autour du chœur et de la nef. Vingt-sept chapelles occupent les travées extérieures des bas-côtés, au-dessus desquelles circulent de spacieuses galeries et des tribunes élégantes.

La plupart des ornements sont d'un style moderne, et peu en harmonie avec l'architecture de l'édifice ; mais isolément ils n'en sont pas moins curieux. Nous citerons les bas-reliefs en bronze doré du maître-autel ; un groupe de marbre, chef-d'œuvre de l'art, représentant la Descente de Croix, exécuté par Nicolas Coustou ; la statue de la sainte Vierge, par Antoine Maggi ; le pavé en mosaïque du sanctuaire, les boiseries sculptées ; les tableaux de Jouvenet, Philippe de Champagne, Louis de Bourgogne, Laurent de la Hire et Lafosse ; les grilles de fer poli qui ferment le chœur, les bas-reliefs qui en décorent l'intérieur, et remontent au XIVe siècle ; enfin plusieurs mausolées, entre autres ceux du comte d'Harcourt et du cardinal du Bellay.

Derrière le maître-autel se trouve un groupe de marbre appelé le Vœu de Louis XIII, qui, en 1638, fit le vœu de mettre son royaume sous la protection de la sainte Vierge, et de réparer le principal autel de Notre-Dame ; mais il mourut avant d'avoir pu l'accomplir. Après lui, Louis XIV l'exécuta, et posa solennellement la première pierre de cet autel en 1699. Cependant le groupe ne fut fait qu'en 1723, par Coustou : il représente une grande croix de marbre blanc sur laquelle est jetée une draperie ; au bas on voit la Vierge assise, tenant entre ses bras le corps de Jésus ; à ses côtés sont placées, sur des piédestaux, les figures de Louis XIII et de Louis XIV lui présentant une couronne. Enlevées pendant la révolution, les statues des deux rois furent rétablies en 1816. Comme monument historique, la cathédrale de Paris rappelle de grands souvenirs. C'est là que nos anciens rois venaient, après leur avénement au trône, renouveler le serment d'être fidèles observateurs des lois et de gouverner pour le bonheur du peuple ; c'est là qu'ils apportaient les trophées de leurs victoires, et qu'ils adressaient au Ciel leurs ferventes invocations lorsque quelque grande calamité publique affligeait le pays.

Sous la Convention, Notre-Dame s'appela le Temple de la Raison. C'est dans cette église qu'en 1801 les trois consuls célébrèrent la réintégration du clergé en France, et qu'en 1804 Napoléon fut sacré empereur par Pie VII.

La porte du milieu du grand portail de l'église Notre-Dame de Paris fut défigurée sous Louis XIV. On lui a restitué sa forme primitive. La restauration du grand portail et des tours est terminée. On achève aussi, au midi de la cathédrale, là où était l'archevêché en 1831, la sacristie archiépiscopale, d'architecture gothique en rapport parfait avec celle de la métropole.

SAINT-LOUIS-EN-L'ILE, rue et île Saint-Louis. — Petite église commencée en 1664 par Levaux, continuée par Leduc, et terminée en 1726 par Doucet. Son clocher, construit en pierre et percé à jour, a l'aspect d'un obélisque et produit un effet assez bizarre. A l'intérieur, on remarque des sculptures de J.-B. Champagne; un Christ à Emmaüs, par Coypel ; et un Saint Louis recevant les derniers sacrements, par Johannot. Le poëte Quinault a été enterré dans cette église.

SAINT-PAUL-ET-SAINT-LOUIS, rue Saint-Antoine, 120. — Belle église bâtie de 1627 à 1641, sur les plans du P. Durand, jésuite. Son portail, de 48 mètres d'élévation, est décoré de trois rangées de colonnes corinthiennes superposées. L'intérieur forme une croix dont le centre est un dôme à pendentifs représentant en sculpture les quatre Évangélistes ; au-dessous sont quatre portraits à fresque de rois de France.

SAINT-GERVAIS-ET-SAINT-PROTAIS, rue du Monceau-Saint-Gervais, derrière l'Hôtel-de-Ville. — Cette église, déjà bâtie au vi^e siècle, dans le bourg de Grève, fut rebâtie en 1242 par Charles VI, restaurée et agrandie en 1581. Le portail date de 1621 ; il est de J. Desbrosses ; il offre un heureux emploi des trois ordres grecs ; son aspect est tout à fait monumental. Il domine une partie de la rive droite de la Seine, et a 52 mètres de hauteur sur 30 de largeur. L'intérieur se distingue par une architecture hardie, et la chapelle de la Vierge est réputée un chef-d'œuvre. Entre autres sépultures, cette église renferme celle du poëte Scarron, premier époux de Mme de Maintenon.

Dixième Arrondissement.

LA SAINTE-CHAPELLE, au Palais-de-Justice. — Édifice remarquable d'architecture gothique, bâti par saint Louis, en 1242, sur l'emplacement d'une chapelle fondée en 885. Pierre de Montereau en fut l'architecte. C'est là que saint Louis renferma, en 1241, la couronne d'épines de Jésus-Christ, un morceau de la vraie croix, le fer de la lance qui perça le côté du Christ, et d'autres reliques achetées par lui 2 millions de francs à l'empereur Baudouin. En 1711, Boileau y fut enterré sous son fameux *Lutrin*. En 1802, la Sainte-Chapelle reçut les archives du Palais-de-Justice. La restauration que l'on y a faite récemment est des plus habiles.

On remarque, dans l'intérieur de l'église, les plus beaux vitraux qui existent peut-être en France.

SAINT-FRANÇOIS-XAVIER ou **DES MISSIONS**, rue du Bac, 120. C'était l'église du couvent des Missions étrangères instituées pour propager la religion chrétienne chez les Infidèles. Entre autres bonnes peintures qu'elle renferme, on doit citer : une Adoration des Mages, une Sainte-Famille, un Apothéose de saint François-Xavier et un Christ chassant les vendeurs du Temple, par Bon Coullongne.

SAINT-GERMAIN-DES-PRÉS, sur la place de ce nom. — Fondée en 558, par Childebert, au milieu d'immenses pâturages, cette église fut terminée en 1163. Les Normands la brûlèrent et la saccagèrent trois fois. Elle est remarquable et doit attirer l'investigation des curieux d'antiquités. Le chœur a été enrichi de peintures à fresque, dues au pinceau de Flandrin. Les dépouilles mortelles de Descartes et de Stanislas de Pologne y sont déposées.

SAINT-PIERRE-DU-GROS-CAILLOU, rue Saint-Dominique. Élevée en 1822, sur les dessins de Godde, cette église se distingue par une noble simplicité.

SAINT-THOMAS-D'AQUIN, sur la place de ce nom.—Fondée en 1683 par le cardinal de Richelieu, sur les dessins de Pierre Bullet, cette église a 44 mètres de long sur 24 de haut. Son portail se compose de deux rangs de colonnes d'ordres dorique et ionique, surmontées d'un fronton sur lequel est sculptée, en bas-relief, la Religion. L'ordre corinthien a été choisi pour orner l'intérieur, dont la forme offre l'aspect d'une croix ; une galerie haute fait le tour de cette église, qui contient d'élégantes sculptures, un Crucifix peint par Guillemot, et un Saint Thomas apaisant la tempête, par Scheffer.

Onzième Arrondissement.

ÉGLISE DE LA SORBONNE, place de la Sorbonne. — L'église et le collége de Sorbonne furent fondés en 1253, par Robert de Sorbon, et placés sous l'invocation de la Sainte Vierge. Rebâtie en 1326, l'église fut dédiée à sainte Ursule. En 1626, le cardinal de Richelieu la fit reconstruire par Lemercier ; mais les travaux n'en furent achevés qu'en 1653. L'ensemble de l'édifice offre trois corps de bâtiments autour d'une cour carrée, aux quatre coins de laquelle s'élèvent des pavillons. Une partie de cette cour étant plus élevée que l'autre, l'église y gagne en majesté. Son portail est décoré des ordres corinthien et composite. A l'intérieur on remarque le tombeau du cardinal de Richelieu, chef-d'œuvre de Girardon.

ÉGLISE SAINT-SULPICE, sur la place de ce nom. — Fondée sur les restes d'une chapelle de Saint-Pierre, elle fut commencée en 1646, par Anne d'Autriche, et terminée en 1733 seulement. Louis Leveau fit les premiers dessins, Servandoni construisit le portail, Maclaurin et Chalgrin élevèrent les tours. Le portique, renommé par son imposante beauté, se compose de colonnes doriques de 14 mètres de haut et 4 mètres d'entablement. Deux tours de 70 mètres d'élévation terminent ses deux côtés. Le plan de l'église est une croix latine, au sommet de laquelle se trouve le chœur. La disposition de l'autel princi-

St-Sulpice.

pal, isolé entre la nef et le chœur, est majestueuse ; il est entouré des douze Apôtres, sculptés par Bouchardon. Deux énormes coquillages, donnés à François Ier par la république de Venise, servent de bénitiers. Derrière le chœur est une splendide chapelle de la Vierge, éclairée fort artistement par un jour mystérieux. La statue de la sainte Vierge a été exécutée en marbre blanc, par Pigale. La chaire s'élève uniquement soutenue par son escalier. Le buffet d'orgues est remarquable par son architecture. Du fond de la nef latérale du nord, il a été tracé, en 1743, sur le pavé, une méridienne pour marquer l'équinoxe du printemps et le solstice d'hiver. La plupart des chapelles latérales sont décorées de fresques, par Abel de Pujol, Vinchon, Drolling, Heim, etc.

SAINT-SÉVERIN, rue Saint-Séverin. — Chapelle construite au VIe siècle, elle fut détruite au IXe par les Normands, et rebâtie à la fin du XIe, époque où elle devint paroisse.

Douzième Arrondissement.

SAINT-MÉDARD, rue Mouffetard, 161. — Cette ancienne église de l'abbaye Sainte-Geneviève possède une Sainte Geneviève, de Vatteau, et un Christ mort, de Van Dyck. C'est dans son cimetière, sur le tombeau du diacre Pâris, que naquit la secte fameuse des Convulsionnaires, en 1727, laquelle nécessita l'intervention royale pour mettre fin aux scandales qu'elle provoquait.

SAINT-NICOLAS-DU-CHARDONNET, rue Saint-Victor, 104. — Cette église, qui existait en 1230, fut réédifiée en 1256 et achevée en 1709. Elle tire son nom de l'emplacement sur lequel elle s'élève, et qui était un terrain couvert de chardons. On y remarque plusieurs bons tableaux de Destouches, de Mignard, de le Brun, de Lesueur, et un tombeau de Girardon.

En entrant du côté de la sacristie sont deux tableaux représentant le Martyre des Machabées, et Saint François de Sales recevant les derniers sacrements; dans une chapelle voisine du chœur est un tableau de Saint Charles, par Lebrun; dans la chapelle du Saint-Sacrement sont les Pèlerins d'Emmaüs, par Saurin; la Manne tombant dans le désert, par Coypel, et un autre miracle de Moïse, par Charles le Brun. Dans la chapelle suivante sont un Martyre de saint Victor et un portrait de Sainte Thérèse. Dans la chapelle de la Vierge sont une Descente de Croix et une Annonciation; sur l'autel une statue de la Sainte Vierge, par Bra. Dans la chapelle suivante, un tableau de Saint Clair. Vis-à-vis du chœur, un tableau de Saint Médard et la Prise de Jésus-Christ dans le jardin des Olives. Dans la chapelle de Saint-François-de-Sales, on voit dans un médaillon un excellent portrait de ce saint. Dans la chapelle Saint-Charles est le tombeau de la mère du peintre le Brun, exécuté par Colignon: elle y paraît sortant de son sépulcre, au son de la trompette sonnée par un ange. Le monument de ce peintre fameux consiste en une pyramide, au bas de laquelle est le portrait de ce grand artiste, par Coysevoix. Cette église possède encore deux tableaux donnés par la ville de Paris, représentant la Résurrection de la fille de Jaïre, et Jésus dans le jardin des Olives, par Destouches. Les restes du poëte Santeuil viennnet d'y être replacés, avec son épitaphe par Rollin.

SAINT-JACQUES-DU-HAUT-PAS, rue Saint-Jacques, entre

les n°s 252 et 254. Cette église, d'abord chapelle d'Hospitaliers venus d'Italie, devint succursale en 1566. La construction de l'église actuelle commença, en 1630, sur les dessins de Gittard. Elle ne fut achevée qu'en 1688, par les libéralités de la princesse de Longueville et le zèle des ouvriers de cette paroisse, qui sacrifièrent un jour de chaque semaine pour la parfaire, en même temps que les carriers fournissaient gratuitement la pierre. Son seul tableau remarquable est un Ensevelissement du Christ, par Degeorges. Elle renferme les tombeaux de Cassini et de Cochin.

SAINT-ÉTIENNE-DU-MONT, rue de la Montagne-Sainte-Geneviève, est un des monuments de Paris qui offrent le plus d'aliment à la curiosité de l'amateur, à l'étude de l'artiste, aux réflexions du philosophe, aux investigations de l'écrivain, amant du moyen âge. Ici du moins n'est-on pas réduit à errer dans le vaste champ des conjectures. Rien d'obscur dans l'origine de cette église, qui a porté successivement les noms de Notre-Dame, de Saint-Jean-du-Mont, et enfin de Saint-Étienne.

La façade principale, qui affecte la forme pyramidale, quoique bizarre, n'est pas sans agrément : c'est un mélange de style grec et sarrasin. La première pierre en fut posée en 1610 par la première femme de Henri IV, Marguerite de Valois, qui, pour avoir cet honneur, donna la somme de 3,000 livres. Ce portique est décoré de quatre colonnes composites, dont les cannelures sont coupées transversalement par des pleins ou bandeaux circulaires chargés d'ornements en bas-relief. La clef de l'arc de la porte est d'une grande richesse ; elle est liée aux chapiteaux des colonnes par des guirlandes du plus beau travail; mais la partie de cette façade qui mérite plus que toute autre l'admiration, c'est une frise profondément fouillée, et qui, quoique un peu confuse par l'abondance même de ses ornements, rappelle pourtant la plus belle époque de l'architecture romaine.

Au-dessus de la façade, un peu à gauche, s'élève la haute tour carrée, surmontée d'un campanille et accouplée à une petite tourelle très-mince, qui renferme l'escalier.

Lorsqu'on entre dans l'église, l'œil est d'abord frappé de la coupe hardie du jubé, qui sépare le chœur de la nef. On appelle *jubé*, dans les anciennes églises, une espèce de pont, surmonté d'un tambour ou pupitre sur lequel on montait pour lire l'Évangile. L'étymologie du mot *jubé* vient de ce que le diacre ou le sous-diacre, avant de faire la lecture de l'Évangile, demande au célébrant sa bénédiction en commençant ainsi : *Jube, Domine, ben*, etc. Le jubé de Saint-Étienne-du-Mont est un des plus beaux de France, et sans contredit le plus hardi et le mieux conservé. La longue voûte surbaissée n'est soutenue au milieu que par deux faisceaux de frêles colonnettes accouplées, qui, se séparant en nervures, viennent se résoudre au milieu en une clef de voûte pendante de la plus grande délicatesse. Les deux escaliers à jour par lesquels on monte au jubé ne méritent pas moins d'admiration; ils tournent autour de deux colonnes, et sont portés en l'air par encorbellement, c'est-à-dire soutenus seulement par leur noyau, l'autre côté restant suspendu sans appui. Le jubé, ainsi que les deux charmantes portes à jour qui en font en quelque sorte la continuation et qui achèvent de séparer le chœur de la nef, est orné de bonnes sculptures de Biart père.

La chaire à prêcher est une des plus belles de Paris. Les panneaux, ornés de bas-reliefs, sont séparés par des Vertus, figures assises et d'un travail exquis. Sur l'abat-voix, un Ange levant une trompette semble appeler les fidèles. Enfin, le monument entier est soutenu par une statue colossale de Samson, agenouillé sur un lion terrassé et tenant à la main la mâchoire d'âne, son attribut ordinaire.

Les colonnes de la nef sont jointes par des arcades construites au XVIIᵉ siècle. Celles du chœur, dont les fûts sont d'une longueur démesurée, sont dépourvues de chapiteaux, et les nervures des voûtes naissent du rond même de la colonne, particularité que l'on ne voit que dans l'église Notre-Dame-des-Champs, à Paris, et dans la jolie église de Pierrefonds, près de Compiègne, village si connu pour les belles ruines de son château.

Les vitraux, qui datent du XVIᵉ siècle, sont très-estimés. Parmi ceux qui ont échappé à la destruction, les plus curieux sont une Descente du Saint-Esprit et un Martyre de saint André. Peu d'églises, à Paris, renferment des tableaux plus précieux. Il suffit de signaler un grand tableau allégorique de Largillière; un Saint Pierre guérissant des malades, par Jouvenet; la Prédication de saint Étienne, d'Abel de Pujol; Sainte Geneviève priant le Ciel d'apaiser un orage, par Grenier; la Mort de saint Louis, par Rouget; dans la chapelle de la Vierge, une Annonciation, la Visitation et l'Adoration des Mages, de Caminade; enfin, une Invocation à la Madone, de Schnetz, scène italienne pleine d'âme et de sentiment, où l'artiste a réuni aux pieds de la Mère des Sept-Douleurs un abrégé de tous les maux qui affligent l'humanité.

Plusieurs personnages, célèbres à différents titres, sont enterrés dans les caveaux de Saint-Étienne-du-Mont. On cite Eustache le Sueur, le Raphaël français, mort en 1655; le célèbre botaniste Tournefort, mort en 1708; Racine et Pascal : les épitaphes de ces deux derniers se lisent dans l'église, près de la porte d'une des sacristies. L'inscription de Racine, composée par Boileau, retirée des ruines de l'église de Port-Royal, en 1800, fut placée à Saint-Étienne par les soins de M. Chabrol de Volvic, alors préfet de la Seine, en face de celle de l'auteur des *Lettres provinciales*, mort en 1662, à l'âge de trente-neuf ans.

Près de là, dans une chapelle du style le plus ancien, on vénère un sarcophage de pierre, entouré d'une quantité de cierges entretenus par la piété des fidèles. Une inscription nous apprend que sainte Geneviève y fut déposée, et qu'elle y resta cent vingt ans, jusqu'à l'époque où une châsse, ouvrage de saint Éloi, reçut les ossements de la patronne de Paris. Cette chapelle est tapissée d'*ex-voto* de toutes espèces.

PANTHÉON, sur la place de ce nom, aujourd'hui église Sainte-Geneviève. — Quelques historiens font remonter la fondation de ce monument à Clovis, qui, après la bataille de Tolbiac, cédant aux sollicitations de la reine Clotilde et de sainte Geneviève, aurait élevé dans ce lieu une église consacrée à saint Pierre et à saint Paul. En 512, sainte Geneviève y fut inhumée, et dès lors cette église fut dédiée à la patronne de Paris. En 1764, Louis XV, pour accomplir un vœu qu'il avait formé pendant sa maladie à Metz, la fit réédifier par Soufflot. Le plan général représente une croix grecque, composée de quatre nefs réunies

Nouveau Guide a Paris
Napoléon Chaix & C.
Panthéon.

par un dôme à leur centre. Ce magnifique monument, en y comprenant le péristyle, a 113 mètres de longueur sur 85 de largeur, et 83 mètres d'élévation. Sa façade principale se compose d'un vaste perron et d'un portique imité du Panthéon de Rome. Il présente vingt-deux colonnes cannelées d'ordre corinthien, qui ont 20 mètres de hauteur et 2 mètres de diamètre; elles supportent un fronton triangulaire d'une longueur de 33 mètres sur une hauteur de 7 mètres. Sur son tympan est un splendide bas-relief de David d'Angers, représentant la France couronnant ses grands hommes. A sa droite sont rangés : Fénelon, Malesherbes, Mirabeau, Voltaire, Rousseau, Lafayette, Carnot, Manuel, Monge, la Place, Cuvier, David, Bichat, etc. ; et à sa gauche, Napoléon et les représentants de la République et de l'Empire. L'Histoire et la Liberté, placées aux pieds de la France, inscrivent les noms des personnages célèbres. Il a été décidé que ce bas-reliefs erait conservé. Avant qu'on rendît cette église au culte catholique, on lisait sur la frise : *Aux grands hommes la Patrie reconnaissante.* — Le Génie, le courage civil, la Science, etc., sont sculptés sur les bas-reliefs du portique. Le dôme extérieur montre d'abord, au-dessus des combles, un vaste soubassement carré à pans coupés, où viennent aboutir quatre arcs-boutants sur lesquels sont pratiqués des escaliers découverts montant au dôme. Sur ce premier soubassement, élevé de 24 mètres au-dessus du perron, est un second soubassement circulaire de 4 mètres de diamètre. Au-dessus s'élève une colonnade circulaire composée de trente-deux colonnes corinthiennes de 11 mètres de haut, soutenant un entablement que couronne une galerie découverte.

Ce péristyle est divisé en quatre parties par des massifs correspondant aux quatre piliers du dôme, dans lesquels sont pratiqués quatre escaliers à vis. Derrière ce péristyle, le mur de la tour du dôme est percé de douze grandes croisées correspondant aux entre-colonnements de l'intérieur. Au-dessus de ce péristyle, de son entablement et de sa balustrade est un attique de 6 mètres, dont la corniche se découpe en arceaux garnis de vitraux. C'est sur son socle que s'appuie la grande voûte principale : elle a un diamètre de 25 mètres et une hauteur de 14 ; son albe est divisé en seize côtés saillants, dont la largeur est égale à leurs intervalles, et elle est couverte de lames de plomb. Une lanterne circulaire ornée de douze colonnes, percée de dix croisées en arcades, s'élève au-dessus de la sommité du dôme, et son point culminant est à 143^{m},36 au-dessus du niveau de la mer. Le nombre des marches pour gravir au haut de la coupole est de 475. Telle est l'ordonnance extérieure de cet édifice, dont l'intérieur, par la disposition des nefs, l'ornementation, le pavage, l'Apothéose de sainte Geneviève peinte par Gros, mérite toute l'attention des visiteurs. A 6 mètres de profondeur se trouve une église souterraine qui offre un effet d'écho remarquable, et où sont réunies les tombes de Soufflot, Voltaire, Rousseau, Bougainville, du maréchal Lannes, etc. — Mirabeau et Marat y avaient été inhumés, mais ils en furent peu de temps après expulsés par un décret national, lors de la réaction thermidorienne.

Le Panthéon fut, en juin 1848, le théâtre d'un combat sanglant. Les insurgés s'y étant retranchés, n'en purent être délogés que par l'artillerie, dont les projectiles mutilèrent la colonnade et l'intérieur du bâtiment. C'est à ce combat que le brave général Damesme, commandant la garde mobile, reçut une blessure dont il mourut peu de jours après.

COUVENTS.

(FEMMES.)

BÉNÉDICTINES DE L'ADORATION PERPÉTUELLE DU SAINT-SACREMENT, au Temple, dans la rue de ce nom. — La façade de cet édifice est ornée d'un péristyle de huit colonnes ioniques accouplées Deux fontaines jaillissantes en décorent les extrémités. Sur leurs soubassements sont placées des statues représentant la Seine et la Marne. La chapelle de ce monastère fut achevée en 1823. Sur la façade est un portique formé de deux colonnes ioniques supportant un fronton triangulaire. Sur la plinthe se lit cette inscription : *Venite adoremus*. L'ordre ionique règne également dans l'intérieur de cet élégant édifice. Son autel est décoré d'une Sainte-Famille, d'un Saint Louis et d'une Sainte Clotilde, par Lafond. On y remarque aussi une Annonciation et une Adoration du Sacré Cœur. L'orgue, par une singularité remarquable, est placé au-dessus de l'autel principal. Cette chapelle est ouverte les dimanches et fêtes, de 9 à 11 heures du matin, et l'après-midi, de 2 à 3 heures. Dans le jardin actuel de ces religieuses s'éleva, durant cinq siècles, la tour du Temple, abattue en 1811. (Voir l'article TEMPLE, page 29.)

Les religieuses de cet ordre possèdent un second couvent rue Neuve-Sainte-Geneviève, 33.

CARMELITES. — Elles possèdent, à Paris, trois couvents : rue d'Enfer, 67 ; rue Cassini, 2 ; rue de Vaugirard,

78. Ce dernier occupe les bâtiments et l'église des Carmes déchaussés, religieux célèbres par leur austérité personnelle, leur eau de mélisse et l'éclat du blanc dont ils savaient faire resplendir leurs murs. Des pilastres corinthiens ornent le portail de l'église, sur lequel est un fronton qui représente la Sainte Vierge, portant dans ses bras l'Enfant Jésus. Le même ordre décore son intérieur, où les ornements sont répandus avec profusion. Sa forme est une croix romaine, ayant un dôme dans l'intersection de ses bras. Sa coupole, peinte par Fléamel, représente l'Enlèvement du prophète Élie. — Sur l'autel est un tableau représentant la Mort de saint Joseph. Dans la chapelle de la Vierge, on remarque un groupe de marbre composé de Marie et de l'Enfant Jésus. Dans la chapelle de Sainte-Thérèse, cette sainte paraît en extase ; dans son rond-point, la Sainte-Trinité est peinte à fresque, caractérisée par les attributs que lui prêtent les peintres. Cette église fut, en 1792, le premier théâtre des atrocités et des massacres qui souillèrent les journées des 2 et 3 septembre.

DAMES DE LA CONGRÉGATION DE L'ADORATION PERPÉTUELLE DU SACRÉ-CŒUR DE JÉSUS, rue de Sèvres, 16, à l'Abbaye-aux-Bois. — Pension de jeunes demoiselles ; lieu de retraite pour les veuves et les femmes âgées ; écoles gratuites.

DAMES DE LA CONGRÉGATION DE NOTRE-DAME, rue de Sèvres, près du boulevart. — Instruction gratuite des pauvres filles ; lieu de retraite pour les personnes âgées.

DAMES DU CALVAIRE, rue du Petit-Vaugirard. — Pensionnat.

DAMES DOMINICAINES DE LA CROIX, rue de Montreuil, 37. — Pensionnat; école de jeunes filles.

DAMES DE LA CONGRÉGATION DE LA MÈRE DE DIEU, rue Barbette, 2 et 4. — Éducation des filles des chevaliers de la Légion-d'Honneur.

DAMES DE LA MISÉRICORDE, rue Neuve-Sainte-Geneviève, 25. — Pensionnat; instruction gratuite des pauvres.

CHANOINESSES DE SAINT-AUGUSTIN, ou **CONGRÉGATION DU SACRÉ-CŒUR**, rue de Picpus. — Grande communauté, vouée à l'adoration perpétuelle du Saint-Sacrement. Éducation de la jeunesse. Sans aucun revenu, cette congrégation entretient, par son travail, un grand nombre de personnes de son sexe.

DAMES DU SACRÉ-CŒUR, rue de Varennes.

DAMES FRANCISCAINES DE SAINTE-ÉLISABETH, rue St-Louis, 40.

DAMES BERNARDINES DE L'ANCIEN PORT-ROYAL, rue de Vaugirard, 67.

SŒURS DE NOTRE-DAME-DE-BON-SECOURS, rue Mézières, 9, près du Luxembourg.

COUVENT DE L'IMMACULÉE CONCEPTION, rue des Postes, 40.

DAMES DE SAINT-THOMAS-DE-VILLENEUVE, impasse des Vignes, rue des Postes.

COUVENT DES DAMES DE SAINT-MICHEL, rue Saint-Jacques, 193. — Dirigé par les Filles-de-la-Madeleine-Repentie Les parents et époux ont la faculté d'y placer, avec l'autorisation des tribunaux, leurs femmes et leurs filles, lorsque leur conduite est répréhensible.

SÉMINAIRES.

(HOMMES.)

SÉMINAIRE SAINT-SULPICE, place de ce nom. — La façade principale de ce bâtiment, dont l'architecture appartient au style florentin, donne sur la place Saint-Sulpice et se compose d'un corps principal au centre de deux pavillons de chaque côté. La longueur de cette façade a 60 mètres; à son centre s'élève un porche formé de trois arcades et surmonté d'une terrasse. Le séminaire présente un parallélogramme encadré par une vaste cour de 36 mètres, entourée d'une galerie couverte et en arcades. Il renferme des parloirs, des réfectoires, des salles d'exercices et de conférences, et 260 chambres d'habitation. On y élève 160 étudiants en théologie; 50 autres étudient la philosophie dans la succursale d'Issy, près de Paris.

SÉMINAIRE DU SAINT-ESPRIT, rue des Postes. — Les élèves de ce séminaire, composés de jeunes Français ou de créoles qui se sont voués à l'état ecclésiastique, sont destinés aux missions pour les colonies françaises.

PETIT SÉMINAIRE. — Il forme deux divisions : l'une établie à l'ancien séminaire de Saint-Nicolas-du-Chardonnet, rue de Pontoise, 18 *bis* ; l'autre à Chantilly (260 élèves).

INSTITUTION DES FRÈRES DES ÉCOLES CHRÉTIENNES, rue Oudinot, faubourg Saint-Germain. — C'est là que sont instruits les Frères des Écoles chrétiennes.

CAISSE DIOCÉSAINE. — Les fonds sont destinés à faire des pensions aux prêtres que l'âge ou les infirmités rendent incapables d'exercer leurs fonctions, et à procurer aux jeunes gens sans fortune qui se destinent à l'état ecclésiastique les moyens de poursuivre leurs études.

CULTES DIVERS.

ORATOIRE. Temple des protestants réformés ou calvinistes, rue Saint-Honoré, 107. — Élevé de 1621 à 1630, sur l'emplacement de l'hôtel de Gabrielle d'Estrées, ce temple était jadis l'église du chef-lieu de l'ordre des pères oratoriens.

SOCIÉTÉ PROTESTANTE DES MISSIONS ÉVANGÉLIQUES CHEZ LES PEUPLES NON CHRÉTIENS, rue de Berlin, 7.

CHAPELLE DES FRÈRES MORAVES, rue de la Bienfaisance, 21.

CHAPELLE MARBŒUF, rue de Chaillot, 78 *bis*, aux Champs-Élysées. — Culte anglican.

CHAPELLE DE L'AMBASSADE DE RUSSIE, rue Neuve-de-Berri, 4, aux Champs-Élysées. — Église grecque.

CHAPELLE ANGLICANE, rue d'Aguesseau, 5, élevée en

1833, aux frais de l'évêque Luscombe, par l'architecte Dahlstein, dans le style gothique anglais. Son exécution soignée, la riche décoration de sa façade et sa distribution intérieure assignent une place distinguée à ce petit monument, réservé à l'ambassade anglaise et aux Anglais qui résident à Paris. Le service divin y est célébré les dimanches et fêtes, de 11 à 3 heures, en langue anglaise, par Mgr l'évêque, assisté d'ecclésiastiques de sa nation.

ÉGLISE CONSISTORIALE DE LA RÉDEMPTION, rue Chauchat; établie dans les bâtiments de l'ancien Entrepôt.

CHAPELLE FRANÇAISE, rue Charlot, 6.

CHAPELLE ÉVANGÉLIQUE RÉFORMÉE, rue de Provence, 44.

SOCIÉTÉ BIBLIQUE PROTESTANTE DE PARIS, rue des Moulins-Saint-Roch, 16.

SYNAGOGUE, rue Neuve-Saint-Laurent, et rue Notre-Dame-de-Nazareth, 15.

ÉGLISE DU CULTE ÉVANGÉLIQUE, rue Ménilmontant, 3.

CHAPELLE ÉVANGÉLIQUE RÉFORMÉE, rue du Temple.

ÉGLISE CONSISTORIALE DES BILLETTES, dans la rue de ce nom. — Bâtie et rebâtie de 1285 à 1808, son plan et son ordonnance rappellent la disposition de l'*Annonciation*, à Florence. On y fait tous les dimanches le service à midi en français, et à 2 heures en allemand.

LA VISITATION, rue Saint-Antoine, 216. — Bâtie par

Mansard, en 1632. Service à midi et demi, en français, les dimanches et jours de fêtes.

ÉGLISE DU CULTE ÉVANGÉLIQUE, rue Saint-Maur.

CHAPELLE DU CULTE AMÉRICAIN, rue de Varennes, 23.

CIMETIÈRES.

CIMETIÈRE DE PICPUS, rue de Reuilly; non public. Il renferme les restes mortels de quelques familles nobles, les Lamoignon, les Grammont, les Noailles, et les cendres du général Lafayette. On le visite en s'adressant au concierge.

CIMETIÈRE DU PÈRE-LACHAISE OU DE L'EST. — Ce cimetière est situé à l'extrémité de la rue de la Roquette, sur l'emplacement de l'ancienne maison de campagne du père de la Chaise, confesseur de Louis XIV, achetée en 1804, au nom de la Ville, par M. Frochot, préfet de la Seine. Constamment agrandi depuis lors, il s'étend sur une surface de près de 15 hectares de terrain, et renferme un grand nombre d'admirables monuments, parmi lesquels on remarque celui d'une princesse Demidoff, et quantité de statues et de bustes de personnages célèbres, qui sont de véritables objets d'art. Le monument Demidoff a coûté plus de 300,000 fr. On y a transporté les restes de la Fontaine, de Boileau, de Molière, de Delille, etc. Au rond-point s'élève le monument de Casimir Périer, érigé au milieu d'un terrain concédé gratuitement par la Ville, comme hommage à ce grand citoyen, Les curieux visitent avec intérêt le tombeau d'Héloïse et d'Abeillard, transporté du couvent de Paraclet. Au centre de ce cimetière s'élève une chapelle. (Voir page 200.) — C'est au Père-Lachaise que reposent, entre autres personnages illustres : Géricault, Cuvier, Monge, le général Foy, Talma, Desèze, la Place, Masséna, Benjamin Constant, le maréchal Ney, dont la fosse mortuaire dénuée de pierre funéraire et d'autres signes distinctifs, est entourée d'une simple grille de fer sur laquelle une main inconnue a tracé grossièrement ces mots : *Sta viator. heroem calcas.* (Arrête-toi, passant ; tu foules la cendre d'un héros.) On trouve facilement, dans le cimetière même, des guides, qui, moyennant une légère rétribution, se chargent d'en montrer les curiosités.

CIMETIÈRE MONTMARTRE OU DU NORD, au bas de la butte Montmartre, entre les barrières Blanche et de Clichy (*extra muros*). — Ce cimetière, qui porta d'abord le nom de Champ-du-Repos, est le premier qui ait été établi en dehors du mur d'enceinte. Il a été récemment agrandi, et renferme environ 10 hectares. On y remarque un grand nombre de somptueux monuments, entre autres ceux des familles d'Aguesseau, Ségur, de Montmorency, etc. C'est là que sont déposés les restes mortels de Legouvé, de Saint-Lambert, de Nourrit, de Fourier, père de la doctrine phalanstérienne, et de plusieurs autres personnages célèbres.

CIMETIÈRE DU MONTPARNASSE OU DU SUD, entre les barrières d'Enfer et du Mont-Parnasse. — Ouvert depuis peu d'années ; renferme 10 hectares de terrain, et contient les tombeaux du dernier d'Aguesseau, de la duchesse de Gèvres, de Dulaure, etc. C'est là que furent déposés les restes

néconnaissables des victimes de la catastrophe qui eut
ieu, le 8 mai 1842, sur le chemin de fer de Versailles
(rive gauche). On y remarque le monument, orné de
peintures polychromes, que la Société de géographie a
fait élever à Dumont d'Urville, l'une de ces victimes, dont
les cendres sont réunies à celles de sa femme et de son
enfant.

CATACOMBES. — Située barrière d'Enfer, cette crypte
souterraine, creusée de temps immémorial pour l'exploi-
tation des pierres que renfermaient les carrières voisines
de Paris, fut consacrée, en 1786, au dépôt des os recueillis
au charnier des Innocents et dans d'autres cimetières
jusqu'alors établis autour des églises. En 1810 seulement,
on classa et l'on disposa symétriquement les débris qui y
étaient entassés. Les catacombes renferment aujourd'hui
les restes de plus de 100,000 cadavres disposés en manière de décoration sépulcrale. Les galeries, hautes de 2
mètres et larges de 2^m,30, présentent une étendue de 655
mètres, et correspondent souterrainement à des rues dont
elles portent les noms et les numéros. Cette précaution
facilite les travaux de consolidation que nécessitent de
fréquents éboulements. Les accidents qui résultent de la
mobilité des terres ont obligé, depuis quelques années,
d'interdire aux curieux la visite des Catacombes.

CHAPITRE V.

RENSEIGNEMENTS UTILES A CONSULTER

CLASSÉS PAR ARRONDISSEMENTS.

Sous ce titre, nous avons réuni les divers établissements d'utilité publique qui peuvent, dans beaucoup de circonstances et d'une manière urgente, intéresser le voyageur; tels sont :

Les *mairies*, pour les formalités qu'ils doivent nécessairement remplir en cas de naissance d'un enfant, en cas de mariage ou de décès;

Les *justices de paix*, en cas de contestations;

Les *commissariats de police*, en cas de contestations, de délits ou de crimes ;

Les *bureaux de poste* les plus voisins;

Les *ambassades et consulats;*

La *poste aux chevaux*, et les principaux établissements industriels.

Mairies. — Justices de Paix. — Commissariats de Police.

ARR.	MAIRIES.	Justices de Paix.	COMMISSARIATS DE POLICE.
1er	Rue d'Anjou-Saint-Honoré, 11....	A la Mairie.	Rue Saint-Nicaise, 1. Passage Sandrier, 7. Rue Penthièvre, 12. — de la Réforme, 31. — de la Pépinière, 22.
2	Rue Drouot, 6.	A la Mairie.	— de Valois, 7. — Favart, 2. — Faubourg-Montmartre, 33. — — 67. — Papillon, 10.
3	Rue de la Banque.	A la Mairie.	— Jean-Jacques-Rousseau, 21. — Montmartre 144. — d'Enghien 20.
4	Place du Chevalier-du-Guet, 4.	A la Mairie.	Cloître Saint-Honoré, 6 Rue St-Germ.-l'Auxerrois, 86. Halle aux Toiles.
5	Faubourg Saint-Martin, 72.....	A la Mairie.	Rue Saint-Sauveur, 18. — Beauregard, 16 — Neuve-de-la-Fidélité, 28. — des Vinaigriers, 22. Passage de l'Entrepôt, 5.
6	Rue Vendôme, 11.	A la Mairie.	Rue Quincampoix, 39. — Neuve-Saint-Denis, 5. — Percée-du-Temple, 1. — du Grand-Prieuré, 21.
7	Rue Sainte-Croix-de-la-Bretonnerie. 20.	A la Mairie.	— du Cloître Saint-Merri, 4. — Pavée-Marais, 1. — du Grand-Chantier, 7.
8	Place Royale, 14.	A la Mairie.	— du Harlay, 4. — Saint-Sébastien, 24. — Faubourg-St-Antoine, 115. Faubourg Saint-Antoine, 170. Rue de Charenton, 68.
9	Rue Geoffroy-l'Asnier, 23	A la Mairie.	Place Beaudoyer, 6. Rue de l'Orme, 18. Quai Napoléon, 7.
10	Rue de Grenelle-Saint-Germain, 7....	A la Mairie.	Rue Jacob, 12. — Bellechasse, 30. — Oudinot, 7. — Saint-Dominique, 170
11	Place St-Sulpice, 18.	A la Mairie.	Cour du Harlay, 22. Rue Suger, 13. — Hautefeuille, 5. — de l'Ouest, 35.
12	Place du Panthéon.	A la Mairie.	Quai Montebello, 5. Rue des Postes, 10. — Guy-Labrosse, 8. Marché aux Chevaux, 14.

BUREAUX DE POSTE.

Les bureaux d'arrondissement dans Paris, sont ouverts de 8 heures du matin à 8 heures du soir; les dimanches et fêtes jusqu'à 5 heures seulement. Les bureaux annexes également. — Ces bureaux affranchissent, chargent et recommandent pour Paris, la province et l'étranger, paient et reçoivent les articles d'argent, et reçoivent les réclamations.

BUREAU **A**. Rue Saint-Honoré, 12.	ANNEXES. Rue Neuve-Bourg-l'Abbé, 1; Hôtel-de-Ville.
— **B**, Boulev. Beaumarchais, 29.	— Rue du Faubourg-Saint-Antoine, 196.
— **C**. Rue du Grand-Chantier, 5.	— Rue Folie-Méricourt, 12.
— **D**. — de l'Echiquier, 27.	— Faubourg Saint-Martin, 162. Place Lafayette, 5.
— **E**. — de Sèze, 24.	— Faubourg Saint-Honoré, 175 rue de Londres, 33.
— **F**. — de Beaune, 16.	— Petite rue du Bac; rue Saint-Dominique, 148.
— **G**. — St-André-des-Arts, 61.	— Rue de la Sainte-Chapelle, 15.
— **H**. — des Fossés-Saint-Victor. 35.	— Boulevart de l'Hôpital, 5; rue Saint-Louis-en-l'Isle, 29.
— **J**. Place de la Bourse, 4.	— Rue Bourdaloue, 5.
— **K**. Rue de Rivoli, 10 *bis*.	— — de Chaillot, 6.
— **L**. Au Luxembourg, rue de Vaugirard, 19.	

Bureau du Corps législatif, rue de l'Université.

Une levée spéciale pour les courriers supplémentaires a lieu à 5 heures en été et à 5 h. 1/2 en hiver.

La première levée des boîtes a lieu, aux boîtes de quartiers et d'arrondissements à 7 h. 1/2 et 8 h. 1/4, à l'Hôtel des Postes à 9 heures.

La dernière levée des boîtes à lieu à 3 h. 1/2 du soir,

aux boîtes de quartiers ; à 4 heures aux boîtes d'arrondissements ; à 5 heures à l'Hôtel des Postes, au Palais de
la Bourse et au Corps législatif. — A 5 h. 1/4 , à l'Hôtel
des Postes pour les lettres affranchies , seulement. (Voir
pages 61 et 62.)

AMBASSADES ET CONSULATS (1).

AMBASSADES.

ANGLETERRE, rue du Faubourg-Saint-Honoré, 39.
AMÉRIQUE CENTRALE ou GUATÉMALA, rue de Provence, 21.
AUTRICHE, rue Saint-Dominique-Saint-Germain, 121.
BADE, rue Lepelletier, 2.
BAVIÈRE, rue Neuve-des-Mathurins, 9.
BELGIQUE, rue de la Chaussée-d'Antin, 7.
BOLIVIA ou HAUT-PÉROU, rue Laffitte, 31.
BRÉSIL, rue Laffitte , 2.
CHILI, rue de la Chaussée-d'Antin, 27.
DANEMARK, rue Cadet, 16.
ESPAGNE, rue de Clichy, 19.
ÉTATS-ROMAINS, rue Saint-Guillaume, 20.
ÉTATS-UNIS, rue Laffitte, 23.
GRÈCE, rue d'Anjou-Saint-Honoré, 20.
HANOVRE, rue du Faubourg-Saint-Honoré, 85.
HESSE-DARMSTADT, rue du Luxembourg, 25.
HESSE-ÉLECTORALE, rue Godot-de-Mauroy, 11.
LUCQUES, rue de Clichy, 19.

(1) Visa des passeports pour l'étranger, etc.

MECKLEMBOURG-SCHWERIN, rue de la Madeleine, 14.

MECKLEMBOURG-STRELITZ et SAXE-WEIMAR, rue Caumartin, 7.

MEXIQUE, rue Neuve-Saint-Augustin, 50.

NAPLES, place Beauvau.

NASSAU, rue de la Ville-l'Evêque, 10.

PARME, rue Saint-Dominique, 121.

PAYS-BAS, rue de la Ville-l'Evêque, 10.

PORTUGAL, rue de Tivoli.

PRUSSE, rue de Lille, 86.

RUSSIE, place Vendôme, 12.

SARDAIGNE, rue Saint-Dominique, 69.

SAXE, rue de la Pépinière, 21.

SUÈDE, rue d'Anjou-Saint-Honoré, 58.

SUISSE, rue Neuve-des-Mathurins, 23.

TOSCANE, marché d'Aguesseau, 4.

TURQUIE, rue du Faubourg-Saint-Honoré.

VILLES ANSÉATIQUES, rue Caumartin, 22.

WURTEMBERG, rue Neuve-des-Mathurins, 15.

CONSULATS.

ANGLETERRE, rue du Faubourg-Saint-Honoré, 39.

AUTRICHE, rue Laffitte, 15.

BRÉSIL, rue Bleue, 13.

DANEMARK, rue de Tournon, 17.

ESPAGNE, rue Lepelletier, 12.

ÉTATS-UNIS, rue de Sèvres.

GRÈCE, rue Lepelletier, 18.

MEXIQUE, rue Neuve-Saint-Augustin, 50.

PAYS-BAS, rue du Faubourg-Saint-Honoré.

PORTUGAL, rue Louis-le-Grand, 25.

RUSSIE, rue des Champs-Elysées, 1.

SUÈDE et NORVÉGE, rue Saint-Lazare, 40.

POSTE AUX CHEVAUX.

La Poste aux chevaux est rue de la Tour-des-Dames et rue Pigale, 2. — L'origine de cet établissement remonte au mois de juin 1464, date de l'ordonnance du roi Louis XI, auteur de cette institution. La Poste aux chevaux comptait, avant la création des chemins de fer, 1,200 chevaux et 400 postillons. L'ordonnance du 1er janvier 1840 fixe le prix du service de chaque cheval à 2 fr. par myriamètre, et de chaque postillon à 1 fr. par égale distance ; toutefois, il est d'usage de payer le postillon sur le même pied qu'un cheval. La première poste, à partir de Paris, est payée 8 kilomètres en sus, sous la dénomination de *pavé*.

MONT-DE-PIÉTÉ.

Cet établissement central des prêts sur nantissement est situé rue des Blancs - Manteaux et rue de Paradis (quartier du Marais). — L'intérêt est à raison d'environ 9 0/0. Les objets engagés sont vendus le 13 mois, à moins de renouvellement. Une mesure adoptée récemment permet aux déposants de se libérer par à-comptes. Il y a plusieurs succursales, ainsi qu'un grand nombre de commissionnaires répartis dans les divers quartiers de Paris, et facilement reconnaissables à leurs enseignes et à leurs lanternes. La commission pour l'engagement et le dégagement élève l'intérêt de l'argent à 13 0/0 environ. Les engagements, pour une valeur au-dessus de 20 fr., ne sont point admis sans passeport ou papiers qui soient de nature à constater l'identité du déposant.

CHAPITRE VI.

ENVIRONS DE PARIS.

Sommaire. — Fortifications de Paris. — Alfort. — Asnières. — Auteuil. — Batignolles. — Bicêtre. — Boulogne. — Chantilly. — Charenton. — Clichy-la-Garenne. — Enghien. — Fontainebleau. — Maisons-Laffitte. — Meudon. — Monceaux. — Montmorency. — Neuilly. — Passy. — Rambouillet. — Ruel. — Saint-Cloud. — Saint-Denis. — Saint-Germain. — Saint-Ouen. — Sceaux. — Sèvres. — Versailles. — Vincennes.

Les étrangers qui visitent Paris désirent aussi connaître ses ENVIRONS, si remarquables à tous égards. Nous allons donner, ainsi que nous l'avons promis, une notice sur ces lieux, qui n'inspirent pas moins d'intérêt, pour ainsi dire, que les curiosités de la capitale.

Les moyens de transport pour aller à Sèvres, Meudon, Saint-Cloud, Versailles, Saint-Germain, Rambouillet, Fontainebleau, etc., sont extrêmement multipliés. A toute heure du jour, les chemins de fer, les gondoles des rues de Rivoli et du Bouloi conduisent les voyageurs dans tous les environs de Paris, et aux prix les plus modiques.

Ainsi, le chemin de fer de la rive droite a des stations à Saint-Cloud, Sèvres, Ville-d'Avray, Suresnes, Courbevoie, Versailles, Saint-Germain, Ruel, Nanterre, etc. ;

Celui de la rive gauche (Ouest) a des stations à Meudon, Bellevue, Sèvres, Viroflay, Versailles, Saint-Cyr, Rambouillet.

Le chemin de fer d'Orléans a des stations à Choisy, Villeneuve-Saint-Georges, Juvisy, Savigny, en communication avec toutes les magnifiques campagnes sises au midi de Paris ;

Celui du Nord, à Saint-Denis, Enghien, Isle-Adam, etc. ;

Celui de Lyon, à Villeneuve, Fontainebleau, etc. ;

Celui de Strasbourg, à Noisy, Lagny, etc. ;

Celui de Sceaux, à Arcueil, Bourg-la-Reine, Fontenay-aux-Roses, etc.

FORTIFICATIONS.

Depuis la révolution de 1789, à plusieurs reprises on a eu le projet d'élever des fortifications autour de Paris. Après les désastres de 1815, Napoléon éprouva à Sainte-Hélène un regret bien amer de ce que les Parisiens avaient été forcés d'ouvrir leurs portes aux armées coalisées, faute d'être suffisamment protégés ; et ce regret, il l'a consigné dans le *Mémorial de Sainte-Hélène.*

Enfin, après de longs débats parlementaires, les fortifications furent votées en 1841, et leur érection coûta 140 millions de francs. C'est un travail gigantesque.

Elles se composent : 1° d'une enceinte continue qui s'étend sur les deux rives de la Seine, surmontée de bastions et de terrasses, avec une escarpe revêtue, de 10 mètres; 2° de dix-sept forts détachés, avec plusieurs tranchées. Le tout est relié par des routes stratégiques.

Voici le nom des forts détachés :

FORTS de *Charenton*, de *Nogent*, de *Rosny*, de *Noisy*, de *Romainville*, d'*Aubervilliers*, de l'*Est*, de la *Couronne du Nord*, de la *Briche*, du *Mont-Valérien*, de *Vanves*, d'*Issy*, de *Montrouge*, de *Bi être*, d'*Ivry*, de *Stains*, de *Rouvray*.

On a également augmenté l'importance du fort de Vincennes.

ALFORT (1).

Alfort, dépendance de Charenton, possède une école destinée à préparer, par une instruction spéciale, des vétérinaires pour l'armée On y envoie les chevaux malades. Un cours de clinique hippique y est professé pour les élèves.

ASNIÈRES.

Ce charmant village, orné d'une jolie place publique plantée d'arbres, est situé sur la rive droite de la Seine, qu'on y passe sur un pont récemment construit. Sa distance de Saint-Denis est de 8 kilomètres, et de Paris 6 kilomètres N.-N.-O. Son nom, d'après l'abbé Lebeuf, viendrait de la multitude d'ânes qu'on y élevait: *Asinariæ à gregibus asinorum dictæ*.

Le plus ancien monument qui en fasse mention est une bulle de 1158. Asnières y est désigné sous le titre de *cure*.

(1) Pour cette classification, nous avons adopté l'ordre alphabétique.

A cette époque, la paroisse comprenait le territoire qui depuis composa celle de Gennevilliers ; mais, depuis 600 ans environ, ce village en est détaché. Les abbés de Saint-Denis étaient seigneurs d'Asnières. Un de leurs officiers y tenait chaque année une assise sur le bord de la Seine : L'abbé y faisait faire l'appel de tous les justiciables, et y jugeait les causes pendantes ; puis le fermier du bac était obligé de donner à dîner aux bénédictins et aux officiers de justice.

Comme tous les serfs de l'abbaye, les habitants d'Asnières furent affranchis en 1248. Dans les temps modernes, ce village a toujours été environné de jolies maisons de campagne. On citait celles de la duchesse de Brunswick et de la marquise de Parabère, favorite du régent. Le château qu'y bâtit, au xviie siècle, le prince palatin Édouard de Bavière, pour sa femme Anne de Gonzague de Clèves, et qui fut plus tard la demeure de M. le baron de Prony, est de nos jours exploité par des ordonnateurs de fêtes où se porte toute la population élégante de Paris.

AUTEUIL.

Village très-agréable, sur une éminence, entre le bois de Boulogne et la grande route de Versailles. On y trouve quantité de maisons de campagne charmantes ; quelques-unes d'elles rappellent le souvenir d'hommes illustres : Boileau, Helvétius, Franklin les habitèrent. Dans le cimetière, une pyramide est élevée à la mémoire du chancelier d'Aguesseau, qui y repose. Billancourt et l'île de Sèvres en dépendent.

RATIGNOLLES.

Cette ville, qui date à peine de quinze ou seize années, est située au sortir de la barrière de Clichy, où la deuxième légion de la garde nationale parisienne s'immortalisa en 1814, en défendant la capitale contre les armées coalisées. Là s'est passée la scène qui a fourni au peintre spirituel et fécond , Horace Vernet, le sujet d'un de ses meilleurs tableaux militaires.

Cette commune, située à gauche de Montmartre, est traversée par la route de Saint-Ouen. Elle est un des plus élégants faubourgs de la capitale ; ses jolies maisons rivalisent presque avec celles de Paris. Une multitude d'employés de grandes administrations, de gens de lettres, d'artistes, y ont fixé leur demeure pour jouir de la campagne sans être trop éloignés de la ville. A gauche de la route était la fameuse guinguette du *Père Lathuile*. On en a fait un restaurant décoré avec luxe, et l'on a peut-être eu tort. Beaucoup de personnes regrettent le vieux cabaret historique dont le propriétaire disait aux soldats attablés : « Buvez mon vin, mes amis; buvez-le gratis ! et tâchez qu'il » n'en reste pas une goutte pour les Cosaques !... »

BICÊTRE.

Bicêtre est à 2 kilomètres de Paris. On y arrive par la barrière de Fontainebleau. Sur la hauteur domine un vaste et magnifique établissement, consacré au soulagement des plus grandes misères humaines. Les pauvres infirmes et les aliénés y reçoivent les soins les plus empressés et les plus douces consolations.

BOULOGNE.

Beau village du canton de Neuilly, et qui donne son nom au bois qui vient aboutir sur la route de Neuilly, à 1 kilomètre de la barrière de l'Etoile. Ce bois, nous l'avons dit plus haut, est le rendez-vous des promeneurs en voiture et à cheval. L'enceinte des fortifications, dont il reste en dehors, le borde dans toute sa longueur.

CHANTILLY.

Bourg du département de l'Oise, à 28 kilomètres de Paris, sur le chemin de fer du Nord. — Le magnifique château qui faisait l'orgueil de ce pays a été presque complétement détruit ; il ne reste plus aujourd'hui que le château d'Enghien et les écuries, dont l'architecture est remarquable. Des courses de chevaux ont lieu tous les ans sur la pelouse, et le parc est encore un des plus beaux que l'on puisse visiter. C'est à Chantilly qu'on retrouva, en démolissant la chapelle du château, le corps de l'amiral de Coligny, arraché secrètement aux fourches patibulaires de Montfaucon.

CHARENTON.

Ce joli bourg est situé à 8 kilomètres de Paris, sur l'un des points les plus agréables des environs de la capitale, au bord de la rive droite de la Marne et à l'endroit même où cette rivière vient se confondre avec la Seine. Charenton se divise en deux communes : la première est nommée Charenton-le-Pont, à cause de son pont jeté sur la Marne ; l'autre s'appelle Charenton-Saint-Maurice. De charmantes maisons de campagnes les environnent ; celle qui a appartenu à la belle Gabrielle d'Estrées s'élève à l'entrée du bourg, à gauche de la route en arrivant de Paris, et sert aujourd'hui de maison commune ou mairie.

A Charenton-le-Pont se trouve la célèbre maison de santé pour le traitement des aliénés, que les étrangers sont admis tous les jours à visiter.

CLICHY-LA-GARENNE.

Cette commune, traversée par le chemin de fer, est située dans une belle plaine, entre la rive droite de la Seine et la route de Saint-Denis à Versailles, à 3 kilomètres et demi N.-E. de Neuilly, égale distance des barrières à la capitale, et 4 kilomètres S.-O. de Saint-Denis.

Le nom latin de Clichy, *Clippiacum*, a beaucoup occupé les étymologistes, qui ont cru reconnaître dans sa racine *clip*, notre mot français *clapier* (lieu où l'on élève les lapins), et le surnom de *la Garenne* a semblé venir en aide à leur interprétation.

Ce village, fort ancien, occupait tout le territoire où sont aujourd'hui le Roule, Saint-Ouen, Villiers-la-Garenne et Courcelles. En 625, Dagobert y épousa Gomatrude, qu'il répudia quatre ans après, pour épouser sa suivante Nantechilde, dans le même lieu. C'était la résidence ordinaire du *bon roi*.

En 627, 636 et 653, trois conciles furent tenus à Clichy.

Clovis II et Thierry III, successeurs de Dagobert, y firent aussi leur résidence. Mais Charles Martel gratifia l'abbaye de Saint-Denis de ce domaine ; et, à partir de ce moment, Clichy fournissait, depuis la veille de Pâques jusqu'au lendemain de Noël, des volailles aux religieux, ses maîtres. Jean, roi de France, y institua l'ordre de l'Étoile, en 1351.

La paroisse de Clichy, dédiée à saint Médard, patron de la pluie, mort en 545, n'a pas une antiquité plus reculée que la fin du vi⁰ siècle. Au xvii⁰, on y voyait un morceau du crâne de ce saint évêque de Noyon, tiré de sa châsse et conservé à Saint-Etienne de Dijon, et dont la paroisse était redevable à Charles Moreau, premier valet de garde-robe du roi en 1660.

Là siégea, de 1795 à 1798, ce fameux *club de Clichy*, conciliabule insaisissable qui travaillait avec ardeur à la contre-révolution. Vingt fois dénoncé au Conseil et au Directoire, il leur échappa toujours, grâce à l'appui de quelques membres du premier corps. Il fallut le 18 brumaire pour anéantir les restes de cette conspiration permanente qui avait résisté au 18 fructidor.

En 1815, Clichy ne fut livré aux troupes étrangères qu'après la convention militaire du 3 juillet. La commune eut beaucoup à souffrir de son héroïque résistance. Les troupes anglo-prussiennes, commandées par Blücher, la livrèrent au pillage. Le temps a effacé ces désastres, et Clichy est maintenant orné de maisons de campagne élégantes. Les cafés sont luxueux. Plusieurs restaurants attirent les amateurs, entre autres celui connu sous le nom de *Paphos*, qu'on aurait tort de prendre trop à la lettre. Clichy possède un grand réservoir d'eau de Seine, et un lavoir ouvert pour 150 blanchisseuses, tous deux alimentés par une pompe à manége. On y trouve une fabrique de céruse renommée, d'autres fabriques de sel ammoniac, de colle-forte, de cordes d'instruments, de produits chimiques et une fonderie de plomb. Sur la rive gauche du chemin de fer, on aperçoit le hameau de Courcelles, dépendant de Clichy.

ENGHIEN.

Enghien, une des premières stations du chemin de fer du Nord, est admirablement situé près d'un lac charmant qui attire de nombreux visiteurs, émerveillés de ces délicieux ombrages si favorables aux douces rêveries.

Enghien possède un établissement d'eaux thermales sulfureuses qui auraient une grande réputation si elles étaient à deux cents lieues de Paris ; mais comment faire croire à nos charmantes malades, — imaginaires, dirionsnous, si nous ne craignions de leur déplaire, — qu'il y a presque aux portes de Paris, des eaux minérales qu'on est accoutumé à aller chercher en Allemagne ou dans les Pyrénées ! D'ailleurs, les médecins de la docte Faculté recommandent les voyages, et Dieu nous garde de contredire leurs complaisantes ordonnances.

Promenades sur le lac, excursions dans les environs les plus pittoresques, bals et *fêtes aux loups,* pendant la belle saison : tels sont les attraits qui attirent les amateurs et les étrangers dans cette charmante retraite.

FONTAINEBLEAU.

Cette ville, chef-lieu d'arrondissement, à 60 kilomètres S.-S.-E. de Paris, est placée au centre d'une des plus belles forêts de la France, remarquable surtout par de vieux arbres et des masses de rochers qui servent d'étu-

des à tous les jeunes artistes. Le château que François Ier
fit construire par le Primatice, est une des plus belles
résidences que nous connaissions. Henri IV, Louis XIII,
Louis XIV et Louis XV se plurent à l'embellir.

Nous recommandons au touriste d'aller visiter ces
lieux enchanteurs. Le plaisir qu'il en retirera ne saurait
manquer de le dédommager amplement de ce petit
voyage.

MAISONS-LAFFITTE.

Vaste et admirable propriété située à 17 kilomètres de
Paris, sur le chemin de Rouen, et au bas de laquelle coule
la Seine. Le beau château de Maisons-Laffitte, qui apparaît
coquettement au milieu des masses de verdure, son parc
remarquable, ses délicieux jardins, tout cet ensemble
charmant présente le coup d'œil le plus pittoresque et le
plus gracieux.

MEUDON et BELLEVUE.

Le village de Meudon est situé un peu au-dessus de
Sèvres. On s'y rend par une route construite devant l'entrée de la manufacture de porcelaine, dont il sera parlé
plus loin.

Avant d'arriver à Meudon, on passe par le joli hameau
de Bellevue, où se trouve une terrasse d'où l'on découvre
la plus *belle vue* qui se puisse imaginer : Paris est à l'horizon, les coteaux du mont Valérien sont sur la gauche ;
au bas serpente la Seine.

Le château de Meudon est situé à l'extrémité d'une

avenue de toute beauté, que l'on trouve en quittant Bellevue. Louis XIV l'avait acheté de la veuve du marquis de Louvois. C'est Henri de Guise qui fit construire la terrasse qui domine le village et d'où l'on voit Paris. Au-dessous du palais est le joli haras de Meudon.

Le château mérite d'être examiné en détail; on y trouve plusieurs objets d'art fort curieux.

MONCEAUX.

Monceaux, qui dépend des Batignolles et dont la population se confond avec la sienne, touche également à une barrière de Paris qui a pris son nom. Les *Chroniques de Saint-Denis* en font mention à la date de 1363. En 1529, il y eut une chapelle sous l'invocation de saint Étienne, martyr.

Le château du duc de Chartres, depuis duc d'Orléans, père de Louis-Philippe, qui le fit bâtir et y dépensa des sommes considérables, donna à Monceaux une certaine importance. On appela ce château les *Folies de Chartres*.

Dans un vaste parc, dans un beau jardin anglais, avait été réuni tout ce que l'imagination peut enfanter de plus enchanteur : ruines gothiques, ruines grecques, thermes romains, obélisques d'Égypte, points de vue ménagés avec art, ruisseaux laborieusement contournés, ponts légers, arbres touffus, rochers couverts de vignes : tout était là. Ce parc avait été exécuté sur les dessins de Carmontel, l'auteur des *Proverbes*. Delille lui a consacré quelques vers.

Le château de Monceaux, simple et gracieux, ne répondait cependant pas à la magnificence de ses dehors. Après la chute de la royauté, la Convention décréta que cette propriété ne serait pas vendue, mais entretenue aux frais de l'État, pour y fonder des établissements d'utilité publique. Napoléon, à son avénement au trône, en fit présent à l'archichancelier Cambacérès, qui le rendit quatre ou cinq ans après au donateur, trouvant que le plaisir y coûtait trop cher. L'Empereur le réunit à son domaine privé.

Le mur de l'octroi avait été accueilli par cette boutade :

Le mur murant Paris rend Paris murmurant.

Pour ne pas perdre la vue des campagnes environnantes, le duc d'Orléans obtint que le mur s'élèverait au fond d'un vaste fossé.

Après la révolution de 1848 une partie de cette propriété est rentrée dans le domaine de l'État.

MONTMORENCY.

Petite ville sur une éminence, à 16 kil. de Paris, dont les ducs, fameux par leurs exploits, ont joué pendant plusieurs siècles un rôle important dans l'histoire de France. Son air pur, sa vue superbe sur une riante vallée, l'ombrage épais des châtaigniers de la forêt voisine, y attirent beaucoup d'étrangers, qui viennent y visiter l'ermitage autrefois habité par J.-J. Rousseau. La Châtaigneraie, voisine de l'ermitage, est l'endroit où l'on se réunit pour la danse, aux fêtes patronales de Montmorency, qui ont lieu le 25 juillet et les deux dimanches suivants. Une excellente société de gens du bon ton, qui habitent dans les charmantes maisons de campagne de la vallée, ou qui arrivent de Paris, s'y réunit dans la belle saison. Il y a foule pour y jouir des plaisirs d'une danse toute champêtre , et surtout pour errer ou se reposer dans les bois.

NEUILLY.

Neuilly est situé à 2 kilomètres de Paris, sur la route qui fait suite aux Champs-Élysées , et qui conduit à Saint-Germain-en-Laye.

On y remarque un beau pont de 230 mètres, et surtout le château qui était pendant la belle saison le séjour favori de l'ex-famille royale. Cette magnifique résidence , sur les bords de la Seine, fut dévastée, à la suite de la révolution de Février, par une troupe de forcenés qui incendia le palais. La plupart de ces hommes , égarés par une fatale ivresse , périrent au milieu des flammes. — Le parc est vaste et très-beau ; on peut le visiter tous les jours.

PASSY.

Ce village, situé sur une éminence au bas de laquelle passent la Seine et la route de Versailles, touche le faubourg de Chaillot, dont il est séparé seulement par le mur d'enceinte de Paris. Il possède de nombreuses maisons de campagne remarquables par leur site charmant, leur élégance et la vue dont on y jouit. Notre poëte Béranger s'est retiré à Passy, depuis qu'au grand regret de tous ses admirateurs il a cessé de chanter. Passy a des eaux minérales ferrugineuses, deux filatures de coton et un établissement d'apprêt de draps et de teinture.

RAMBOUILLET.

Chef-lieu d'arrondissement du département de Seine-et-Oise, Rambouillet est à 32 kilomètres S.-O. de Versailles et 50 kilomètres S.-O. de Paris, sur le chemin de fer de l'Ouest, dans une vallée agréable, au sud de la forêt à laquelle il a donné son nom.

Cette ville possède un magnifique château construit en forme de fer à cheval et flanqué de grosses tours, où l'on voit la chambre où mourut François Ier. Les parcs touchent au château et communiquent avec la forêt ; des canaux, de belles pièces d'eau très-étendues. Tout concourt à embellir cette propriété nationale. Dans le grand parc se trouve la bergerie établie par Louis XVI, en 1786, pour l'amélioration des races.

Rambouillet était, au XVIe siècle, une seigneurie appartenant à la famille d'Angennes : elle passa depuis à celles de Sainte-Maure-Montansier et d'Uzès. Le château devint plus tard la propriété du comte de Toulouse, duc de Penthièvre, pour qui Louis XIV l'érigea en duché-pairie (1714). Louis XVI l'acheta, en 1778, à la maison de Penthièvre. Charles X s'y réfugia à la suite des journées de juillet 1330 ; mais le peuple de Paris, s'y étant porté en foule, le força d'évacuer cette ville.

Depuis la révolution de 1848, Rambouillet est devenu, grâce au chemin de fer de l'Ouest, un lieu de plaisirs. Des fêtes nombreuses et brillantes y sont données pendant la belle saison.

Il se fait à Rambouillet un commerce assez important en moutons, en laines, grains et farine.

RUEL ou RUEIL.

Ruel est très-agréablement situé au pied d'une colline plantée de vignes, dans une contrée fertile, bien cultivée, abondante en légumes, à 8 kilomètres N.-N.-E. de Versailles, 6 kilomètres E. de Marly, 10 kilomètres de Paris, près de la Seine, à l'ouest du mont Valérien.

C'était autrefois une ville considérable, devenue aujourd'hui un simple bourg.

C'est à Ruel que Richelieu se livrait aux débauches qui abrégèrent sa vie. Il avait fait élever, au milieu de ses jardins, un mystérieux pavillon, décoré de peintures érotiques. Entre autres prêtresses de ce petit temple, peu digne d'un cardinal, on citait la fameuse Marion Delorme; et la propre nièce de son Éminence, Mme de Camballet, depuis duchesse d'Aiguillon.

Ruel fut le Versailles de Richelieu. La plupart des affaires publiques s'y traitaient. Un grand nombre de courtisans y achetèrent ou y firent bâtir des maisons de campagne : aussi la population s'accrut-elle rapidement. On y comptait déjà cinq cents feux en 1709. A la mort du cardinal, cette splendeur s'affaiblit par degrés, le château lui-même perdit de sa vogue. Cependant le bourg de Ruel, qui n'est pas seulement chef-lieu de canton, conserve un encore un air de ville; les rues y sont bien pavées, les maisons bien bâties, et ses monuments ne méritent pas de passer inaperçus.

On voit à l'entrée de Ruel, du côté de Paris, de magnifiques casernes, bâties en même temps que celles de Courbevoie; elles se composent de trois corps de logis, précédés d'une grande cour fermée par une grille élégante. Comme celles de Courbevoie, elles furent, en 1814, converties en hôpital militaire, pour recevoir les soldats ennemis blessés sous les murs de la capitale. En 1815, elles furent occupées par les troupes anglo-prussiennes, qui prirent et pillèrent le château, dévastèrent le parc et ravagèrent aussi la Malmaison. La garde impériale y avait des détachements durant le règne de Napoléon ; ces casernes reçurent aussi les Suisses sous la Restauration ; elles sont affectées à la troupe de ligne depuis la révolution de 1830.

Outre les châteaux de Ruel, de la Malmaison, de Bougival et de Pois-Préau, les environs du bourg sont remarquables par plusieurs jolies maisons de campagne et par de nombreuses sources d'eau vive.

SAINT-CLOUD.

Vers le milieu du vi[e] siècle, des mariniers descendaient la Seine ; ils venaient de Paris, et s'arrêtèrent au lieu où s'élève aujourd'hui Saint-Cloud. Ils y débarquèrent un enfant-roi que ses oncles Childebert et Clotaire avaient donné l'ordre d'assassiner ; mais ces mariniers le sauvèrent, et Clodoalde donna son nom à Saint-Cloud.

De combien d'événements Saint-Cloud a été le théâtre, sans compter les ravages qu'y causèrent, comme dans tous les environs de Paris, les longues guerres des Bourguignons et des Armagnacs, et les guerres non moins sanglantes de la Ligue ! Là, en contemplant Paris du haut de la colline, Henri III disait : « Paris, chef du royaume,

» mais chef trop gras et trop capricieux, tu as besoin
» d'une saignée pour te guérir, ainsi que toute la France,
» de la frénésie que tu lui communiques ! Encore quel-
» ques jours, et on ne verra ni tes maisons, ni tes mu-
» railles, mais seulement le lieu où tu auras été. » Déjà
là, n'étant encore que le duc d'Anjou, Henri III avait
présidé le conseil où fut arrêté le massacre de la Saint-
Barthélemy. C'était un 1er août; ce fut encore le 1er août
1589, deux siècles précisément avant la révolution, que
Henri III tomba assassiné sous le poignard du jacobin
Jacques Clément. Ainsi ce fut à Saint-Cloud que la branche aînée de la maison de Bourbon monta sur le trône
de France dans la personne de Henri IV ; et ce fut à
Saint-Cloud, à la même date du 1er août, que nous avons
vu la branche de la lignée de Henri IV descendre du
trône dans la personne de Charles X : rapprochements bi-
zarres que l'histoire ne manquera pas de recueillir.

Sous la minorité de Louis XIV, tous les terrains compris aujourd'hui dans l'enceinte du parc étaient divisés
en quatre propriétés principales, déjà remarquables par
la beauté des eaux, des jardins, et par la richesse des habitations. Le jeune roi voulant donner Saint-Cloud à son
frère, le cardinal de Mazarin fut chargé de faire l'acquisition de ces maisons. Voici comment il devint acquéreur
à bon compte de celle qui appartenait à Fouquet, dont
on signalait déjà le faste.

Un jour le cardinal de Mazarin va à Saint-Cloud,
comme pour y faire une visite au surintendant. Fouquet
n'ignorait point combien le cardinal se plaisait à faire
rendre gorge aux gens de finance trop subitement enrichis. Le voyant arriver, Fouquet craignit qu'il ne vînt lui

faire une de ces demandes restitutionnelles si communes alors : il voulut se tenir sur ses gardes en dissimulant autant que possible l'énormité des dépenses qu'il avait faites à sa maison de Saint-Cloud, dépenses qui s'élevaient à plus d'un million de livres.

Cependant le cardinal, en parcourant l'habitation de Fouquet, ne cessait d'en louer la distribution, d'en vanter l'ameublement ; il admirait l'ordonnance des jardins, le goût qui avait présidé au choix des statues dont il était orné ; puis, arrivant à son but : « Cette magnifique » habitation a dû vous coûter bien cher ; je parierais que » le tout ensemble ne vaut pas moins d'un million deux » cent mille livres ? — Un million deux cent mille livres ! » s'écria Fouquet ; Votre Éminence n'y pense pas ! Est- » ce que dans un temps comme celui-ci... Il s'en faut de » beaucoup, je vous assure. — Eh bien, six cent mille li- » vres ? ··· Bien moins que cela. — Quatre cent mille li- » vres ? — Moins encore. — Combien donc ? — Trois cent » mille, tout au plus. — En vérité ? — Je puis vous l'assu- » rer. — Eh bien, reprit le cardinal, j'en suis charmé, » car le roi m'a chargé d'acheter votre maison de Saint- » Cloud ; et vous comprenez que Sa Majesté n'aurait pas » voulu que vous fissiez avec elle un mauvais marché. De- » main je vous ferai rembourser vos trois cent mille li- » vres, et Saint-Cloud est au roi. »

Ce fut ainsi que Saint-Cloud devint la propriété de la maison d'Orléans. Girard et Mansard, architectes du roi, et Le Pautre, architecte du duc d'Orléans, furent chargés de coordonner les bâtiments existants et de diriger les constructions nouvelles. Le Nôtre, tirant habilement parti des inégalités du terrain, dessina le parc, qui fait l'admiration des promeneurs par ses effets si pittoresques. Ce magnifique séjour des ducs d'Orléans resta dans leur famille jusqu'en 1782, époque où il fut acheté pour Marie-Antoinette par Louis XVI, qui l'agrandit encore et y fit de nouveaux embellissements.

Cette belle résidence devint, en 1793, propriété nationale.

Le palais eut grandement à souffrir des invasions de 1814, et surtout de 1815. Louis XVIII l'habita fort peu ; mais Charles X y passait une grande partie de la belle saison. Il y était encore lorsqu'il rendit les ordonnances du 26 juillet 1830.

Le château est situé sur le sommet d'un coteau assez escarpé, sur le penchant duquel son avenue est plantée. On trouve d'abord un avant-corps en demi-lune, d'où l'on entre par un angle dans une seconde cour plus longue que large. La façade principale a 47 mètres de longueur sur 24 d'élévation. Elle est ornée de bas-reliefs au-dessus des croisées, et d'un avant-corps dont l'entablement est porté par quatre colonnes d'ordre corinthien. Cette façade, en général, est d'un bon effet et très-élégante.

L'intérieur consiste en de vastes appartements, où le visiteur arrive par le grand vestibule, qui est richement orné. On y remarque le *salon de Mars*, décoré de colonnes de marbre d'ordre ionique, et d'excellentes peintures du célèbre Mignard, représentant les Forges de Vulcain, Mars et Vénus accompagnés de Cupidon et des Grâces, la *galerie d'Apollon*, ornée de peintures du même maître, représentant toutes les formes mythologiques d'Apollon, les Saisons, etc. ; le *salon de Diane*, dont la tenture est en tapisserie des Gobelins ; la *chapelle*, ornée de colonnes d'ordre toscan ; le *salon de Louis XVI*, devenu aujour-d'hui salle de billard ; le *salon de Jeu*, dans lequel se trouve une table en mosaïque donnée par Léon XII ; le *salon de Réception*, qui est décoré de magnifiques tapisseries de la manufacture des Gobelins ; la *salle des Gardes ;* le salon d'attente, etc.

Le parc, qui s'étend sur la route de Sèvres à Saint-Cloud, a environ 16 kilomètres de tour.

Les pièces d'eau méritent l'attention des curieux, particulièrement la grande cascade, dont la partie supérieure a été dessinée par Le Pautre. Elle a 35 mètres de face sur autant de pente, jusqu'à l'allée appelée du Tillet, qui forme un large repos et la sépare de la partie basse ; cette première cascade est décorée d'un groupe de pierres, sculpté par Adam l'aîné, représentant la Seine et la Marne. Les nappes d'eau que produisent ces deux figures se réunissent, en tombant, dans une grande coquille. Leur premier effet forme une gerbe de vingt jets ; les eaux qui en tombent descendent par neuf différentes nappes, posées sur autant de gradins, accompagnés d'urnes et d'un corps d'architecture dont les faces sont ornées de tables de rocailles. La partie basse de la cascade est élevée en fer à cheval et contient, avec son canal, 84 mètres de longueur sur 31 de large.

Sur la droite de la cascade est le *grand Jet*, nommé le *Jet-Géant* ; il s'élève à 42 mètres au-dessus du niveau du bassin, et sa force d'ascension est telle, qu'il soulève un poids de 70 kilogrammes. Le bassin forme un carré de 46 mètres de côté. Le site du parc le plus remarquable par lui-même, et par la magnifique vue qu'il procure, est celui où se trouve la *Lanterne de Démosthènes*, que l'on nomme souvent par erreur *Lanterne de Diogène*. Ce monument, érigé par ordre de Napoléon, est la copie de celui qui fut construit à Athènes par Lysicrate, élève et rival de Lysippe, fameux sculpteur du temps d'Alexandre.

La fête de Saint-Cloud a lieu tous les ans. Elle commence le 7 septembre et dure trois semaines. Tout Paris s'y porte en foule, pour y jouir du spectacle des grandes eaux.

SAINT-DENIS.

La ville de Saint-Denis est située à 5 kil. de Paris, et ne compte que 6,000, âmes de population environ. Par elle-même elle offre peu d'intérêt ; mais sa basilique et les tombes des rois de France, depuis Clovis jusqu'à Louis XVIII, suffisent pour y attirer le voyageur. Il y a aussi la maison nationale de la Légion-d'Honneur, où quatre cents jeunes filles, parentes de légionnaires, sont élevées aux frais de l'État. Nous ne nous occuperons ici que de l'église de Saint-Denis.

Sa fondation remonte à l'introduction du christianisme en France.

L'an 240 de l'ère chrétienne, saint Denis quitta Rome, où régnait l'empereur Décius, et vint dans la Gaule afin d'y introduire les lumières du christianisme. Son succès, qui l'a fait surnommer *l'Apôtre des Gaules*, attira sur lui la persécution.

Lui et ses compagnons, saint Rustique et saint Éleuthère, eurent la tête tranchée. On croit généralement que ce fut sur la colline de Montmartre, qui en a, dit-on, tiré son nom (*Mons Martyrum*). D'autres prétendent que son nom lui vient de *Mons Martis;* sur ce mont, en effet, il y avait un temple de Mars.

Saint Denis, dit une légende, ayant eu la tête tranchée, la ramassa, et marcha ainsi, en la tenant entre ses mains, pendant plus d'une lieue, tandis que des anges chantaient autour de lui : *Gloria tibi, Domine !* et que d'autres répondaient *Alleluia !* Il s'arrêta enfin à l'endroit où est aujourd'hui son église, et ayant déposé sa tête par terre, il rendit l'esprit... Ceci est une légende et non pas un article de foi.

Une dame romaine ou gauloise, nommée Catulla, convertie au christianisme, s'empara des corps des saints martyrs, en enivrant les gardiens, et elle les ensevelit dans un champ à elle, où est maintenant l'église Saint-Denis. En 315, la persécution ayant cessé, Catulla y fit élever un tombeau, et peu de temps après, les Gaulois, reconnaissants pour celui qui les avait convertis, élevèrent à la même place un oratoire appelé *Chapelle des Troi-Martyrs.* En 496, sainte Geneviève et le bon prêtre Senès, aidés des aumônes des Parisiens, agrandirent le plan de la chapelle, qui peu à peu devint assez considérable. Au VIᵉ siècle, elle était florissante et habitée par les moines de Saint-Benoît.

En 580, Chilpéric ayant perdu son jeune fils Dagobert, le fit enterrer à Saint-Denis : c'est la première inhumation de prince qui, dit-on, y ait été faite.

Dagobert passe pour fondateur de l'église et de l'abbaye de Saint-Denis : il la fit, en effet, restaurer et embellir en 629, et il combla de biens les moines de Saint-Denis. Dans son testament, il demanda à y être enterré. C'est le premier roi qui y fut inhumé.

La prédilection de Dagobert pour Saint-Denis vient de ce que, dans sa jeunesse, pour se venger de son précepteur, il lui fit la plus grande injure de ce temps-là : il lui arracha la barbe, et avec elle une partie de la peau du menton. Poursuivi par son père, le jeune Dagobert se réfugia dans la basilique ; et l'on dit qu'une main invisible empêcha, à la prière de ce prince, les soldats de son père de pénétrer jusqu'à lui.

L'église ne figure plus, après cet événement que dans les annales du règne de Pepin le Bref. Il y fut sacré en 754, puis il la fit démolir et reconstruire sur une échelle plus étendue. Il mourut avant de l'avoir terminée. Son fils Charlemagne, cédant aux prières de l'abbé de Saint-Denis, continua les travaux ; l'église fut achevée et consacrée en février 775, en présence de l'empereur et de sa cour tout entière.

Suger, abbé de Saint-Denis et régent du royaume, pendant la croisade du règne de Louis le Jeune, fit démolir en partie la basilique, et Louis VII posa, le 14 juillet 1140, la première pierre d'une autre basilique plus majestueuse, qui fut terminée en quatre ans. Suger y employa les plus célèbres artistes ; l'église fut surtout ornée de vitraux magnifiques : pour faire ces vitraux, il fit venir des pays étrangers les hommes les plus célèbres dans cet art difficile.

Malgré sa prévoyance ordinaire, Suger avait oublié la solidité : cent ans après, l'église menaçait ruine.

Eudes Clément, qui alors gouvernait Saint-Denis, voulut la reconstruire : Louis IX et sa mère, Blanche de Castille, contribuèrent par leurs dons à cette œuvre de piété.

Les travaux, commencés en 1231, furent terminés en

1281, sous Philippe le Bel, par les soins de l'abbé Mathieu
de Vendôme, qui, comme Suger, avait régi la France pendant la seconde croisade entreprise par saint Louis, en
1270.

Avant la révolution, on voyait encore à Saint-Denis des
vitraux représentant des actions de saint Louis, et d'autres qui devaient appartenir à la basilique élevée par
Suger. Ils furent détruits en 1799, pour en employer le
plomb à faire des balles. Cinq ans avant, on avait enlevé
la toiture pour le même usage ; de sorte que, pendant plusieurs années, l'église fut exposée à l'intempérie des saisons. Il fut même question, alors, de la démolir entièrement, et d'en faire une halle. Mais, sous le Consulat, on
pensa à rétablir ce beau monument. Bonaparte, devenu
empereur, en fit accélérer les travaux, qu'il avait confiés
à M. Legrand, architecte.

Le 20 février 1806, Napoléon rendit le décret suivant :
« L'église de Saint-Denis est consacrée à la sépulture des
» empereurs. Un chapitre, composé de dix chanoines, est
» chargé de desservir cette église. Ces chanoines sont
» choisis parmi les évêques âgés de plus de 60 ans et qui
» se trouvent hors d'état de continuer l'exercice des
» fonctions épiscopales. Ils jouissent, dans cette retraite,
» des honneurs, prérogatives et traitements attachés à
» l'épiscopat. Le grand-aumônier de Sa Majesté est le
» chef de ce chapitre. »

Cette institution s'est conservée sous la Restauration.

L'église de Saint-Denis, ainsi rebâtie à plusieurs reprises, offre dans toutes ses parties les goûts des différents
siècles. Son ensemble est pourtant d'un beau gothique ;
la façade, très-large, est percée de trois portes couvertes

de bas-reliefs en bronze. La lunette de la porte du milieu est ornée d'un bas-relief représentant Jésus-Christ au milieu des Saints; et au-dessous, la Résurrection universelle. Les jambages de la porte offrent la parabole des Vierges de l'Évangile. La lunette de la porte du midi reproduit Saint Denis communiant dans la prison. Sur les chambranles, on voit de petits bas-reliefs représentant les Travaux agricoles des divers mois de l'année.

Enfin, le grand bas-relief de la porte du nord, refait en 1771, rappelle Saint Denis et ses compagnons conduits au supplice.

Sur ces chambranles sont les signes du zodiaque. Le reste de la façade ne figure guère qu'une rose, convertie en un cadran. Le sommet de la façade était couronné, à la hauteur de l'origine des tours, de créneaux élevés en 1558 par les moines, à l'époque où le roi Jean, fait prisonnier à la bataille de Poitiers, abandonna la France au pillage et à la dévastation des Anglais.

Les deux tours devaient être pareilles; mais celle du midi n'eut jamais de flèche et fut toujours terminée par un comble assez bas. Elle contient le bourdon, donné par Charles V en 1372, et qui, cassé plusieurs fois, a été refondu en 1508 et en 1758. Cette cloche fut estimée peser 7,000 kilos; son diamètre est d'environ 8 mètres; son épaisseur, de 2 décimètres; son battant de fer seul pèse 250 kilos. La tour du bourdon est élevée de 60 mètres; celle du nord, élevée par Suger, était surmontée d'une flèche couverte de plomb; elle fut consumée par la foudre en 1219, et refaite en pierre par Eudes Clément; elle était entourée de huit clochetons, dont un détruit de temps immémorial; pas un seul des autres n'a conservé son aplomb.

La grande flèche, frappée de la foudre, avait dévié de son axe d'environ 4 mètres. Menacée d'une ruine imminente, cette flèche chancelante a été démolie. — On travaille à sa reconstruction. Les tours et la façade appartiennent à la basilique érigée par Suger, ainsi que les deux premiers arcs de la nef. La différence de la sculpture du chœur et de la nef prouve que ces deux parties n'ont pas été construites à la même époque. Le chœur, quoique d'une construction aussi hardie que la nef et la croisée, présente à l'intérieur, particulièrement dans les piliers qui l'environnent, beaucoup de parties lisses et sans ornements.

L'édifice était autrefois éclairé par trois rangées de fenêtres ; la seconde, placée au-dessus des arcs de la grande nef, derrière une galerie soutenue de légères colonnettes, est condamnée depuis longtemps. A l'entrée du chœur s'élève le maître-autel, l'un des plus riches de France ; il est revêtu de marbre d'Égypte, décoré sur le devant d'un grand bas-relief en vermeil, de 3 mètres de long, composé de 24 figures de 66 centimètres de proportion, représentant Jésus-Christ enfant, adoré par les bergers. La corniche, au pourtour de l'autel, ornée de feuilles de vigne et d'épis de blé, est en vermeil, ainsi que les autres ornements.

SAINT-GERMAIN-EN-LAYE.

Cette jolie ville et son ancien château royal sont situés sur une colline élevée, près de la forêt qui porte leur nom. La Seine coule au pied de cette colline ; Saint-Germain est sur la route de Paris à Rouen, à 10 kilomètres N. de Versailles et 22 kilomètres O. de Paris. La ville est bien bâtie; les rues sont larges, bien pavées, mais percées irrégulièrement. On y compte trois places publiques : celle du Château, la place Nationale et la place de Pontoise. C'est la patrie de Marguerite de Valois, fille de François Ier; de Henri II, de Charles IX et de Louis XIV.

Saint-Germain est une ville des moins anciennes des environs de Paris; du temps de Charlemagne, son emplacement était couvert d'une épaisse forêt qui occupait le circuit de la Seine, entre le Pecq et Poissy, et qu'on appelait *Ledy Sylva*, dont on a fait depuis *Leia*, *Laia*, enfin *Laye*, qu'on a attaché au nom du château. Avant le xie siècle, il n'y avait dans le bois qu'une chapelle de Saint-Vandrille. Robir y fit bâtir un monastère, sur la crête du coteau boisé de Ledia, et le consacra à saint Germain. Ce lieu devint bientôt plus célèbre par la construction d'un château, dont Louis le Gros fit ensuite une forteresse. Louis le Jeune, Philippe-Auguste, Louis IX, Philippe le Hardi et Philippe le Bel y habitèrent. Peu à peu la ville devint considérable; mais en 1346, elle fut pillée et réduite en cendres par les Anglais. Charles V fit réédifier le manoir en 1370; mais en 1419, sous Charles VI, les Anglais le saccagèrent encore. En 1435, les Armagnacs s'emparèrent du château, qui fut pris de nouveau par les Anglais en 1438, aidés par la trahison de Carbonnet, religieux de Sainte-Geneviève, prieur de Nanterre. François Ier, qui aimait beaucoup le séjour de Saint-Germain, y fit célébrer son mariage. Il fit relever le château qui tombait en ruine, et l'accrut de la maison de Jacques Coictier, médecin de Louis XI.

Les arts l'embellirent plus tard. Deux cent huit hectares de la forêt furent enclos dans ses murs ; on y enferma les bêtes fauves dont on s'était emparé dans la forêt de Fontainebleau.

Henri II jeta les fondements du château neuf. En 1574, Charles IX s'y retira avec sa cour, durant le fort de la Ligue ; mais un devin ayant prédit à Catherine de Médicis qu'elle mourrait près de Saint-Germain, elle s'enfuit au plus tôt, et ne se crut pas même en sûreté au Louvre, trop voisin de la paroisse de Saint-Germain-l'Auxerrois.

Charles IX dota la ville de la première manufacture de glaces françaises, à l'instar de celles de Venise.

L'assemblée des notables, convoquée par Henri III en 1583, eut lieu à Saint-Germain ; mais il n'en sortit que la guerre civile.

Henri IV et Marie de Médicis aimaient beaucoup Saint-Germain. Ce fut pour donner aux habitants une preuve de sa bienveillance que ce roi les exempta de toutes charges, de tous impôts, privilége qui dura jusqu'en 1789. Il fit reconstruire pour Gabrielle, à 200 toises du vieux château, l'habitation de Henri II, appelée le *Château-Neuf.* L'ancien château fut peu à peu abandonné. C'est à Saint-Germain que Louis XIII fut atteint de la maladie qui le conduisit au tombeau ; c'est là que naquit Louis XIV. Louis XII avait fait achever le château ; Louis XIV le fit embellir par Le Nôtre, qui dessina la magnifique terrasse commencée par Henri IV. Cette terrasse, de 29ᵐ,23 de large sur 2,338ᵐ,84 de long, offre, tout le long du parc, d'un côté un ample rideau de verdure, de l'autre le panorama majestueux de l'Ile-de-France, avec ses riants entourages.

Au vieux château on ajouta les cinq gros pavillons dont il est flanqué. Après que le monarque y eut dépensé 6,455,561 livres 18 sous, somme exorbitante pour l'époque, il fut un instant question d'y enfouir les trésors prodigués à Versailles, qui n'était alors qu'un désert, mais, du haut de la terrasse, la vue de Saint-Denis, tombeau des rois, était trop attristante : aussi Versailles fut-il préféré.

La cour quitta Saint-Germain avec le roi, et elle fut remplacée par Mlle de la Vallière, qui employa toute sa fortune à faire du bien, jusqu'au moment où elle échangea ce séjour contre celui des Carmélites, à Paris. Jacques II d'Angleterre occupa ensuite le château, et après avoir passé le reste de sa vie en pratiques de dévotion, il y mourut en 1718, et fut enterré dans l'église qui fait face au château. Hamilton, auteur des *Mémoires de Grammont* et d'autres charmants ouvrages, habitait avec le roi, au château, comme son compagnon d'exil.

Aucun événement historique ne vint interrompre la monotonie de la ville jusqu'en 1789, où l'égalité proclamée des impôts lui ravit le privilége accordé par Henri IV. Ce fut sans doute la principale cause de son éloignement pour les principes de la révolution, qu'embrassa avec ardeur Versailles, qui devait tant aux Bourbons. Il fallut déclarer plusieurs fois Saint-Germain en insurrection.

Le 3 juillet 1815, les Prussiens s'emparèrent de Saint-Germain ; ils y restèrent jusqu'au 20 octobre et n'y commirent aucun excès. Peu s'en est fallu que les Anglais, qui leur succédèrent, ne traitassent la ville comme en 1346 et 1419. Un écrivain affirme que les soldats de Wellington portèrent la fureur du pillage jusqu'à voler les bonnets des femmes pour s'en faire des jabots de chemise. Le vieux château, après avoir été divisé et loué à des particuliers, durant la Révolution, fut affecté, sous l'Empire, à l'école de cavalerie; après la Restauration, il fut occupé par une compagnie de gardes-du-corps. Maintenant ce château sert de pénitencier militaire. On y montre la salle de François Ier, de Mme de la Vallière; la chambre où mourut Jacques II. Les belles peintures qui le décoraient autrefois, de Le Brun, Vouet, Le Sueur, du Poussin, du Corrège et d'Annibal Carrache, ont été transportées à Paris en 1802. L'édifice a la forme d'un pentagone irrégulier. Ses vastes fossés, sa construction en briques avec parements de pierre de taille, lui donnent l'aspect d'une ancienne forteresse. On admire ses immenses balcons, sa cour intérieure, sa chapelle aux croisées en ogive, aux voûtes à arêtes.

Le château neuf, situé sur la croupe de la colline, avait des jardins soutenus par trois terrasses, qui s'abaissaient graduellement jusqu'aux bords de la Seine. Il n'en existe que la tour où naquit Louis XV. Il fut question de rebâtir ce château, et le comte d'Artois fit jeter les fondements du nouvel édifice; mais l'émigration suspendit ce projet. C'est aujourd'hui un restaurant historique appelé *Pavillon de Henri IV*. La ville de Saint-Germain et l'administration du chemin de fer ont fait pratiquer un escalier qui mène du bas de la côte au Pavillon. Un second escalier conduit directement à la terrasse.

La forêt de Saint-Germain, l'une des plus belles de la France, est percée de routes magnifiques; elle a 2,775 hectares, clos de murailles, et est traversée en tous sens par 1,520 kil. de route. On y remarque la faisanderie, le parc de 475 hectares qui joint la forêt au château ; la *Muette* ou la *Meute*, pavillon bâti au centre de huit routes, par François Ier, reconstruit par Louis XV, et achevé par Louis XVI ; le *château de Val*, au bout de la grande terrasse, à l'extrémité du parc (œuvre de Mansard), et la *maison des Loges*, au bout de la grande route qui est en face du vieux château. C'était autrefois un couvent d'augustins déchaussés, fondé par Anne d'Autriche. Là fut exilée Mme du Barry, pendant la dernière maladie de Louis XV. L'Empire y établit une succursale de la maison d'Écouen, pour les filles des membres de la Légion-d'Honneur. La Restauration, en conservant cette fondation, en fit une annexe de la maison de Saint-Denis. Ce lieu est célèbre par la foire qui s'y tient tous les ans, le premier dimanche après le 30 août, et qui dure trois jours.

Avant la Révolution, il y avait à Saint-Germain un couvent de récollets, qui remontait à 1690, et un couvent d'ursulines dû à Mme de Montespan. Il y existe encore aujourd'hui un hôpital pour les malades et les vieillards des deux sexes. On compte à Saint-Germain plusieurs maisons d'éducation. On y visite l'église paroissiale, construit en 1827 ; la halle au blé, le théâtre, les écuries ; l'hôtel de Noailles, bâti par Mansard ; les magnifiques casernes de cavalerie. La bibliothèque dont cette ville est enrichie par certains *Guides* est entièrement fabuleuse, ainsi que ses 3,202 volumes.

Saint-Germain, malgré sa population nombreuse, n'est qu'un chef-lieu de canton, à cause du voisinage de Versailles. Cette ville est le siége d'une justice de paix et la résidence d'une brigade de gendarmerie. On y trouve des fabriques de salpêtre, de bonneterie en laine drapée et d'étoffes de crin ; des lavoirs de laine, des tanneries importantes, et un commerce de grès fort étendu.

SAINT-OUEN.

La situation charmante de ce lieu, dans une plaine agréable, sur la rive droite de la Seine, que l'on y traverse dans un bac, l'a peuplée d'un nombre considérable de jolies maisons de campagne. Louis XVIII s'arrêta dans son château seigneurial, le 2 mai 1814, avant de faire son entrée à Paris, après son retour d'Angleterre. Il s'y tient, le 24 août, une foire considérable qui dure trois jours. Sa fête patronale est le dimanche suivant. On arrive à cette commune, qui n'est qu'à 6 kilomètres de Paris, par la barrière de Monceaux et une route qui rejoint celle de Versailles à Saint-Denis.

SCEAUX.

La célébrité de ce bourg, situé à 9 kilomètres de Paris, sur la Bièvre, vint d'abord des reliques rapportées par le chevalier Adam de Sceaux, qui lui donna son nom. Colbert y avait fait bâtir un château magnifique, et Le Nôtre avait dressé les plans des jardins. En 1700, il fut acheté par le duc du Maine, fils de Louis XIV. De Mme de Montespan il passa au duc de Penthièvre, qui en fit présent à Mme d'Orléans, sa fille. Le château fut démoli pendant la Révolution. Le maire de Sceaux transforma l'orangerie en un lieu d'amusement. Le lundi de chaque semaine, il y a à Sceaux un marché considérable de bestiaux pour l'approvisionnement de Paris.

SÈVRES.

La ville de Sèvres est située à 10 kilomètres de Paris. Elle ne présente rien de remarquable, si ce n'est sa manufacture de porcelaine.

Cette manufacture, établie en 1738 au château de Vincennes, épuisa les ressources du marquis de Fulvy, qui l'avait entreprise ; elle fut transférée à Sèvres par Louis XV, en 1759, et forma depuis une partie du domaine de la couronne. Ce bel établissement, le premier de son genre en Europe, possède un muséum contenant une collection complète de porcelaines étrangères, avec tous les objets employés dans leur fabrication ; et de vaisselle, terre, poterie, porcelaine de France, etc.

VERSAILLES.

Une forêt magnifique, qui aujourd'hui n'a plus que 80 kil. environ, s'élevait à la place même où l'on voit la superbe ville de Versailles : c'était en 1630.

Louis XIII, qui était un grand chasseur, fit construire au milieu de cette forêt, à 16 kil. de Paris, un *Rendez-vous*. C'est la partie centrale du château de Versailles.

Selon l'usage, l'habitation de plaisir qu'avait choisie le roi Louis XIII attira quelques courtisans. On construisit autour du *Rendez-vous de chasse* quelques maisons de plaisance, et bientôt une petite colonie se trouva réunie autour de l'édifice principal.

En 1661, Louis XIV, qui aimait médiocrement Paris et qui se préoccupait des barricades, des attaques de la Fronde, et du mouvement révolutionnaire qui agitait incessamment la *tonne ville* de Henri IV, fut émerveillé de la beauté du site où s'élevait la maison de chasse de son prédécesseur. Il n'eut pas de cesse qu'il ne changeât le *Rendez-vous* en château ; et il dépensa *un milliard* pour la construction du palais et l'arrangement des jardins.

Les petites maisons qui se montraient au milieu des arbres, dans le quartier de Saint-Louis, firent place en peu de temps à des édifices construits autour du château de Louis XIV. La ville royale par excellence fut bientôt en complète activité.

L'histoire de Versailles est inhérente à l'histoire du grand roi. Le séjour que choisit Louis XIV fut le théâtre des grandes conceptions de son génie ; les actes de sa politique y furent préparés et accomplis ; le rayonnement des arts, des sciences et des lettres y jeta son éclat.

Sous Louis XV, on ne comptait à Versailles pas moins de 80,000 habitants.

Versailles, devenu la résidence royale, ne fut pas sous ce roi le centre d'actions aussi grandes que sous Louis XIV. Les plaisirs de la cour se ressentaient de l'éloignement où elle se trouvait du centre des affaires graves qui s'agitaient à Paris. Versailles et Trianon furent à Louis XIV et à Louis XV ce que les délices de Capoue avaient été pour Annibal. Louis XVI fut arraché de Versailles pour rentrer dans la fournaise politique de Paris.

Avant de quitter cette ville, où Marie-Antoinette se plaisait tant, Louis XVI avait signé, en 1785, le traité de paix, dit la *paix de Versailles*, par laquelle l'Angleterre reconnaissait l'indépendance des États-Unis.

On sait que ce fut à Versailles que les états-généraux

furent convoqués le 5 mai 1789, que c'est là que le 17 juin les députés se constituèrent en Assemblée nationale ; que le 20 juin, ils se réfugièrent dans la *salle du Jeu de paume*, et firent le serment solennel de ne se séparer qu'après avoir donné une Constitution à la France.

Depuis cette époque jusqu'en 1830, la ville de Versailles fut presque abandonnée. En 1830, Louis-Philippe conçut et exécuta la grande pensée de faire du palais de Versailles un musée consacré aux gloires de la France.

On trouve dans ce musée, méthodiquement disposés et par époque, tous les grands faits de l'histoire de France, les portraits des rois et des grands hommes qui illustrèrent notre pays.

Dans les salles du rez-de-chaussée, galerie des sculptures, on admire entre autres la statue de Jeanne d'Arc, œuvre de Marie d'Orléans, depuis princesse de Wurtemberg, qu'une mort prématurée a enlevée aux arts, qu'elle cultivait avec succès.

Le parc, qui est d'une vaste étendue, contient des statues de toute beauté. Des dépenses considérables ont été faites par Louis XIV pour faire venir, au moyen d'une machine hydraulique construite à Marly, les eaux de la Seine, qui alimentent la ville et permettent, les jours de fête, de faire jouer les grandes eaux des superbes bassins que l'on voit dans le parc, où toutes les combinaisons d'art sont réalisées.

Nous ne pouvons donner ici la nomenclature des chefs-d'œuvre qui remplissent le musée de Versailles, les jardins et le parc, les bassins, etc. — Il existe un livret spécial qui les indique au voyageur, et auquel nous le renvoyons.

Nous nous contenterons d'indiquer les parties les plus remarquables du parc et du jardin ; ce sont : la *Terrasse du château*, où l'on voit quatre statues en bronze, d'après l'antique, par Keller ; le *parterre d'Eau*, qui contient deux bassins elliptiques dont les bords sont décorés de vingt-quatre magnifiques groupes en bronze ; le *parterre du Midi*, l'*Orangerie*, le *parterre du Nord*, l'*allée d'Eau*, le *bassin du Dragon*, le *bassin de Neptune;* de ce bassin l'on retourne, par l'*avenue des Trois-Fontaines et des Ifs*, au *parterre d'Eau*. Entre le parterre d'Eau et l'allée du Tapis-Vert est le *parterre de Latone*, où l'on voit la fontaine dédiée à la belle et fugitive Latone, remerciant l'Olympe de sa délivrance et lui offrant ses deux nouveau-nés. Cette pièce est d'une composition pleine de grâce ; on ne saurait trop louer l'heureuse harmonie de ses lignes, la distribution de ses plans et de ses effets, les proportions si élégamment étagées de ses bassins, le pittoresque de ses fontes et du groupe principal. En face de ce monument, il est facile de découvrir l'allée du Tapis-Vert, qui s'étend du parterre de Latone au bassin d'Apollon, et qui est ornée de douze statues et de douze magnifiques vases de marbre blanc. Des deux côtés du Tapis-Vert sont les massifs du petit parc, riches de bosquets délicieux : ce sont les *Bains d'Apollon*. Citons encore les bassins de l'Hiver et de l'Automne, avec un groupe de Girardon ; le *jardin du Roi*, le *bassin du Miroir*, le *bosquet de la Reine*, le *bosquet de la Salle de bal*, le *quinconce du Midi*, le *bosquet de la Colonnade*, les *bassins du Printemps* et de *l'Été*, le *bosquet des Dômes*, le *bassin d'Encelade*, le *quinconce du Nord*. En descendant cette partie du jardin, de l'est à l'ouest, on trouve le Rond-Vert. En continuant sa route dans la même direction, le voyageur rencontrera encore le *bassin des Enfants*, la *salle de l'Étoile*, le *bassin de l'Obélisque*. Nous ne terminerons pas sans faire remarquer que la plupart des fontaines ont peu d'apparence, excepté quand les eaux jouent, ce qui n'a guère lieu qu'en été. On les distingue en grandes et petites eaux. Les dernières jouent le premier dimanche de chaque mois ; mais les grandes eaux sont réservées pour certains jours privilégiés, et cette fête est annoncée par les journaux. Lorsque les grandes eaux jouent, elles nécessitent, dit-on, chaque fois, une dépense de 8 à 10,000 fr.

LE GRAND TRIANON, construit, par les ordres de Mme de Maintenon, aux extrémités du parc de Versailles, sur les dessins de J.-H. Mansard, fut commencé en 1671, durant les premiers jours de l'hiver. Au printemps suivant, il était déjà terminé. Sa construction orientale est aussi élégante que magnifique. Elle a 121 mètres de surface extérieure, et n'est composée que d'un rez-de-chaussée divisé en deux pavillons, réunis par un péristyle soutenu de vingt-deux colonnes d'ordre ionique ; huit de ces colonnes sont de marbre vert de Campan, et les quatorze autres sont de marbre rouge du Languedoc, ainsi que les pilastres placés entre les croisées. Sur le comble à la romaine de cet élégant bâtiment, règne une balustrade ornée de vases et de groupes de petits amours, de l'ouvrage de Barrois, Céreston, Coustou, Dedieux, Legros et Lapierre.

En 1683, le grand Trianon avait été l'objet d'une restauration complète : sa construction, très-légère, demandait une reprise en sous-œuvre. Trianon, tel qu'on le voit

aujourd'hui, est un petit chef d'œuvre de proportions har-
monieuses.

Les peintures qu'il renferme excitent encore la curiosité : on y remarque un bas-relief dont la reine douairière
de Naples a fait présent à feue Madame Adélaïde. Parmi
les autres productions artistiques dont la vue excite particulièrement l'intérêt, on trouve un magnifique portrait
de Mme de Maintenon. On y voit aussi les portraits de
Marie Leczinska de Pologne, épouse de Louis XV; de Marie-Thérèse, de Marie-Antoinette, de Louis XV, etc.

La grande galerie, qui a 50 mètres de long, contient des
objets et des vases précieux.

Originairement, les jardins ont été dessinés par Le
Nôtre. Les bois furent coupés à blanc en 1777, et les allées, bosquets et quinconces furent plantés la même année, sur les dessins de Leroy. On y remarque d'excellentes pièces de sculpture, entre autres, les deux portraits
de Louis XV et de Marie Leczinska, et plusieurs autres
figures allégoriques, par Coustou. C'est au grand Trianon
que venait Louis XIV se délasser des pompes fatigantes
de Versailles; c'est là aussi que Louis XV et Louis XVI
avaient fixé leur séjour de prédilection.

LE PETIT TRIANON. — Ce petit palais, situé à l'extrémité des jardins du grand Trianon, consiste en un pavillon à la romaine, sur quatre faces, d'environ 22 mètres,
composé d'un rez-de-chaussée et de deux étages. Les jardins sont de deux sortes : jardin *français* et jardin *anglais*.

VINCENNES.

Situé à 3 kilomètres de Paris, Vincennes est surtout célèbre par son château-fort. Les rois y venaient chasser et avaient là une demeure peu considérable. En 1183, Philippe-Auguste entoura Vincennes de murailles, détruisit le bâtiment que son prédécesseur avait fait construire, et jeta les fondements de la partie du château connue sous le nom de *Donjon*. Saint Louis en fit sa résidence ordinaire, et y administrait la justice. En 1337, Philippe de Valois démolit les anciens bâtiments et en construisit de nouveaux, qui reçurent de très-grands accroissements sous ses successeurs. Louis XI en avait fait sa résidence favorite. Ce fut pendant le règne de ce prince cruel et superstitieux qu'on commença à mettre des prisonniers dans le donjon de Vincennes. Charles IX mourut au château de Vincennes en 1574, le 30 mai, et le cardinal Mazarin en 1661. Louis XV y séjourna pendant ia première année de son règne. Après ce temps, le château servit de prison. Le célèbre Mirabeau y fut enfermé depuis 1777 jusqu'en 1780. En 1804, le duc d'Enghien, arrêté en Allemagne y fut conduit, et fusillé le 21 mars dans les fossés sud du château. Le prince de Polignac et les autres ministres de Charles X y furent enfermés lors de la révolution de 1830.

Ce château a la forme d'un parallélogramme régulier, d'une grandeur considérable et entouré de larges fossés ; il était flanqué de neuf tours fort élevées, dont huit furent démolies en 1818. Celle du Donjon était l'habitation des rois et reines et de leurs enfants. Des fossés profonds. revêtus en pierre, en rendaient l'abord inaccessible, et l'on ne pouvait y pénétrer que par un pont-levis jeté sur les fossés. La chapelle fut fondée, en 1373, par Charles V. Elle est d'un beau gothique, et l'extérieur offre toute la magnificence de ce genre d'architecture; l'intérieur, très-simple, n'est remarquable que par les anciens vitraux, qui sont peints par Jean Cousin, d'après les dessins de Raphaël.

Nous avons parlé plus haut du superbe bois qui avoisine le château de Vincennes. (Voir page 184.)

ORDONNANCE

Concernant le Tarif des Voitures sous remise, offertes au Public pour marcher à l'heure et à la course.

Paris, 10 octobre 1843.

Nous, Préfet de police, ordonnons ce qui suit :

Art. 1er. A l'avenir et à compter du jour de la publication de la présente ordonnance, tout cocher de voiture sous remise offerte au public, à l'heure ou à la course, sera tenu de marcher, soit dans l'intérieur, soit à l'extérieur de Paris, dans le ressort de la Préfecture de police (1), aux prix fixés par le tarif annexé à la présente ordonnance, en se conformant à toutes les dispositions réglementaires qui s'y rattachent.

Art. 2. Il y aura constamment dans l'intérieur des voitures sous remises, dites carrosses ou berlines, petits carrosses, calèches et phaétons à quatre places, soit à un cheval, soit à deux chevaux, coupés à un cheval ou à deux chevaux, et cabriolets à deux ou à quatre roues, une plaque indicative du tarif prescrit par la présente ordonnance.

---

(1) Le ressort de la Préfecture de police comprend le département de la Seine et les communes de Saint-Cloud, Sèvres et Meudon (département de Seine-et-Oise).

Tarif des Voitures sous remise et Dispositions réglementaires qui s'y rattachent.

POUR L'INTÉRIEUR DE PARIS.

De six heures du matin à minuit.			**De minuit à six heures du matin.**	
DÉSIGNATION des VOITURES.	PRIX de la course.	de l'heure	DÉSIGNATION des VOITURES.	PRIX de L'HEURE.
	f. c.	f. c.		f. c.
CARROSSES OU BERLINES à 2 chevaux.	2 »	2 50	CARROSSES OU BERLINES à 2 chevaux.	3 »
PETITS CARROSSES, CALÈCHES ET PHAÉTONS à 4 places. soit à 1 ch., soit à 2 ch., ET COUPÉS à 1 cheval ou à 2 chev.	1 50	2 »	PETITS CARROSSES, CALÈCHES ET PHAÉTONS à 4 places, soit à 1 ch., soit à 2 ch., ET COUPÉS à 1 cheval ou à 2 chev.	2 50
CABRIOLETS (à 2 ou à 4 roues), TILBURYS ET BOGHEIS.	1 50	2 »	CABRIOLETS (à 2 ou à 4 roues), TILBURYS ET BOGHEIS.	2 50

POUR L'EXTÉRIEUR DE PARIS,
DANS LE RESSORT DE LA PRÉFECTURE DE POLICE.

En dedans du mur d'enceinte des fortifications.		**En dehors du mur d'enceinte des fortifications.**	
DÉSIGNATION des VOITURES.	PRIX de L'HEURE.	DÉSIGNATION des VOITURES.	PRIX de L'HEURE.
	f. c.		f. c.
CARROSSES OU BERLINES à 2 chevaux.	3 50	CARROSSES OU BERLINES à 2 chevaux.	4 »
PETITS CARROSSES, CALÈCHES ET PHAÉTONS à 4 places, soit à 1 chev., soit à 2 chev., ET COUPÉS à 1 cheval ou à 2 chevaux.	3 »	PETITS CARROSSES, CALÈCHES ET PHAÉTONS à 4 places, soit à 1 chev., soit à 2 chev., ET COUPÉS à 1 cheval ou à 2 chevaux.	3 50
CABRIOLETS (à 2 ou à 4 roues); TILBURYS ET BOGHEIS.	2 50	CABRIOLETS (à 2 ou à 4 roues); TILBURYS ET BOGHEIS	3 »

ORDONNANCE
Concernant les Voitures publiques.

Paris, le 15 septembre 1850.

Nous, Préfet de Police, ordonnons ce qui suit :

TITRE PREMIER.
Des Obligations imposées aux Entrepreneurs et aux Cochers.

Art. 1er. — Aucun entrepreneur ne pourra, sans notre autorisation, mettre en circulation ou faire stationner sur la voie publique des voitures dites *de place*.

2. — Toutes les voitures de place devront être construites solidement et de manière à présenter toutes les conditions de sûreté, de commodité et de propreté convenables.

Elles seront constamment entretenues en bon état.

L'emploi des chevaux entiers, vicieux, atteints de maladies et d'infirmités qui les mettraient hors d'état de faire le service, est interdit.

3. — Les entrepreneurs ne devront confier la conduite de leurs voitures qu'à des cochers d'une tenue convenable et proprement vêtus.

Il est interdit aux cochers d'ôter leurs habits, même pendant les chaleurs, et de conduire en blouse.

4. — Nul ne pourra, sans notre autorisation, conduire une voiture de place, soit comme cocher, soit comme apprenti cocher.

5. — Toute impolitesse, tout acte de grossièreté des cochers envers le public, seront sévèrement réprimés.

6. — Il est défendu aux cochers de conduire quand ils seront en état d'ivresse, et de fumer lorsqu'il y aura des voyageurs dans leur voiture.

7. — Les numéros des voitures seront toujours en bon état. Il est défendu de les cacher ou masquer.

Il est enjoint à tout cocher d'offrir une carte indicative du numéro de sa voiture à la personne qui vient d'y monter.

Lorsque plusieurs personnes à la fois prendront la même voiture, le cocher ne sera tenu à remettre qu'une seule carte.

La remise des cartes devra avoir lieu avant la fermeture de la portière.

8. — Après chaque course, et avant que les voyageurs se soient éloignés, les cochers visiteront leurs voitures, et remettront, sur-le-champ, aux personnes qu'ils auront conduites, les objets qu'elles y auraient laissés.

Si ces personnes ont été conduites aux théâtres ou autres lieux de réunion publique, la visite ci-dessus prescrite sera effectuée avant que d'autres voyageurs aient été admis dans les voitures.

Lorsque les objets trouvés n'auront pu être remis directement aux personnes qui les auront oubliés, ils devront être déposés, dans les vingt-quatre heures, à la Préfecture de Police.

9. — Les cochers seront tenus d'admettre dans leurs voitures, savoir :

Dans les cabriolets à 2 ou 4 roues, 2 personnes ;

Dans les voitures dites *grands fiacres*, attelées de deux chevaux, 5 personnes ;

Dans celles dites *petits fiacres*, et quelle que soit leur forme, attelées de 1 ou de 2 chevaux, 5 personnes.

Dans les coupés attelés de 1 ou de 2 chevaux, 3 personnes.

Deux enfants de 10 ans au plus pourront toujours remplacer une personne.

10. — A l'exception des apprentis cochers, porteurs de notre autorisation, les cochers ne laisseront monter personne sur leur siége, sans l'agrément des voyageurs.

Dans aucun cas, les cochers ne laisseront monter qui que ce soit sur l'impériale.

12. — Les cochers ne seront pas tenus de recevoir dans leurs voitures des voyageurs en état d'ivresse.

13. — Les cochers transporteront, sans augmentation de tarif qui sera indiqué aux art. 27 et 35 ci-après, les paquets et bagages des voyageurs, toutes les fois que le volume et la nature de ces objets permettront de les placer soit dans l'intérieur, soit sur l'impériale des voitures.

14. — Les cochers des cabriolets à 2 et à 4 roues seront tenus de relever ou d'abaisser les capotes, sur la demande des voyageurs.

15. — Les voitures devront être habituellement conduites au trot.

Par exception, elles seront conduites au pas : dans les marchés, dans les rues étroites où deux voitures ne peuvent marcher de front, au passage des barrières, au détour des rues, sous les guichets du Louvre et des Tuileries, et sur tous les points de la voie publique où il existera soit une pente rapide, soit des obstacles à la circulation.

24. — Les cochers devront marcher à toute réquisition, quel que soit le rang que leurs voitures occuperont sur la station.

25. — Il est expressément défendu aux cochers dont les voitures ne seront pas gardées de les faire stationner sur des points non affectés à ce stationnement, de raccoler les passants, de parcourir la voie publique au pas, ou en faisant exécuter aux voitures, sur la même ligne, un va-et-vient continuel, tous actes constituant la maraude, qui leur est formellement interdite.

Cependant, lorsqu'un cocher ayant sa voiture libre sera rencontré sur un point quelconque de la voie publique par des personnes qui voudront faire usage de cette voiture, il devra marcher à leur réquisition et au prix des tarifs fixés par le titre II de la présente ordonnance.

TITRE II.

Tarifs.

§ 1er. — **Tarifs pour Paris.**

27. — Le prix à payer, soit à la course, soit à l'heure, sera fixé ainsi qu'il suit, pour l'intérieur de Paris et pour les points extérieurs ci-après :

	DE 6 HEURES DU MATIN A MINUIT.		DE MINUIT A 6 HEURES DU MATIN.	
	A LA COURSE.	A L'HEURE.	A LA COURSE.	A L'HEURE.
	fr. c.	fr. c.	fr. c.	fr. c.
Grands fiacres à 2 chevaux........	1 50	2 »	2 »	3 »
Coupés et petits fiacres à 4 places, à 1 ou 2 chevaux.	1 25	1 75	1 75	2 50
Cabriolets à 2 ou 4 roues, fermés ou non fermés..	1 10	1 50	1 75	2 50

Les cochers seront tenus de conduire à la course, et sans augmentation de prix, aux cimetières de l'Est, du Nord et du Sud; aux embarcadères des chemins de fer de Sceaux et de Versailles (rive gauche); à l'Hippodrome; à la station établie à Passy, rue Delessert, et sur toute la ligne des boulevarts extérieurs.

28. — Tout cocher qui sera pris, soit sur une station de voitures, soit sur tout autre point de la voie publique, pour aller charger à domicile, sera tenu de marcher à la course toutes les fois qu'il en sera requis, quel que soit l'éloignement de ce domicile.

Cependant cette disposition ne sera applicable aux cochers requis pour aller charger sur l'un des boulevarts extérieurs, qu'autant qu'il y aura une place de stationnement à la barrière la plus proche de ce boulevart.

Dans le cas contraire, les cochers ne seront tenus de marcher qu'au prix de l'heure de Paris.

29. — Tout cocher qui aura été appelé pour aller chercher quelqu'un à domicile, et qui sera renvoyé sans être employé, recevra, à titre d'indemnité de déplacement, le prix d'une demi-course, calculé d'après les prix établis pour l'intérieur de Paris par l'art. 27.

30. — Lorsqu'un cocher aura été pris pour aller charger à domicile et marcher à l'heure, le prix de l'heure lui sera dû à partir de son arrivée à la porte du voyageur.

Si ce cocher, pris pour marcher à la course, est obligé d'attendre le voyageur plus de dix minutes, il sera censé avoir été pris à l'heure.

31. — Il est enjoint aux cochers de demander aux personnes qui montent dans leurs voitures si elles entendent être conduites à l'heure ou à la course.

Le voyageur qui aura pris une voiture pour marcher à la course pourra, avant d'arriver à sa destination, demander à être conduit à l'heure; dans ce cas, le cocher n'aura droit qu'au tarif de l'heure, et ce prix lui sera dû à partir de l'instant où sa voiture aura été occupée.

Les personnes qui auront pris une voiture à l'heure auront le droit d'indiquer au cocher l'itinéraire qu'il devra suivre.

Sauf les exceptions portées en l'art. 15, et à moins d'ordres contraires de la part de ces personnes, le cocher qui aura été pris à l'heure devra marcher au trot.

Si le cocher est pris pour marche à la course, il devra suivre le chemin le plus court ou le plus facile.

32. — Le cocher qui, dans une course, aura été détourné de son chemin par la volonté de la personne qui l'emploiera, aura droit au prix de l'heure.

Le cocher pris à la course, et qui, sans être détourné de son chemin, sera requis de déposer en route une ou plusieurs personnes qui se trouveront dans sa voiture, n'aura droit qu'au prix de la course.

33. — Tout cocher pris avant minuit, et qui arrivera à sa destination après minuit, n'aura droit qu'au prix fixé pour le jour, mais seulement pour la première course ou la première heure.

Celui qui aura été pris avant 6 heures du matin et qui n'arrivera à sa destination qu'après 6 heures, aura droit au prix de nuit, mais seulement pour la première course ou la première heure.

34. — Les cochers devront se faire payer d'avance lorsqu'ils conduiront des personnes aux théâtres, spectacles, bals, concerts et autres lieux de réunion et de divertissements publics.

Ils sont autorisés à se faire payer immédiatement, si les personnes conduites descendent à l'entrée d'un jardin public ou de tout autre lieu où il est notoire qu'il existe plusieurs issues.

§ 2. — Tarif pour l'Extérieur.

35. — Les cochers ne seront tenus de dépasser les limites fixées par l'art. 27, pour se rendre dans le ressort de la Préfecture de Police (1), qu'autant qu'ils auront été pris à l'heure.

Dans ce cas, les prix de l'heure seront fixés ainsi qu'il suit, savoir :

---

(1) Le ressort de la Préfecture de Police, nous le répétons, s'étend à toutes les communes du département de la Seine et à celles de Meudon, Sèvres et Saint-Cloud (département de Seine-et-Oise.)

EN DEDANS DU MUR D'ENCEINTE DES FORTIFICATIONS ET JUSQU'A LA PORTE MAILLOT PAR L'AVENUE DE NEUILLY.			EN DEHORS DU MUR D'ENCEINTE DES FORTIFICATIONS ET A L'INTÉRIEUR DU BOIS DE BOULOGNE.		
Grands fiacres à 2 chevaux......	2	»	Grands fiacres à 2 chevaux.......	3	»
Coupés et petits fiacres à 1 cheval ou à 2 chevaux..	1	75	Coupés et petits fiacres à 1 cheval ou à 2 chevaux..	2	»
Cabriolets à 2 ou à 4 roues, fermés ou non fermés..	1	50	Cabriolets à 2 ou à 4 roues, fermés ou non fermés..	2	»

Les tarifs ci-dessus ne sont pas applicables aux voitures dites *de l'extérieur*, dont le prix continuera à être réglé de gré à gré entre le public et les cochers.

36. — Les cochers ne seront tenus, en aucune saison, de dépasser les limites fixées par l'art. 27, après minuit, pour se rendre sur le territoire situé en dedans des fortifications, ni après 7 heures du soir en hiver et 9 heures en été, pour une destination plus éloignée.

Si, après ces heures, les cochers consentent à dépasser ces limites, le prix du voyage sera réglé de gré à gré entre eux et les personnes qui les emploieront.

37. — Tout cocher qui sera pris avant minuit pour se rendre sur le territoire situé en dedans des fortifications, ou avant 7 heures du soir en hiver et 9 heures en été, pour un point plus éloigné, ne pourra, lors même qu'il arrivera à sa destination après minuit ou après 7 et 9 heures, exiger un salaire plus élevé que celui qui est fixé par l'art. 35.

38. — Lorsque le voyageur arrivé à sa destination renverra la voiture, le retour sera payé au cocher en raison du temps qu'il aura mis pour se rendre de la barrière au lieu où la voiture aura été abandonnée.

39. — Lorsque le voyageur qui aura dépassé les fortifications

reviendra à Paris avec la voiture, le cocher aura droit à un temps de repos qui ne pourra dépasser 20 minutes.

Le prix de ce temps de repos devra être payé par le voyageur, conformément aux prix déterminés par l'art. 35.

40. — Lorsque le cocher sera pris sur l'un des points du territoire compris dans le ressort de la Préfecture de Police pour venir à Paris, il ne pourra exiger un salaire plus élevé que celui qui a été fixé par l'art. 35.

Lorsque le cocher sera pris sur un point de ce territoire pour se rendre sur un autre point de ce même territoire, le prix du voyage sera réglé de gré à gré.

41. — Les cochers seront tenus de faire marcher leurs chevaux à raison de 8 kilomètres à l'heure.

§ 3. — Dispositions communes aux deux Tarifs.

42. — Le prix total de la première heure sera toujours dû intégralement, lors même que le cocher n'aura pas été employé pendant l'heure entière.

A compter de la deuxième heure inclusivement, le prix à payer sera calculé suivant l'espace de temps pendant lequel le cocher aura été employé.

Dans aucun cas, les cochers ne pourront exiger de pour-boire.

43. — Les prix établis par les art. 27 et 35 ne sont point applicables aux locations à la journée ; le prix de ces locations continuera d'être réglé de gré à gré entre le public et les cochers.

44. — Il y aura constamment, dans l'intérieur des voitures de place, une plaque indicative du numéro et des tarifs.

Le Préfet de Police,

Signé : P. CARLIER.

VALEUR DES MONNAIES ÉTRANGÈRES.

NATIONS.	MONNAIES.	VALEUR. OR. (fr. c.)	VALEUR. ARGENT (fr. c.)
Angleterre..	Guinée	25 »	» »
	Couronne	» »	6 18
	Shilling depuis 1818	» »	1 16
	Souverain depuis 1818.	25 20	» »
Autriche....	Ducat.	11 70 à 75	» »
	Ecu ou rixdale	» »	5 19
	Florin.	» »	2 59
Danemark..	Ducat.	9 47	» »
	Rixdale	» »	5 66
Espagne....	Pistole. 82 à	83 »	» »
	Piastre	» »	5 43
États-Romains..	Pistole	17 27	» »
	Sequin	11 80	» »
	Ecu de 10 paule	» »	5 38
États-Unis..	Dollar ou double aigle.	55 21	» »
	Dollar.	» »	5 42
Hollande ...	Ducat.	11 70 à 80	» »
	Ryder.	34 65	» »
	Pièce de 10 fl.	21 »	» »
	Rixdale	» »	5 48
	Florin.	» »	2 16
Hambourg..	Ducat.	11 76	» »
	Rixdale	» »	5 78
Naples......	Once nouveau de 3 ducats.	12 99	» »
	Quintuple de 15 ducats.	64 95	» »
	Décuple de 30 ducats.	129 90	» »
	12 carlins de 120 grains.	» »	5 10
	Ducat de 10 carlins de 100 grains.	» »	4 25
	2 carlins.	» »	» 85
	1 carlin.	» »	» 42
	Ducat de 10 carlins de 1818.	» »	4 25
Prusse.....	Ducat.	11 77	» »
	Frédéric. 20 80 à	21 »	» »
	Rixdale	» »	5 71
Russie.....	Ducat.	11 79	» »
	Rouble de 100 copeks.	» »	4 61
Turquie....	Sequin.	8 72	» »
	Piastre de 40 paras.	» »	2 35
Venise.....	Sequin.	12 »	» »
	Oselle.	47 7	» »
	Ducat.	7 49	» »
	Pistole.	21 36	» »
	Ecus à la croix.	» »	6 70
Frédéric de divers États d'Allemagne. 20 30 à		20 40	» »
Pièce de 10 fl.		21 50	» »
Florin d'Allemagne, au pied le fl. 24		» »	2 15
Couronne ou écu de Brabant.		» »	5 75

Nous venons de relever sur les registres de la préfecture
de la Seine la nouvelle nomenclature générale des rues,
places, carrefours, barrières, impasses et boulevarts de
Paris, arrêtée depuis quelques jours seulement. Elle sera
jointe à l'édition prochaine.

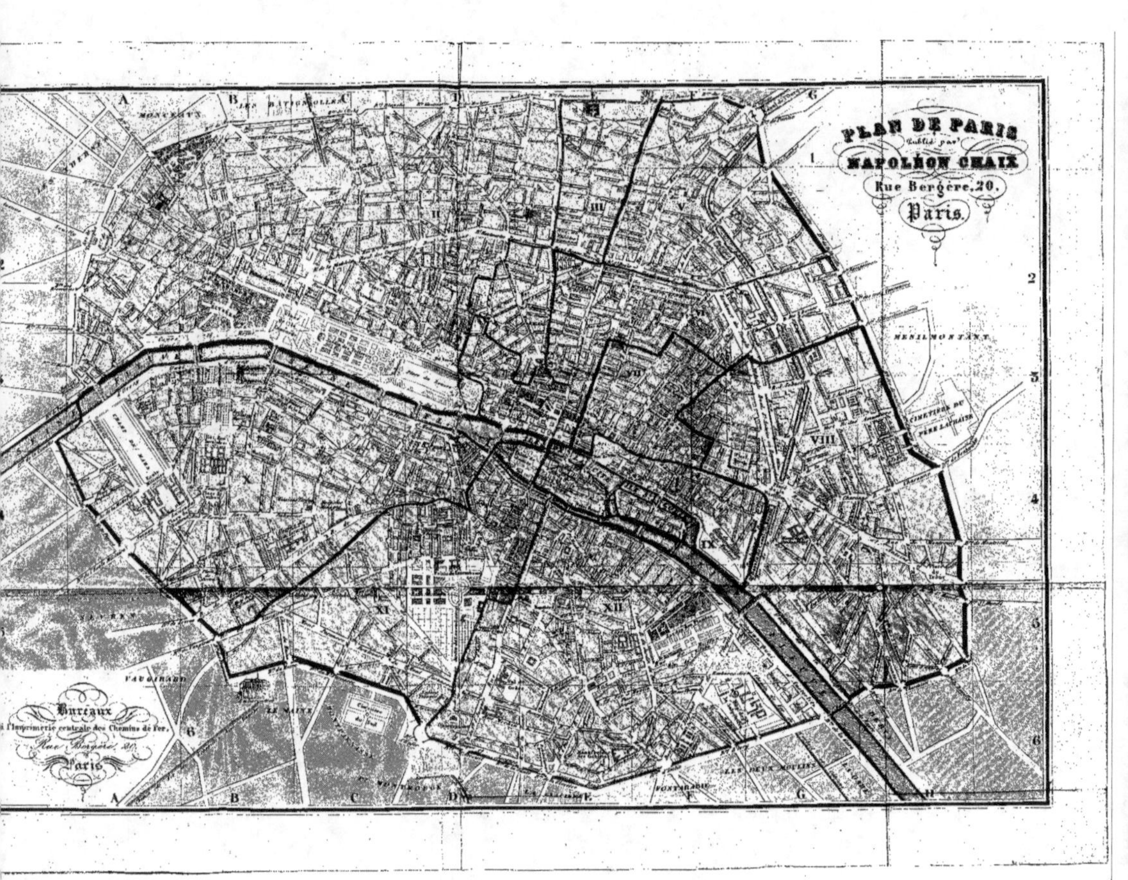

PLAN DE PARIS
Publié par
NAPOLÉON CHAIX
Rue Bergère, 20,
Paris.
Bureaux
de l'Imprimerie centrale des Chemins de fer,
Rue Bergère, 20,
Paris